鄂·楚·鄂州

秦昌林◎主编

華中科技大學出版社
http://www.hustp.com
中国·武汉

编 委 会

总　序

刘玉堂

“鄂”，既是湖北省的简称，又是今鄂州市的一个古老的称谓；“武昌”，既是今天现代化大都市武汉的组成部分，也是古代鄂州市的一个响亮的名称。鄂州，不愧为一座历史悠久的古代都市和欣欣向荣的现代城市的称号。

远在五千多年前，当文明的曙光挥洒在鄂州这块土地上的时候，勤劳的先辈们便在此留下了光辉的足迹。据中华人民共和国成立以来的历次文物考古调查显示，今天的鄂州城乡，留下了新石器时代的众多聚落遗址。进入商周以后，鄂之先民便开始在这里采矿冶铸，迎来了鄂州历史上的第一个辉煌期。特别是楚之先祖熊渠，承先人筚路蓝缕之志，拓土开疆，使鄂州率先纳入楚国版图，而鄂所拥之铜矿资源，成为楚国强盛的重要物质基础。汉三国六朝，鄂州进入第二个辉煌时期，尤其是孙权来鄂，改鄂为“武昌”后，武昌不仅仅是东吴都城所在，更是绾毂四方的枢纽。由武昌往西、南可踏上“海上丝绸之路”，罗马帝国的商人纷纷前来拜谒孙权，双方互赠礼物；往东，武昌所产的铜镜，源源不断地输送至东瀛日本；往北，中原地区的高僧大德结伴来到武昌，潜心译经，弘扬佛法。晋代，庾亮、王羲之中秋南楼赏月留下“南楼佳话”。想当年，武昌凭其十万之众的人口，成为东吴当之无愧的政治、经济和文化中心。唐、宋、元时代，鄂州进入第三个辉煌时期，这也是鄂州历史上文化最彰显的年代。无数文人墨客驻足鄂州，留下丰富的文化遗产，如唐代元结、李白、李阳冰等，宋代的苏轼兄弟与“苏门四学士”等，元代的丁鹤年，等等，都在鄂州留下了具有深远影响的作品。这“三个辉煌”，基本上奠定了鄂州历史文化在全国所具有的特殊地位。

20世纪初，当中华民族还在痛苦地承受封建帝制压迫的时候，辛亥革命摧枯拉朽，在举世瞩目的武昌首义中，鄂州人居功甚伟：程正瀛打响了反帝反封建的第一枪；彭楚藩成为首义第一烈士；吴兆麟担当起临时总指挥的重任。他们为开辟民主共和道路赴汤蹈火、视死如归。俄国十月革命的炮声传到中国后，鄂州相继又出现了范鸿劼、刘伯垂这样的先知先觉，作为中国共产党的早期领导者、组织者，他们名垂青史。

历史是现实的镜子，文化是城市之根。在文化越来越成为一个国家或地区核心竞争力重要因素的今天，鄂州悠久的历史文化资源，既是鄂州理论创新、文化建设的精神动力，也是鄂州社会治理、经济发展的理论支撑。我们惊喜地发现，近年来，在鄂州的发展进程中，历史文化一直发挥着极其重要的作用。

习近平同志说：“要系统梳理传统文化资源，让收藏在禁宫里的文物、陈列在广阔大地上的遗产、书写在古籍里的文字都活起来。要以理服人，以文服人，以德服人，提高对外文化交流水平，完善人文交流机制，创新人文交流方式，综合运用大众传播、群体传播、人际传播等多种方式展示中华文化魅力。”正是从这个意义出发，鄂州市文化体育新闻出版广电局组织编撰了“鄂州历史文化丛书”。在我看来，它既是一套总结历史、展示遗产、延续文脉的地方文化读物，也是一部以古鉴今、激励意志、促进发展的理论普及读本。

历史由一代代人创造，文化由一代代人传承。不难看出，本丛书的编者在编撰过程中，付出了很大的艰辛和努力。我坚信，鄂州的文化工作者通过丛书的编撰、出版与发行，将会更加自觉地承担起促进先进文化建设的职责和弘扬优秀传统文化的重任，以祖先“筚路蓝缕，以启山林”的精神，为鄂州文化大发展、大繁荣创造出更加辉煌的业绩！

（作者系湖北省社会科学院原副院长，研究员、博士生导师）

目　录

上编　鄂与鄂州

下编　楚与鄂州

上编　鄂与鄂州

鄂与鄂州概述

尹弘兵

鄂国是一个历史悠久的先秦古国，商周时期有着重要影响。“鄂”在甲骨文和金文中写作“噩”，文献中均写为“鄂”。鄂国与湖北有重要关系，西周时鄂国为南土重要诸侯，在湖北留下了印迹，今湖北省简称为鄂，有鄂城、鄂州等地名，均来源于鄂国这一先秦古国。

传世文献中，鄂最早见于《战国策·赵策三》“秦围赵之邯郸”章载鲁仲连曰：“昔者，鬼侯之鄂侯、文王，纣之三公也，鬼侯有子而好，故入之于纣，纣以为恶，醢鬼侯。鄂侯争之急、辨之疾，故脯鄂侯。文王闻之，喟然而叹，故拘之于牖里之库，百日而欲舍之死。”类似记载亦见于《史记·殷本纪》：“（纣）以西伯昌、九侯、鄂侯为三公。九侯有好女，入之纣，九侯女不憙淫，纣怒，杀之而醢九侯。鄂侯争之彊，辨之疾，并脯鄂侯。”同样内容又见于《史记·鲁仲连邹阳列传》。《史记》文本与《战国策》文本大同而小异，则《史记》所载当来源于《战国策》。又《战国策》之“鬼侯”，《史记》作“九侯”，然九、鬼乃一音之转。

《战国策》与《史记》的记载表明：鄂国在商末时已存在，且地位甚高，为纣之三公之一，与西伯昌（周文王）、九侯并列，且称“侯”，这表明鄂国在商代时已是顶级诸侯。至于鄂国之立国，则更当在此之前。

鄂国的地位虽然很重要，尤其在商代时更是地位显赫的重要诸侯，但自商末时鄂侯因为进谏纣王被杀之后，鄂国的历史便不再见于史书，因此鄂国在文献中的记载非常少。由于文献记载极为有限，关于鄂国的历史、地理及文化，学术界以往缺少深入和系统的研究及认识。因文献匮乏，历史上的鄂国面貌极不清晰，仅留下了一些地名痕迹。西周时鄂国灭亡，至东周时鄂之地名为楚所继承，并以地名用作封君称号，这些地名经历后世复杂的演变后，在湖北停留下来，最终成为湖北省的简称。

一、鄂国考古发现

由于鄂国的文献资料极为缺乏，后人只能通过文献中的零星记载及鄂国在长江中游地区留下的零散、片段印迹来了解鄂这一重要的先秦古国，以至于学界对鄂国的历史、地望及文化了解十分有限，鄂国研究成为先秦史研究中长期悬而未决的难题，也是荆楚历史地理研究中的一个重点。

宋代以后，随着金石学的兴起，有关鄂国的金文资料开始出现。自近代以来，随着考古学的兴起，与鄂国有关的考古材料更是大量出现，为研究鄂国历史、地理与文化提供了宝贵的资料。

北宋末年发现于今湖北孝感地区（时属安州）的安州六器，是最早发现的与鄂国有关的有铭青铜器。据宋薛尚功《历代钟鼎彝器款识法帖》和王黼《博古图录》记载，此六器于宋徽宗重和戊戌（公元1118年）出土，时人以为天降祥瑞，送到京城后，由蔡京献给皇帝。又安州六器名为六器，然据今人考证，安州所出实为九器[①]。“安州六器”包括方鼎三、圆鼎二、甗一，其铭文最初著录在薛尚功的《历代钟鼎彝器款识法帖》之卷9、卷10、卷16中。其中的中甗铭文涉及西周史上极为重要的周昭王南征。据铭文记载，周昭王南征时，派中先行南下，所到之处有曾、鄂、唐、厉、夔、虎方等，又提到了曾、唐、厉等国。

安州六器的年代，唐兰据中方鼎铭文中的“在”字考证：“在字从土才声，与盂鼎同，商及周初只有才字，康王末年的盂鼎最先见在字，可见此器当在康王以后。”据此唐兰定安州六器为周昭王时器[②]。黄锡全从器物形制、纹饰方面及中甗铭文“日传昭王鲁休”与周昭王时善夫克鼎铭文“克其日用䵼朕辟鲁休”类同分析，亦定其为周昭王时代[③]。

宋代金石著作还曾著录一件禹鼎[④]，记载了有关鄂国的重要史料，对研究鄂国历史具有重要价值，但文字残损较多，颇难通读，郭沫若先生曾作过考释。1942年又发现一件同铭的禹鼎，出土于陕西岐山县任家村，1951年由收藏人

---

① 宋焕文：《安州六器辨正》，《江汉考古》1989年第2期。

② 唐兰：《论周昭王时代的青铜器铭刻》，载《古文字研究》第二辑，北京：中华书局，1981年。

③ 杨宝成：《湖北考古发现与研究》，武汉：武汉大学出版社，1995年，第105页；又见黄锡全：《湖北出土商周文字辑证》，武汉：武汉大学出版社，1992年。

④（宋）王俅：《啸堂集古录》，北京：中华书局，1985年。

捐献给政府，现存陕西省博物馆[①]。禹鼎铭文清晰记载了周人征伐鄂国的过程：鄂侯驭方在周王征伐淮夷归去后率南淮夷、东夷反周，侵伐周之南国、东国，引起周王的极大愤怒，下令彻底消灭鄂侯驭方，“勿遗寿幼”，遣主帅武公率西六师、殷八师伐鄂，部将禹则率领武公私属徒御一举攻下鄂都，俘虏了鄂侯驭方，因而作器铭功，鄂国也因此受到沉重打击。禹鼎的年代，有夷王、厉王、孝王三说[②]，徐少华先生则结合器物形态和相关史实断为夷王[③]。

鄂侯驭方鼎更是研究鄂国历史地理及文化的一件重要器物。以前曾有著录，不少学者作过研究[④]，中华人民共和国成立后，由陈大年捐献，上海博物馆收藏[⑤]。鼎作平沿、立耳、深腹，颈饰一周顾龙纹，三足上部饰兽面纹，下端略见兽足倪端，共有铭文 11 行 86 字，记载周王南征淮夷之角、鄙后还在坯地，鄂侯驭方纳献于天子，并与周王同宴、会射，周王赏赐鄂侯玉、马、矢等物，鄂侯为感谢天子之赐，而作鼎铭载。铭文记载周王在南征回师的路上受到鄂侯朝见，并与之共宴、会射，说明此时鄂国当为周王所经之地，应在周京以南，同时反映此时鄂与周王朝关系尚好。鄂侯驭方鼎的年代，郭沫若主夷王，徐中舒、陈佩芬主厉王[⑥]，唐兰则系于穆王[⑦]。徐少华从鼎之深腹、圜底的形制和饰顾龙纹的特征等方面认为，穆王说过早，厉王说似又偏晚，于是定为西周中期偏晚的孝、夷时器，以郭说较为接近[⑧]。

鄂侯器还有多件传世，台北故宫博物院收藏有三件鄂侯簋，两器一盖，簋为子母口、圈足、鼓腹、口沿下及圈足饰重环纹，腹饰瓦纹，两兽耳，有饵。器内底有铭文两行 17 字：“噩侯乍王姞媵簋，王姞其万年子子孙永宝。”鄂侯簋

---

① 徐中舒：《禹鼎的年代及其相关问题》，《考古学报》1959 年第 3 期。

② “厉王说”见徐中舒：《禹鼎的年代及其相关问题》，《考古学报》1959 年第 3 期；“孝王说”见唐兰：《西周青铜器铭文分代史徵》，北京：中华书局，1986 年；“夷王说”见郭沫若《两周金文辞大系》，北京：科学出版社，1957 年。

③ 徐少华：《鄂国铜器及其历史地理综考》，《考古与文物》1994 年第 2 期。

④ 郭沫若：《两周金文辞大系》录 90，考 107“鄂侯鼎”，北京：科学出版社，1957 年。

⑤ 陈佩芬：《上海博物馆新收集的西周青铜器》，《文物》1981 年第 9 期。

⑥ 徐中舒：《禹鼎的年代及其相关问题》，《考古学报》1959 年第 3 期；陈佩芬：《上海博物馆新收集的西周青铜器》，《文物》1981 年第 9 期。

⑦ 唐兰：《西周青铜器铭文分代史徵·附件一：穆王时器》，北京：中华书局，1986 年。

⑧ 徐少华：《鄂国铜器及其历史地理综考》，《考古与文物》1994 年第 2 期。

的年代，郭沫若先生定为周夷王时器，唐兰先生定为穆王时器，徐少华先生则从鄂与周天子关系很好，推测此鄂侯可能是鄂侯驭方，则鄂侯簋年代约为夷王[①]。鄂侯之女字“王姞”，表明鄂国族姓为姞姓，又周代姞姓与姬姓世为婚姻，姞姓诸侯是周王室的重要通婚对象，故《左传》宣公三年有云：“吾闻姬姞耦，其子孙必蕃。”

二十世纪五十年代，上海博物馆收藏了多件鄂国有铭铜器，主要有鄂叔簋、鄂季奞父簋、鄂侯弟历季铜卣等，洛阳博物馆也收藏了一件鄂侯弟历季有铭铜簋，铭文与上海博物馆收藏的鄂侯弟历季铜卣相同。1975 年湖北随县（今随州）安居羊子山又出土一件鄂侯弟历季铜尊，铭文与上海博物馆、洛阳博物馆所藏鄂侯弟历季铜器一致。这一组铜器大部分为鄂侯弟历季所作，鄂侯弟历季诸器的年代，张剑定为西周前期器物[②]，徐少华从器物组合、器物形制等方面综合考虑，认为将此组器物定于西周早中之际的昭穆时期较合适[③]。

日本出光美术馆收藏的静方鼎也是研究昭王南征和鄂国的重要资料，1996 年在该馆《馆藏名品选》第三集中首次披露，李学勤先生首先对之进行了研究[④]，后徐天进对静方鼎进行了实测和墨拓，并详细介绍器型、纹饰和铭文[⑤]。静方鼎铭文与昭王南征有关，学者认为铭文所记即昭王十六年事[⑥]。铭文记载昭王命师中和静省南国，设置行宫，任务完成后回到成周，周王又次让静去管理曾、鄂两地的军队，铭文提到“在鄂、曾师”，显示曾、鄂两国有密切关系，是研究曾、鄂两国地理的重要资料。

疑尊、疑卣是两件流散于国外的青铜器，铭文涉及鄂国与宋国，为探讨鄂国对外关系提供了新资料。两器主体纹饰风格相同，为阳线勾廓变异兽面纹和折体凤鸟纹，云雷纹衬地。学者依据形制、纹饰及铭文字体将疑尊、疑卣的年代定为西周早期早段[⑦]。

---

① 徐少华：《周代南土历史地理与文化》，武汉：武汉大学出版社，1994 年，第 24 页。

② 张剑：《洛阳市博物馆馆藏的几件青铜器》，载《文物资料丛刊》第 3 辑，北京：文物出版社，1980 年。

③ 徐少华：《鄂国铜器及其历史地理综考》，《考古与文物》1994 年第 2 期。

④ 李学勤：《静方鼎与周昭王历日》，《光明日报》1997 年 12 月 23 日。

⑤ 徐天进：《日本出光美术馆收藏的静方鼎》，《文物》1998 年第 5 期。

⑥ 刘启益：《静方鼎等三器是西周昭王十六年铜器》，《中国历史文物》2009 年第 4 期。

⑦ 董珊：《疑尊、疑卣考释》，《中国国家博物馆馆刊》2012 年第 9 期。

随州安居羊子山M4出土鄂侯铜器则是鄂国考古的一次重要发现。2007年11月，因有人盗掘古墓未遂，随州市博物馆在安居羊子山墓地抢救性清理了一座西周早期的墓葬，编号为羊子山4号墓，出土27件鄂国青铜器，其中大部分铜器上有“鄂”或“鄂侯”铭文[①]，证明羊子山4号墓的墓主应为西周早期的鄂侯。这一发现意外地确定了西周早期鄂国地望，证明了西周早期时的鄂国在今随州市西的安居镇一带[②]。

2012年南阳夏响铺鄂国贵族墓地的发掘是鄂国考古的又一重要发现，为鄂国研究提供了最新资料。夏响铺位于河南省南阳市区东北10公里处，南阳市新区新店乡夏响铺村北500米南水北调干渠渠道内，位于白河东岸的一道南北向的高岗上，发现30多座古墓，一期发掘20座，其中M1、M5、M6、M16、M19、M20等墓葬出土青铜器上有“鄂侯”“鄂侯夫人”“鄂”的铭文，M5、M6在墓地范围内时代应为最早的，而M5、M6的时代初步推断为西周晚期晚段[③]。夏响铺鄂侯墓地的发现对于西周晚期到春秋早期的鄂国研究是一个重大的突破，此前学界一般据禹鼎铭文认为鄂国在西周晚期时已被周所灭，但夏响铺西周晚期鄂国墓地的发现表明，周厉王时鄂侯驭方叛乱被西周扑灭后，鄂国并未被灭，而是在南阳地区安置下来，并且为汉代南阳西鄂县的来源和鄂国西鄂说找到了考古确证。

2013年中国国家博物馆入藏的一件鄂监簋[④]，为目前所见有关鄂国的最新的青铜器资料，是周王朝设置在鄂国的监国之官为其父辛所作之器。此器通高17.6厘米，口径15.5厘米，弇口，圆鼓腹较深，圜底，盖面隆起，盖顶有圈足状捉手，上有一对穿孔，腹部两侧有兔首鋬形耳，下有方钩状珥，圈足壁微斜直。盖面和口沿下饰一周细密的菱格纹，前后各置一浮雕小貘首。盖内和器内底对铭铸有铭文7字“噩（鄂）監乍（作）父辛寶彝”。年代约在西周早期前段，约成王时期。

---

① 随州市博物馆：《随州出土文物精粹》，北京：文物出版社，2009年。

② 张昌平：《论羊子山新出噩国青铜器》，《文物》2011年第11期。

③ 崔本信、王伟：《南水北调中线工程南阳夏响铺鄂国贵族墓地发掘成果》，《中国文物报》2013年1月4日第8版。

④ 田率：《新见鄂监簋与西周监国制度》，《江汉考古》2015年第1期。

鄂国亦见于甲骨文。自近代王懿荣发现甲骨文后，学者在甲骨卜辞中发现了大量有关鄂国的记载（见表一）。甲骨文中有字，其字形体例有从二口、三口、四口、五口者，从二口者是其初文，其从数口者则是随着字形变化所致。此字在学术界有四种意见。罗振玉释为噩（鄂），并指出《说文解字》中没有“噩”，但是有“咢”，二字可以通用，卜辞中的噩为地名，即噩侯国[①]。王襄、陈邦福、郭沫若等皆赞同此观点。于省吾、闻一多则释为桑或丧字，认为桑为本字，又可假借为丧，卜辞时代本为一字，金文中才分开[②]。罗运环同于省吾释为丧，认为丧与噩有别[③]。白玉峥综合各家之意见，从词性角度分析，认为字释为桑、丧、噩都有合理之处[④]。

表一　与鄂相关的甲骨文辞例表[⑤]

其尞于噩，叀大牢。	《殷契粹编》470片
叀噩田省，亡𢦏?	《殷契粹编》967片
王[叀]噩[田]省，[亡𢦏]。叀盂田省，亡𢦏？	《殷契粹编》969片
丁亥卜贞：王其田噩，亡𢦏? 戊子卜贞：王其田□，亡𢦏?	《殷契粹编》973片
叀盂田……叀噩……	《殷契粹编》974片
又：辛巳[卜]贞：王其田向，亡𢦏? 壬午卜贞：王其田噩，亡𢦏? 乙酉卜贞：王其田向，亡𢦏? 戊子卜贞：王其田盂，亡𢦏?	《殷契粹编》975片
翌日，王其□于噩，于向，于宫	《殷契粹编》976片
辛巳卜，王其田噩，亡𢦏?	《殷契粹编》978片
叀噩田省，至于之，亡𢦏?	《殷契粹编》1013片

① 罗振玉：《殷虚书契考释三种》，北京：中华书局，2006年，第5页。

② 于省吾：《甲骨文字释林》，北京：中华书局，1979年，第75页；闻一多：《闻一多全集》，北京：生活·读书·新知三联书店，1982年，第570页。

③ 罗运环：《甲骨文金文“鄂”字考辨》，载《古文字研究》第二十八辑，北京：中华书局，2010年。

④ 于省吾：《甲骨文字诂林》，北京：中华书局，1999年，第1399-1408页。

⑤ 刘亚星：《鄂国历史地理研究》，郑州大学专业硕士学位论文，2015年5月。

续表

翌日乙，王其田□噩，亡𢦏？其雨？不雨？于□亡𢦏？	《殷契粹编》1014片
翌日戊，王其□于□，亡𢦏？于宫，于盂，于噩，吉。	《殷契粹编》1015片
翌日壬，[王]其□于向，亡𢦏？于宫亡𢦏？于噩亡𢦏？	《殷契粹编》1016片
王其射鹿𠬪，弗𠬪，乙王其□，于噩亡𢦏？	《殷契粹编》1018片
不雨？其雨？翌日辛，王其田□于□，亡𢦏？[于]噩[亡𢦏]？	《殷契粹编》1020片
于噩亡𢦏？于梌亡𢦏？	《殷契粹编》1025片
于噩，戊，王叀宫	《殷契粹编》1027片
于盂亡𢦏？吉，于噩亡𢦏？吉用。	《殷契粹编》1028片
丁未卜，贞：王徃于噩，往来亡𢦏？	《卜辞通纂》615片
辛丑卜，贞：王徃于噩，往来亡𢦏？	《卜辞通纂》625片
□丑王卜，贞：田噩，往来亡𢦏？王占曰，吉。	《卜辞通纂》633片
戊戌王卜，贞：田噩，往来亡𢦏？	《卜辞通纂》634片
戊辰[卜]，在噩[贞]：王田[于]衣。	《卜辞通纂》635片
戊午[卜]，[在]噩贞……	《卜辞通纂》636片
□□[卜]，贞：[王][田]噩，[往来]亡𢦏？	《卜辞通纂》637片
戊戌王卜，贞：其田噩，往来亡𢦏？	《卜辞通纂》638片
[于]噩[亡]𢦏？	《卜辞通纂》640片
乙酉卜，贞：王田噩，往来亡𢦏？	《卜辞通纂》641片
辛丑卜，贞：王田于噩，往来亡𢦏？弘吉。	《卜辞通纂》642片
□□卜，[贞]：[王]田噩，往来亡[𢦏]？	《卜辞通纂》643片
壬戌卜，贞：王田噩，往来亡𢦏？王占曰吉。	《卜辞通纂》644片
辛卯卜，贞：王田噩，往来亡𢦏？	《卜辞通纂》647片
乙酉[卜][贞]：王田噩，[往]来亡[𢦏]？	《卜辞通纂》648片
丁亥卜，在噩，贞：王令夕……	《卜辞通纂》650片
丁未卜，贞：王田噩，往来亡𢦏？	《卜辞通纂》651片

续表

壬子卜，贞：田噩，往来亡𢦏？王占曰吉。	《卜辞通纂》678片
于噩亡𢦏？于盂亡𢦏？于宫亡𢦏？不雨？雨？	《屯南》334片
噩	《屯南》1438片
叀噩田湄日	《屯南》1469片
……噩……弋	《屯南》1520片
翌日戊，王其弋于噩，兹用。	《屯南》2163片
辛巳卜，翌日壬，王其弋于梌，亡𢦏？弘吉。 于噩亡𢦏？	《屯南》2168片
乙巳卜，贞：王其田噩，亡𢦏？	《屯南》2344片
在噩田	《屯南》2697片
于噩亡𢦏？弘吉。	《屯南》2718片
于噩亡𢦏？于盂亡𢦏？于宫亡𢦏？弘吉。	《屯南》2736片
……噩亡𢦏？	《屯南》2993片
于噩亡𢦏？……午卜，翌日乙，王其弋噩亡𢦏？	《屯南》3169片
乙卯贞……噩田。	《屯南》3180片
于噩亡𢦏？于盂亡𢦏？于宫亡𢦏？	《屯南》3193片
辛巳卜，翌 ……从噩，从盂。	《屯南》3573片
叀噩，吉。	《屯南》4104片
于盂亡𢦏？……向……𢦏？翌日辛，其……王其弋于向亡𢦏？于噩亡𢦏？	《屯南》4452片
噩田省不……	《屯南》4457片
大吉，盂其雨，吉，噩其雨。	《屯南》4567片
王其弋于噩，□狩？	《殷契佚存》213片
其自盂至噩，……？	《殷墟文字甲编》506片
戊午[卜]，[在]噩贞：……逐……？	《殷墟文字甲编》2411片

二、商代鄂国

鄂国为姞姓，姞姓为黄帝十二姓之一，姞姓诸侯，史载还有南燕国和密须国，这些先秦姞姓诸侯国基本上都位于黄河流域，地望大致不出今天的甘肃省东部、陕西西部的泾渭流域以及山西汾河流域一带①。

此地域范围内，也有一些鄂国所留存的史迹，为我们追踪早期鄂国提供了线索。《左传》隐公六年："翼九宗五正顷父之子嘉父逆晋侯于随，纳诸鄂，晋人谓之鄂侯。"鄂，晋别邑，其地所在，杨伯峻注："据《一统志》，鄂侯故垒在今山西省乡宁县南一里。"② 此鄂侯又见于《史记·晋世家》："孝侯十五年，曲沃庄伯弑其君晋孝侯于翼。晋人攻曲沃庄伯，庄伯复入曲沃。晋人复立孝侯子郄为君，是为鄂侯。"表明春秋早期时，此地犹称鄂。乡宁之鄂，就目前所见，至少可追溯至西周早期唐叔虞初封，《史记·晋世家》"晋唐叔虞"句下司马贞《索隐》："晋初封于唐，故称晋唐叔虞也。且唐本尧后，封在夏墟，而都于鄂。鄂，今在大夏是也。"《晋世家》又云："于是遂封叔虞于唐。唐在河、汾之东，方百里，故曰唐叔虞。"裴骃《集解》："《世本》曰：'居鄂'。宋忠曰：'鄂地今在大夏。'"张守节《正义》："《括地志》云：'故鄂城在慈州昌宁县东二里。'"昌宁县即今山西省乡宁县。除了鄂城外，这里还有鄂山、鄂水。《嘉庆重修一统志》平阳府鄂山条："在乡宁县东三十里，一名鄂山。"山下有鄂水（即今鄂河），其水所流经之地为鄂谷，即《水经注》所言："河水又南至鄂谷，傍谷东北穷涧，水源所导也，西南流注于河。"《读史方舆纪要》卷 41："鄂水出（乡宁）县东北五十里之宋家沟，引为四渠溉田，西流入于黄河。"鄂城、鄂山、鄂谷、鄂水，都是鄂人长期在此活动而留下来的地理痕迹。可见商代鄂国的立国之地最初当在今山西乡宁附近。

至于卜辞中的鄂，如所释无误，基本上都是以地名出现的，与商王的田猎活动有关。其中涉及了鄂、盂、宫三地，三地应该相距不远。《史记·殷本纪》裴骃的《集解》引徐广曰："一作'邘'，音于，野王县有邘城。"认为鄂即邘，

① 刘亚星：《鄂国历史地理研究》，郑州大学专业硕士学位论文，2015 年 5 月，第 15 页。

② 杨伯峻：《春秋左传注》，北京：中华书局，2009 年，第 49 页。

地在六朝晋宋野王县（即今河南沁阳县）境内之故“邘城”。然同为裴骃的《集解》，其于《史记·鲁仲连列传》又引徐广曰：“鄂，一作‘邢’”，两说不一。”今天已经证明其观点是错误的，无论是传世文献还是出土文献都可以证明鄂和盂、邢是三个不同的地方。卜辞中鄂和盂多是同时出现，因此徐少华先生认为徐广以鄂作邘、以鄂作邢皆不可从，卜辞之盂，应是史载周文王所伐之盂，诸家认为即《左传》僖公二十四年邘、晋、应、韩之邘，地在今河南沁阳县西北20余里、沁水以北的清代邘台镇一带，原为商之诸侯，后遭周文王征伐，武王灭商后，周成王封其弟于邘而建立了姬姓邘国，与盂邻近之鄂则亦当在今沁阳附近地带，其地望大致不出今沁阳县城或略偏南一带，此鄂应即《史记·殷本纪》所载纣时三公之一的鄂侯之国所在，为商代后期商王室在沁水流域的重要据点之一[①]。沁阳之鄂当是由乡宁之鄂迁移而来，迁徙的大概时间在商代武丁时或稍前[②]。

三、西周时期的鄂国

西周时期诸侯地望，一向是西周政治地理研究中的热点。鄂国地望问题，不仅是鄂国研究的焦点，也是西周南方政治地理研究中的难点，是先秦史研究中长期悬而未决的难题，为古代荆楚地理研究中的重点之一。学术界对西周鄂国地望，长期存在着“东鄂说”和“西鄂说”。

东鄂说认为鄂国在今湖北鄂州一带，以王国维、陈梦家、殷崇浩、陈佩芬、刘翔等学者为代表。近代学者中，以王国维最早主张东鄂说[③]。陈梦家在《西周铜器断代》一文中亦论及鄂的位置，他根据上海博物馆所藏的“鄂叔簋”“鄂侯弟卣”“鄂季簋”所出土之地——武昌，认为西周时期鄂国的地望在东鄂[④]。殷崇浩在《楚都鄂补》中综合考虑了鄂地的地理位置，从军事防御方面论证东

① 徐少华：《周代南土历史地理与文化》，武汉：武汉大学出版社，1994年，第20页。

② 徐少华：《鄂国铜器及其历史地理综考》，《考古与文物》1994年第2期。

③ 王国维：《观堂集林》第三册，北京：中华书局，1959年，第890-891页。

④ 陈梦家：《西周铜器断代》，北京：中华书局，2004年，第70-72页。

鄂说[①]。刘翔在《周夷王经营南淮夷及其与鄂之关系》一文中根据对周夷王征伐南淮夷历史的考证，加上对相关有铭青铜器的解读，认为鄂国地望是在东鄂，而且正是由于鄂国与南淮夷的关系密切才导致鄂国的灭亡[②]。陈佩芬也认为鄂国应在东鄂，即今湖北鄂州一带[③]。此外，罗运环、张正明等先生也倾向于东鄂说[④]。

西鄂说则认为西周鄂国在南阳盆地的汉代西鄂县故城一带。以徐中舒、马承源、张剑、黄胜璋、徐少华、张昌平等学者为代表。二十世纪五十年代，徐中舒先生在系统研究禹鼎铭文时，认为西周鄂国的地望应如《楚世家》正义所说，位于南阳盆地内的西鄂故城[⑤]；黄盛璋认为禹鼎记载的"禹以武公徒驭至于噩，敦伐噩京，休获厥君驭方"，此噩即西鄂，在今南阳市北[⑥]。马承源[⑦]、张剑[⑧]，亦同此说。二十世纪九十年代，张昌平从姞姓之国的分布区域多不出黄河中、下游或中原地区，商周时期的另外两个姞姓国密须、南燕也是如此，推断姞姓的鄂国活动区域在中原地区则比较合理[⑨]。徐少华通过对与鄂国相关的青铜器的推断和解读，包括商代的鄂国的历史及地望、鄂国的南迁、鄂国与南淮夷的关系以及鄂国的灭亡，对整个鄂国的历史与地望进行详细的论述，亦主张鄂国地望当以西鄂说为是[⑩]。又二十世纪发现的鄂君启节铭文，虽然为战国晚期文物，但楚国的鄂君所在，亦当与西周鄂国有关联，因此从鄂君启节来论证鄂地所在，就成为又一重要途径。在这方面，日本学者船越昭生在

---

① 殷崇浩：《楚都鄂补》，《江汉考古》1984 年第 1 期。

② 刘翔：《周夷王经营南淮夷及其与鄂之关系》，《江汉考古》1983 年第 3 期。

③ 陈佩芬：《上海博物馆新收集的西周青铜器》，《文物》1981 年第 9 期。

④ 罗运环：《楚国八百年》，武汉：武汉大学出版社，1992 年，第 105 页；张正明：《楚史》，武汉：湖北教育出版社，1995 年，第 45 页。

⑤ 徐中舒：《禹鼎的年代及其相关问题》，《考古学报》1959 年第 3 期。

⑥ 黄盛璋：《朴君述鼎国别、年代及其相关问题》，《江汉考古》1987 年第 1 期。

⑦ 马承源：《记上海博物馆新收集的青铜器》，《文物》1964 年第 7 期。

⑧ 张剑：《洛阳市博物馆馆藏的几件青铜器》，载《文物资料丛刊》第 3 辑，北京：文物出版社，1980 年。

⑨ 张昌平：《噩国与噩国青铜器》，《华夏考古》1995 年第 1 期。

⑩ 徐少华：《周代南土历史地理与文化》，武汉：武汉大学出版社，1994 年；徐少华：《鄂国铜器及其历史地理综考》，《考古与文物》1994 年第 2 期。

1972年《东方学报》(京都版)发表论文《鄂君启节考》，主张“西鄂说”，将鄂君启节铭文之鄂置于河南邓县。陈伟又对鄂君启节之鄂进行了进一步的讨论,从古文字角度论证鄂地应在西鄂,并从鄂君启节铭文的解读中论证了“东鄂说”的不合理性[①]。晏昌贵、郭涛的《〈鄂君启节〉铭文地理研究二题》从鄂君启节铭文解读出发，综合铭文所提及的地点，认为把铭文中的“鄂”理解为西鄂比较合理[②]。

东鄂说与西鄂说都有自己的文献依据和大量的考古材料。但进入21世纪以来的最新考古发现表明,两种说法均有局限性。随州、南阳等地的重大考古发现,最终打破了鄂国地望研究上的僵局。

早在1975年，羊子山一带曾发现4件青铜器，其中一件铜尊有铭文“鄂侯弟历季作旅彝”[③],另上海博物馆曾于二十世纪五十年代末、六十年代初收集到一件铜卣[④],洛阳市博物馆也收集到一件铜簋[⑤],铭文与羊子山所出鄂侯弟历季尊相同，这3件鄂器同为鄂侯之弟历季所作，应为同一组礼器，表明上海、洛阳两地的鄂侯弟历季铜器亦当出于随州羊子山。1980年，羊子山M1曾出土18件青铜器[⑥]。以上两批青铜器年代皆为西周早期。曹淑琴曾据此提出鄂的地望从江汉平原一带着手探索可能更为合理，并认为随州出土鄂侯弟历季铜器为在汉水下游寻找鄂国故城遗址提供了远比其他地点更为可信的依据，今后如能加强这一地区的考古工作，或可解开鄂地之谜[⑦]。到2007年时，随州地区考古工作的进展验证了这一预言。

2007年湖北随州安居羊子山M4出土了青铜器27件，器形有方鼎、圆鼎、簋、甗、罍、盉、盘、提梁卣、尊、斝、觯、爵、方彝等,其中大部分铜器上有“鄂”

---

① 陈伟：《〈鄂君启节〉之“鄂”地探讨》，《江汉考古》1986年第2期。

② 晏昌贵、郭涛：《〈鄂君启节〉铭文地理研究二题》，《华北水利水电学院学报(社会科学版)》2012年第5期。

③ 随州市博物馆：《湖北随县发现商周青铜器》，《考古》1984年第6期。

④ 马承源：《记上海博物馆新收集的青铜器》，《文物》1964年第7期。

⑤ 张剑：《洛阳市博物馆馆藏的几件青铜器》，载《文物资料丛刊》第3辑，北京：文物出版社，1980年。

⑥ 随州市博物馆：《湖北随县安居出土青铜器》，《文物》1982年第12期。

⑦ 曹淑琴：《噩器初探》，《江汉考古》1993年第2期。

或“鄂侯”铭文，年代属于西周早期[①]。例如：M4出土的“噩中”方形鼎有铭文“噩中乍宝尊彝”。噩侯提梁卣有铭文：“噩侯乍旅彝”。噩侯方彝有铭文：“噩侯乍厥宝尊彝。”噩侯罍有铭文：“噩侯乍旅彝。”噩侯盘有铭文：“噩侯乍旅彝”。可见随州安居羊子山M4的墓主人可能是西周早期的某一代噩（鄂）侯，即鄂国的国君。而安居羊子山应为西周早期的鄂国公室墓地[②]。而墓地与居地是有联系的，墓地一般距居地不太远，因此西周早期的鄂国应在随州安居附近。

由于羊子山4号墓（M4）的发现，使西周早期鄂国地望得以清晰起来。因此学者普遍认为西周早期的鄂国确在随州安居附近[③]。

而在安居羊子山鄂国墓地附近，正有一处安居遗址。据1984年武汉大学荆楚史地与考古研究室调查，安居遗址大体分布于安居镇及其北面的安居中学之间，中心范围在安居镇与北邻的杨家湾一带，此次调查确定安居遗址有周代遗存[④]。虽然调查资料尚无法确认安居遗址的时代上限可以达到西周早期，但地面调查与实际发掘是有差距的，安居遗址不一定没有更早的遗存。因此安居遗址很有可能就是西周早期的鄂国都城。

南阳夏响铺墓地的发掘是鄂国研究的又一重大突破。此前学者从鄂侯驭方鼎、禹鼎等铭文来判断，鄂国在西周晚期被周朝灭掉，这一观点已为学界普遍认同。但夏响铺墓地表明，当时鄂国并没有完全被消灭，而是被迁到了南阳盆地一带。该墓地的下限在春秋早期，因此，黄尚明先生认为可能到了春秋早期楚文王灭申设县以后，鄂国才被楚彻底地消灭了[⑤]。

---

① 随州市博物馆：《随州出土文物精粹》，北京：文物出版社，2009年。

② 李学勤：《由新见青铜器看西周早期的鄂、曾、楚》，《文物》2010年第1期。

③ 张昌平：《论随州羊子山新出噩国青铜器》，《文物》2011年第11期；朱继平：《考古所见楚对鄂东铜矿的争夺与控制》，《中国历史文物》2010年第6期；傅玥、高旭旌：《从羊子山M4青铜器群看西周鄂国的地望》，载楚文化研究会：《楚文化研究论集》第九集，上海：上海古籍出版社，2011年。

④ 武汉大学荆楚史地与考古研究室：《随州安居遗址初次调查报告》，《江汉考古》1984年第4期。

⑤ 黄尚明：《从考古新材料看鄂国的历史变迁》，《华中师范大学学报（人文社会科学版）》2015年第1期。

结语

综上所述，商代鄂国在北方中原地区，最早应当在山西乡宁一带，后迁至河南沁阳附近。商末鄂侯与西伯昌同为纣之三公之一，鄂侯因被纣王所杀，故此得到周人同情，甚至有可能参与了周人伐商。由于此种原因，鄂国在周灭商后得以成为周之封国，鄂遗民被西周迁至随州，自此成为西周南土的重要封国，并与西周王室联姻，成为周王室的重要姻族。但西周晚期时，鄂侯驭方与南淮夷勾结起来发动叛乱，给西周造成极大压力，以致周王朝愤怒地下令“无遗寿幼”。过去以为鄂国当因此次叛乱而被周朝所灭，但夏响铺墓地的发掘使我们了解到实际的情形更为复杂，鄂国可能并未被彻底灭亡，而是被迁至南阳。

上述鄂国史迹的清理也使我们对汉代南阳西鄂县的来历和战国时的楚国鄂君有了更进一步较为明确的了解。南阳西鄂县的由来当是西周晚期至春秋早期鄂国所在，故有“鄂”名。进一步讨论，战国时楚国的鄂君（《鄂君启节》之鄂君），学者早已论证其所居亦是在南阳西鄂，《鄂君启节》线路的起点，无论是从文字训诂还是从地理路线来看，都应是南阳西鄂更为合理，亦即今南阳西鄂故城，此地最早应是西周晚期鄂侯驭方因叛乱被西周攻灭后周人安置鄂国遗民之所，故南阳始有“鄂”名，战国时期楚国在此地封有鄂君，为楚国大贵族，其封邑亦当由此而来。至于鄂州之东鄂，学者早已指出西鄂与东鄂不是并时共存而是异时相承的[①]。在西周鄂国和战国时楚鄂君的面貌逐步得到较为清楚的展现后，西鄂与东鄂的关系亦得以进一步清晰。由《鄂君启节》可知，楚怀王六年（公元前323年）时鄂君犹在南阳西鄂，但楚怀王晚期时，楚国国势急衰，公元前312年的秦楚丹阳之战，楚国大败，此后楚国在南阳盆地连遭惨败，楚怀王二十八年（公元前301年）秦国与齐国、韩国、魏国共同伐楚，楚国大败于垂沙，楚国的北面防线至此全部丧失[②]。学者据此推测，在此情形下，原居南阳鄂地的鄂君被迫迁徙于今鄂州一带，迁徙之后的封君仍称鄂君，新封地仍称

① 张正明：《楚史》，武汉：湖北教育出版社，1995年，第45页。

② 徐少华：《周代南土历史地理与文化》，武汉：武汉大学出版社，1994年，第346页。

鄂，地随人迁，从而形成后世的东鄂之地[①]。鄂之地名迁至东鄂后，汉为鄂县（南阳之鄂则为西鄂县），三国时孙权改鄂县为武昌，西晋统一后复置鄂县，南朝时为分荆之势，于夏口城置郢州，隋开皇九年隋灭陈后整理全国政区，改郢州为鄂州[②]，自此鄂州之名在武汉、鄂城地区稳定下来，并在以后的历史时期发展成为湖北的简称[③]。

① 朱继平：《“鄂王城”考》，《中国历史文物》2006年第5期。

②（唐）魏征、令狐德棻：《隋书》卷31《地理志下》，北京：中华书局，1973年，第894页。

③ 罗运环：《湖北简称“鄂”研究》，载《人文论丛》2010卷，北京：中国社会科学出版社，2011年。

鄂与鄂州论文选辑

《鄂君启节》之“鄂”地探讨

陈　伟

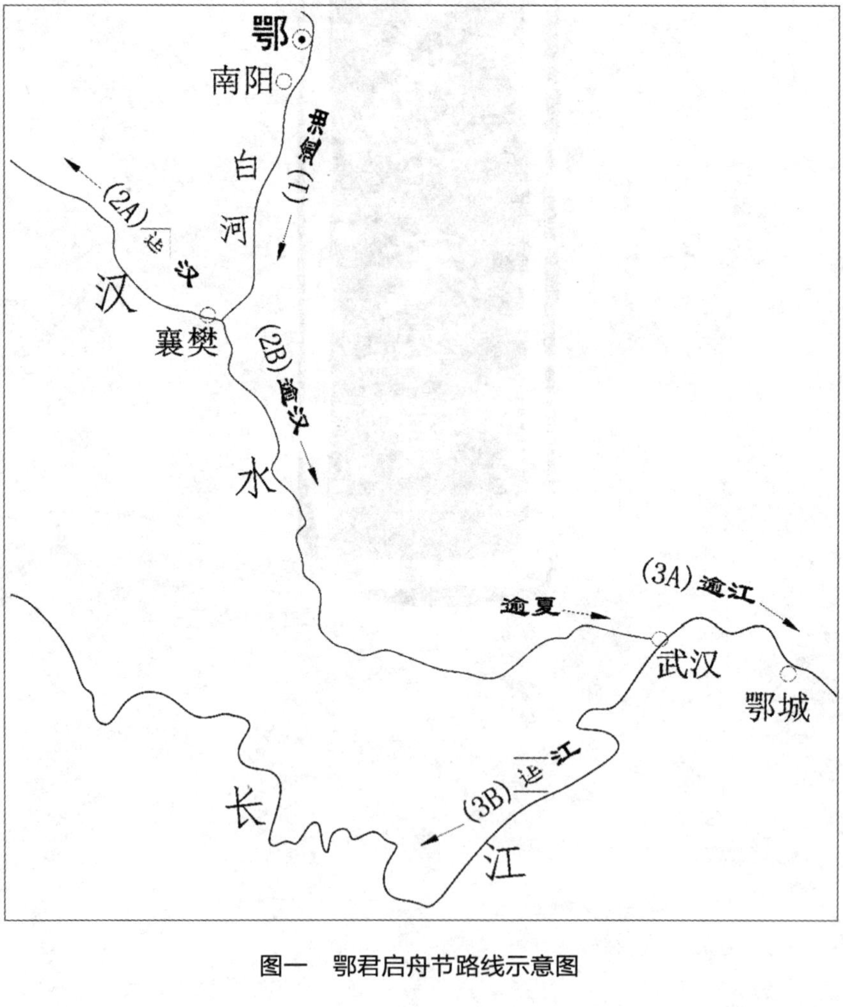

图一　鄂君启舟节路线示意图

自鄂市，庚阳丘，庚方城，庚酉焚，庚繁阳，庚下蔡，庚居巢，庚郢。

——车节路线

(1) 自鄂市，逾油。

(2A) 让汉：庚膚，庚芑阳。

(2B) 逾汉：庚郢，逾夏：内邔。

(3A) 逾江……。

(3B) 让江……庚郢。

——舟节路线（见图一）

关于《鄂君启节》中的“鄂”地，国内发表的一系列论文都认为在今湖北的鄂城一带①。最近黄盛璋先生在《再论鄂君启节交通路线复原与地理问题》一文中，提到日本学者船越昭生教授认为鄂是河南南阳西鄂，但予以批评，再次申论鄂城说②。

但是，按照我们对《鄂君启节》的理解，鄂城说亦有不妥，西鄂说却似有可能。今试为申述，请学术界诸位前辈和同事指教。

先看车节。鄂君车乘行径，各家的具体考释不一，但都认为出鄂后首先经过的阳丘、方城，皆去南阳不远。就此看来，衔接阳丘、方城的鄂应在南阳一带，而不宜远求江南鄂城。为了弥合缺环，鄂城说提出水陆联运的推定，认为舟船承担了车乘由鄂城到南阳一段的中转任务。但是，车、舟两节各有贸易限额，分别为五十乘和五十艕，如果车舟联营，这一限定将如何执行？节文中对牛马等与车、舟与艕的换算关系，作了详细说明，却只字未提车、舟的换算，似乎也表明没有车舟换载的可能。车舟两节的贸易路线和有关规定不同，显然各成体系，不宜撮合。更有甚者，旧拟舟节鄂城至南阳的路线，可能实际上并不存在。这在下面讨论舟节时，就要谈到。

---

① 郭沫若：《关于鄂君启节的研究》，《文物参考资料》1958年第4期。谭其骧：《鄂君启节铭文释地》，载《中华文史论丛》第二辑，北京：中华书局，1962年；又谭其骧：《再论鄂君启节地理答黄盛璋同志》，载《中华文史论丛》第五辑，北京：中华书局，1964年。黄盛璋：《关于鄂君启节交通路线的复原问题》，载《中华文史论丛》第五辑，北京：中华书局，1964年。于省吾：《“鄂君启节”考释》，《考古》1963年第8期。刘和惠：《鄂君启节新探》，《考古与文物》1982年第5期。

② 湖北省楚史研究会等：《楚史研究专辑》，1982年。

从郭沫若先生开始，研究者都把舟节路线作为相互联系的水运网络来认识，这是很对的。如何理解舟节体例，是能否正确考察该网络中各具体地点的关键。对此，以前的研究者们发表了许多很好的意见，但也存留了一些问题。最集中的问题则是对逾字的理解。这里，我们在吸收已有成果的塞础上，提出对体例的认识，并对逾字的用例加以说明。

（1）凡是提到“让”“逾”“内”的，都是舟船所行河流的名称。凡是提到了“庚”的，都是沿岸的地名。

（2）“让”为溯水行进。“让”后所庚之地都在所由“让”之处的上游。

（3）“逾”为沿流顺下。“逾”后所庚之地都在所由“逾”之处的下游。

（4）由干流转入支流称“内”。“内”后所庚之地，都在支流上。没有以只提“庚”某地来表示进入并未交待的某条河流的情形。

（5）所“逾”之水注入某水后，舟船即以汇流处为基点，“让”“逾”某水，而不另行交待。

（6）路线一概只举去向单程。舟节中“让”“逾”同一条河流，是就某个基点的上、下游而言的，不是同段往返。

逾，以前多读如本字，或以为指渡越，或以为指转换水路。但是，这些解释与所考订的地望之间，并不能完全吻合。例如，渡越鄂城附近湖泊之后，让汉之前，必须横渡大江，节文中却并无交待；称逾的几处又不能证明横渡其流。转换水路的体例，干流入支流见（四），支流入干流见（五），都不使用逾字；称逾之处其实并没有转换水路，明显的如“逾汉”紧接“让汉”之后，“逾江”紧接“让江”之前，都是在同一河流中航行。同时，舟节在舟船运行中，有逆水行舟的“让”，有转入支流的“内”，有停靠口岸的“庚”，顺水而下这一常见的航行现象却不曾提及，也是说不过去的。近年，刘和惠先生指出：“逾，揆其义有二：一是越过的意思，如‘逾湖’……；一是表示顺流而下，如‘逾汉’‘逾夏’‘逾江’。在节文中，‘逾’与‘让’是对应的两个字，凡溯流而上，俱用‘让’字表达；凡顺流而下，均用‘逾’字说明。”[①] 刘先生注意了旧说的矛盾，持论有了很大的改进，但因为拘守鄂城说，仍然把“逾油”释为渡湖，分割了体例的一致性，问题也没能很好解决。我们以为，舟节中

---

① 刘和惠：《鄂君启节新探》，《考古与文物》1982 年第 5 期。

的逾字都应解作顺水而下。逾与遥字，义通音近，可以通假。《礼记·投壶》“毋踰言”注“踰或作遥”;《汉书·陈汤传》“踰集都赖”注“踰读曰遥”;《楚辞·大招》“无远遥只”注“遥，犹漂遥，放流貌也。”正是指顺水行舟这类现象。

至此，鄂城说的疑端就显露了出来。

芑阳,以往多于南阳寻找,视为水陆转运的枢纽。但该地为“让汉”后所庚,并未旁出支流。按照体例(2)，只能在汉水岸边，不会远在南阳。这样，鄂城说的水陆联运便失却必要的中间环节，而难以成立了。

按照体例(2)(3)(5)(6)，舟节“让汉”“逾汉”的基点，即油水入汉处，应在汉水中间的某处，而不能离开汉水，置于长江南岸的武昌左右。从而，油就不能是鄂城以西的湖泊，而应是汉水的某条支流。以油水通达汉水的鄂地，也就不能在今天的鄂城，而应于汉水支流上探寻。

油，一开始就被读作沽即湖字，定为鄂城以西湖群，诸家并从，不以为疑。其实，这类字形的释读，在古文字学界是有讨论的。如西周铜器《遹甗》上有一字，郭沫若先生读古，徐中舒先生读叶，陈梦家先生读由①。又《云梦睡虎地秦简》有一字，原隶定作轱，李学勤先生改读为轴②。先秦文字中，由的单字尚未能确认,由、古二字也就还没能分别开来。不过,《说文》所谓“兜鍪也。从月,由声”的“胄”字倒屡有所见，其释读也为学者所公认。我们可以将胄字所从之由与古及从古而作的字进行比较（见图二），决定舟节此字的读法。

图二　周代“古”“由”二字的标本

① 郭沫若：《两周金文辞大系：遹甗》，北京：科学出版社，1957年；又郭沫若：《两周金文辞大系图录考释》，上海：上海书店出版社，1999年。徐中舒：《禹鼎的年代及其相关问题》，《考古学报》1959年第3期。陈梦家：《西周铜器断代（五）：遹甗》，《考古学报》1956年第3期。

② 李学勤：《师同鼎试探》，《文物》1983年第6期。

上面，我们罗列了周代两字的标本（图二）。随着时代的推移，两字的写法略有演化，而基本结构未变。两字形体大致类似，却又存在着明显的区别。这就是古字上部十字交叉，横划长出；由字上部则只有一竖划，或在竖划中著一圆笔。虽然古文字的点、横时有互作，但这两字却界限森然，一般未见交叉。大小盂鼎同为一人之器，中山王䁖方壶两字并见，写法各异，是最突出的例证。舟节此字省去义符水旁的形体，与诸胄字所从的由字极为近似，而与同时的中山王器的胄字所从几无二致。同时，舟节中也有从古而作的居字，则和常见的古字一样，也不与舟节此字混淆。因此，舟节此字读古似不可从，应该改读为由。

由、育二字，上古韵部为幽觉对转，又是喻纽双声，可以通假。《诗·思文》“帝命率育”。“率育”，朱起凤先生《辞通》卷 11 以为即《书·微子之命》“率由典常”之“率由”，“育乃由字之假”。又有胤胄的胄字，《说文》曰：“从肉，由声”。《书·舜典》“教胄子”，《说文》育字下引作“教育子”；郑注《周礼·大司乐》作“教育子”，注《礼记·王制》作“教胄子”。凡此，是由及从由得声的字与育字通假之例。

如果读由为育，油水即是淯水。《文选·南都赋》注引《山海经》：“攻离之山，淯水出焉，南流注于汉。”《水经·淯水》“淯水出弘农卢氏攻离山。东南过南阳西鄂县西北。又东过宛县南。又屈南过淯阳县东。又南过新野县西。西过邓县东南。入于沔。”《说文》淯字下段注：“今河南南阳府府城东三里俗名白河者是。”淯水经过西鄂等地注入汉水，正相应于舟节“自鄂市，逾油”而入汉这段航程。鄂自然应即西鄂。

依照舟节行文的次序在下淯入汉之后，航线分为两段，即以汇流处为基点，先上汉而后下汉[①]；下汉入江之后，航线复分为两段，即以汇流处为基点，先下江而后上江。整段文字紧凑，语序井然。这未必就是鄂君商船航行的具体程序，却显然是对其通行范围给定的最佳表述。虽然其中的地名，有的尚待考定，但我们对这支船队通行的整体路线却已感到脉络分明，全局在握。

---

① 下汉包括“逾夏”一段。舟节之夏，是夏水入汉后，与汉互受通称。这点，谭其骧先生已经指出，见谭其骧：《再论鄂君启节地理答黄盛璋同志》，载《中华文史论丛》第五辑，北京：中华书局，1964 年。

西鄂所在的南阳是南北交通的要冲。《史记·货殖列传》说："南阳西通武关、郧关，东南受汉、江、淮。"《汉书·地理志》说："宛，西通武关，东受江淮，一都之会也。"张衡《南都赋》也说："汤谷涌其后，淯水盪其胸，推淮引湍，三方是通。"史念海先生指出南阳的宛是战国时代的经济都会之一[①]。本文所考正与这些记述相印证。

（本文在修改过程中得到李学勤先生指导。路线示意图承王克陵同志绘制。）

（原载《江汉考古》1986 年第 2 期）

① 史念海：《释〈史记·货殖列传〉所说的"陶为天下之中"兼论战国时代的经济都会》，载《河山集》七集，西安：陕西师范大学出版社，1999 年。

鄂国铜器及其历史地理综考

徐少华

一、早期鄂国历史及地望

《战国策·赵策三》“秦围赵之邯郸”章载鲁仲连曰：“昔者，鬼侯、鄂侯、文王，纣之三公也，鬼侯有子而好，故入之于纣，纣以为恶，醢鬼侯。鄂侯争之急、辨之疾，故脯鄂侯。文王闻之，喟然而叹，故拘之于牖里之库，百日而欲舍之死。”(《史记》之《殷本纪》《鲁仲连列传》所载相同，《策》文之“鬼侯”，《史记》作“九侯”，九、鬼一音之转）这段历史表明:(1）鄂于商末已经称“侯”，其立国当更在此前;(2）鄂侯为纣“三公”之一，说明鄂在商王朝中的特殊地位，可见鄂是商代颇有声望和实力的古国。

商代之鄂，《史记·殷本纪》裴骃《集解》引徐广曰：“一作‘邘’，音于，野王县有邘城。”认为鄂即邘，地在六朝晋宋野王县（即今河南沁阳县）境内之故“邘城”。然裴骃于《史记·鲁仲连列传》又引徐广曰：“鄂，一作‘邗’”，两说不一。今本《竹书纪年》从鄂即“邘”之说，称鄂侯为“邘侯”，曰:“(帝辛)命九侯、周侯、邘侯。”并系其事于帝辛元年或二年[①]。以鄂作邢，

① 参看王国维：《今本竹书纪年疏证》，附方诗铭等：《古本竹书纪年辑证》，上海：上海古籍出版社，1981年。

徐广说或本自西晋皇甫谧的《帝王世纪》，是书载："邢侯为纣三公，以忠谏被诛。"[①]所言邢侯之事，与《战国策》和《史记》所载鄂侯情形相合，故徐广又有"鄂一作邢"之说。南宋罗泌的《路史》从皇甫谧、徐广此说而非"鄂一作邢"之误[②]，清人梁玉绳更力驳鄂为"邘"说而明言"鄂即邢也""邢侯即鄂侯也"。[③]

今按：徐广两说均为可疑。其一，鄂与邘、邢两字虽古音相近，然形体区别甚明，无由致误；其二，据《史记·周本纪》记载，商代晚期，周文王为剪除商之羽翼而"伐邘"（亦见《韩非子·难二》，"邘"作"盂"所指实一），则邘为商代与鄂并存的诸侯之一，两者不能混同。西周时期，鄂国尚存，而邘为"武之穆"，邢为"周公之胤"[④]，三国并为周王朝的重要诸侯，更不能将其混为一谈。

甲骨卜辞中，鄂作噩（金文亦同，为统一起见，文中皆隶作"鄂"）、邘作盂（与《韩非子》所载相同），两者多为地名，虽常并称，但分为两地是十分明显的，如：

……二田鄂、盂，有大雨。《粹》968

王［叀］噩［田］省，［亡𢦏］。叀盂田省，亡𢦏。《粹》969

其尞于噩，叀大牢。《粹》470

商王在鄂地行燎祭，并用大牢之礼，可见鄂是商代后期王畿之内十分重要的地方之一。

卜辞中与鄂联系更多的，常与商王的田猎活动有关，其中鄂与盂、向、宫等地多为一组，相互之间距离多在一、二日行程之内。

辛卯……

于盂，亡𢦏。

---

① 参看《帝王世纪》，其书已佚，此条为唐初《括地志》所引，见《史记·项羽本纪》"都襄国"句下《正义》引《括地志》曰。

② 参看《路史·国名纪六》"邢"条。

③ 参看梁玉绳：《史记志疑》殷本纪第三"九侯、鄂侯"条，北京：中华书局，1981年；梁玉绳：《人表考》卷4"邢侯"条，载《史记汉书诸表订补十种》，北京：中华书局，1982年。

④ 参看《左传》僖公二十四年。

于宫，亡𢦏。

甲午卜，翌日乙，王其[往]于向，亡𢦏。

……[于]噩[亡]𢦏。《卜通》640

又：辛巳[卜]贞：王其田向，亡𢦏。

壬午卜贞：王其田噩，亡𢦏。

乙酉卜贞：王其田向，亡𢦏。

戊子卜贞：王其田盂，亡𢦏。

《粹》975

此外，鄂与雍（《卜通》642）等地之间的距离亦相去不远，联系密切。

有关卜辞地理，王国维、郭沫若、陈梦家、李学勤等学者都曾先后作过研究、考证，取得了一系列可借鉴的成果[①]。卜辞之盂，应是史载周文王所伐之盂，各家认为即《左传》僖公二十四年邘、晋、应、韩之邘，地在今河南沁阳县西北二十余里、沁水以北的清代邘台镇一带[②]，原为商之诸侯，后遭周文王征伐，武王灭商后，周成王封其弟于邘而建立了姬姓邘国。向，郭老认为即《诗·小雅·十月之交》"作都于向"之向[③]，亦即《左传》隐公十一年所载苏忿生之田的向邑，约在今河南济源县西南二十里左右[④]，雍，诸家认为即《左传》所载"文之昭"之雍国所在，地在今河南修武县西，沁阳东北地带[⑤]，位于盂地正东不远。雍原为商邑，周灭商后封文王子、武王弟于雍，藩屏王室，以监殷民。

① 王国维：《殷墟卜辞所见地名考》，载王国维：《观堂集林》第四册，北京：中华书局，1959年，第1154页；郭沫若：《卜辞通纂》"田游"部分，载《郭沫若全集·考古编》第2卷，北京：科学出版社，1982年；陈梦家：《殷墟卜辞综述》第八章"方国地理"，北京：中华书局，1988年；李学勤：《殷代地理简论》第一章"殷商与商西猎区"，北京：科学出版社，1959年。

② 参看《左传》僖公二十四年杜预注；《水经·沁水注》；《史记·周本纪》"伐邘"句下《正义》引《括地志》云；《大清一统志》（嘉庆本，下同）卷203，怀庆府古迹"邘城"条。

③《卜辞通纂》第640片。

④《左传》隐公十一年杜预注；《水经·济水注》；《读史方舆纪要》卷49，河南4，怀庆府济源县"向城"条。

⑤ 王国维：《殷墟卜辞所见地名考》，载王国维：《观堂集林》第四册，北京：中华书局，1959年，第1154页；郭沫若：《卜辞通纂》"田游"部分，载《郭沫若全集·考古编》第2卷，北京：科学出版社，1982年；陈梦家：《殷墟卜辞综述》第八章"方国地理"，北京：中华书局，1988年；李学勤：《殷代地理简论》第一章"殷商与商西猎区"，北京：科学出版社，1959年。

盂、向、雍分别位于河南沁阳县附近，则与此三地邻近之鄂亦当不出沁阳附近。李学勤先生认为“鄂在沁阳”，即在盂的邻侧而偏东[①]，是可信的。结合卜辞所载由鄂——向、鄂——盂和鄂——雍之距离约在一日行程之内的情况分析，鄂应处于向与雍之间，即盂之东南，其地望大致不出今沁阳县城或略偏南一带。

卜辞之鄂，当是《史记·殷本纪》所载纣之三公之一的鄂侯之国，为商代后期商王室在沁水流域的重要据点之一。裴骃的《集解》所引徐广关于鄂一作“邘”，又作“邢”的说法虽不尽可信，但其认为商之鄂侯在沁水下游地带，是有见地的，或因商鄂之地西周时期并属姬姓邘国所有而将两者混为一谈。

西周以前，黄河以北除了沁阳之鄂外，还有另一处鄂地。《史记·晋世家》记载，周成王封其弟叔虞于唐，《集解》引《世本》曰“居鄂”，又引宋衷曰：“鄂地今在大夏”，《正义》引《括地志》云：“故鄂城在慈州昌宁县东二里。”据《左传》昭公元年：“迁实沈于大夏，主参，唐人是因，以服事夏、商，其季世曰唐叔虞，……及成王灭唐，而封大叔焉，故参为晋星。”又定公四年载：“命以《唐诰》而封于夏虚，启以夏政，疆以戎索。”唐人司马贞《史记索隐》曰：“然晋初封于唐，故称晋唐叔虞也。且唐本尧后，封在夏虚，而都于鄂。”[②]由此可见，商代即有唐国都于鄂，周初成王“灭唐”并封其弟于唐，亦都于鄂。周之唐国，除了其统治者由祁姓尧裔变为姬姓周人之外，国名、君名、都邑、政体多仍祁姓唐国之旧，其后唐改称晋，都邑亦迁，然鄂仍为晋国的重要城邑或陪都。春秋早期，晋侯郄为避曲沃庄伯之乱，又曾一度居鄂，“晋人谓之鄂侯”，即可为证。[③]故鄂城，《括地志》说在唐慈州昌宁县东二里，《大清一统志》说在清乡宁县南一里[④]，即今山西乡宁县城偏南地带，此“鄂城”，当与鄂国或鄂族的早期活动有关。沁阳之鄂，武丁卜辞中已有载[⑤]，而乡宁之鄂城，商代后期已为祁姓唐国

---

① 李学勤：《殷代地理简论》第一章第五节、第二章第六节，北京：科学出版社，1959年。

② 《史记·晋世家》“晋唐叔虞者”句下司马贞《索隐》。

③ 《左传》隐公六年和《史记·晋世家》。

④ 《大清一统志》卷138，平阳府古迹“鄂城”条。

⑤ 李学勤：《殷代地理简论》第一章第五节、第二章第六节，北京：科学出版社，1959年。

之都[①]，可见鄂部族在故鄂城一带的活动，应在祁姓之唐立国于此之前的商代早中期或更早，其东南迁于沁阳一带，当在商代武丁之时或稍前。

二、西周鄂国铜器分析

传世和近年收集出土的西周鄂国有铭铜器，亦为我们研究鄂国的族属、历史地理及其与周王朝的关系提供了第一手资料。

鄂叔簋，二十世纪五十年代上海市博物馆收集，通座高 18 厘米，口饰圆涡夔纹，足饰饕餮纹，方座饰鸟纹，有铭文两行六字：

鄂叔作
宝障彝[②]。

整个形制与西周武王时期的大丰簋相近[③]，如均为四兽形耳侈出口沿以上，下各有一珥，底有方座，但器腹较大丰簋要浅，圈足要高，这种风格又恰与康王时的宜侯夨簋一致[④]，腹部和圈足纹饰也与夨簋雷同，比较而言，鄂叔簋要略晚于大丰簋而早于宜侯夨簋，时代应以成王或康王初年为适合。

此器铭文和风格表明：(1）鄂叔在西周初年仍在作器，从而使我们了解到商代末年，鄂侯被杀之后，特别是经过周人灭商的社会大动荡后，鄂部族又作为周之封国立于诸侯之林。(2）方座、四耳带小珥的簋不见于商代，而是西周初年周人铜器的典型形制，鄂叔簋所体现的这种风格，说明周初鄂族与周人联系较密切，文化有较多的一致性。

鄂季奞父簋，亦为上海博物馆所收集。器敛口、深腹微鼓，两兽首形耳，颈部一周细雷纹，失盖，圈足较直，器内壁有铭文两行八字：

---

① 据《左传》襄公二十四年载晋卿范宣子回顾其先世曰："昔匄之祖，自虞以上为陶唐氏，在夏为御龙氏，在商为豕韦氏，在周为唐杜氏，晋主盟为范氏。"杜预注"殷末，豕韦国于唐，周成王灭唐，迁之于杜，为杜伯。"则商代唐国之立，至迟在殷末。

② 上海市文物保管委员会:《近年来上海市从废铜中抢救出的重要文物》,《文物》1959 年第 10 期；又上海博物馆：《上海博物馆》，北京：文物出版社，1985 年，第 38-39 页。

③ 郭沫若：《两周金文辞大系》图 254，考 10，北京：科学出版社，1957 年。

④ 唐兰：《宜侯夨簋考释》，《考古学报》1956 年第 2 期。

鄂季奞父

作宝隮彝①。

此器腹部、圈足和双耳带耳的形制与昭王时的夨令簋相近似，颈部纹饰更近于成王时期的禽簋，这种由细雷纹组成的兽面形带纹，主要流行于西周早期及其以前，西周中期就不多见了；再结合铭文笔画波磔明显、首尾出锋，“宝”字所从之“贝”分为两半作原始贝形的情况来看，此器约当西周早期的康、昭时期。

鄂侯弟历季诸器，在二十世纪五十年代末、六十年代初，上海博物馆收集到一件铜卣，侈口、束颈、垂腹、圈足、有盖，盖顶有喇叭形捉手，器颈有两个对称的半环耳，腹置一兽首形鋬，器、盖同铭两行八字：

鄂侯弟曆（历）

季作旅彝②。

与此同时或稍晚，洛阳市博物馆也收集到一件铭文簋，子母口微敛，腹微鼓，圈足，腹部有两个对称的半环耳，失盖。内底有铭文两行八字，与上器相同③。此簋与鄂季奞父簋相比，器壁均较薄，腹部相似，颈部都饰精细雷纹，铭文字体相近；不同的是此器为子母口，腹较浅，圈足外张，较鄂季奞父簋略晚。

1975年，湖北随州市安居羊子山出土了一批西周青铜器，其中一尊侈口、长颈，腹部略垂，圈足，腹部一兽首鋬，兽尾上卷，器身有四道弦纹，内底有铭文两行八字④，与上述两器一致。

这三件铜器同为鄂侯之弟历季所作，应为一组礼器中的几件。此组器物的时代，张剑先生定为西周前期器物，当是。如尊与山东黄县归城小刘庄所出昭王时的启尊接近⑤，卣与宋代出土的“安州六器”之一的中觯形体极近，只是中

① 马承源：《记上海博物馆新收集的青铜器》，《文物》1964年第7期。

② 马承源：《记上海博物馆新收集的青铜器》，《文物》1964年第7期。

③ 张剑：《洛阳市博物馆馆藏的几件青铜器》，载《文物资料丛刊》第3辑，北京：文物出版社，1980年。

④ 随州市博物馆：《湖北随县发现商周青铜器》，《考古》1984年第6期。

⑤ 齐文涛：《概述近年来山东出土的商周青铜器》，《文物》1972年第5期。

觯未饰弦纹和兽錾而已。中觯的时代，郭老定为成王[①]，唐兰先生定为昭王[②]，都在西周早期。再从器物组合来看，簋、尊、卣等器的组合形式，一般少见于西周昭穆以后，即是尊、卣等类器物，穆王以后也不多见了；另卣的侈口承盖、簋的带状精细雷纹等均为西周早期及其以前风格，器物的垂腹形制又是昭穆时期较为突出的风格，但簋作子母口、腹部变浅，又是昭王以前所少见的，因此，我们认为将此组器物定于西周早中之际的昭穆时期较合适。

历季组铜器的发现和分析表明：其一，历季尊在湖北随州羊子山一带的出土，不仅为上海、洛阳两地收集的同铭簋、卣找到了归宿，同时也为我们探讨西周鄂国的地望提供了可参的线索。其二，西周早中之际的鄂君称“鄂侯”，说明西周鄂国应是商代鄂国的延续和发展。其三，结合上面几篇铭文关于鄂叔、鄂季和鄂侯弟历季的情况可见，西周早中期鄂族内部宗族势力较盛，君位当以嫡长子继承。

鄂侯驭方鼎，以前曾有著录，不少学者作过研究[③]，解放后，此鼎又为上海博物馆所收集[④]。鼎作平折沿、立耳、深腹，颈饰一周回顾龙纹，三足上部饰兽面纹，下端略见兽足端倪，共有铭文十一行八十六字，记载周王南征淮夷之角、鄱后还在坯地，鄂侯驭方纳献于天子，并与周王同宴、会射，周王赏赐鄂侯玉、马、矢等物，鄂侯为感谢天子恩德，而作鼎铭载。从鼎铭内容分析，周王南征回师的路上受到鄂侯朝见，并与之共宴、会射，说明此时鄂国当为周王所经之地，应在周京以南，同时反映此时鄂与周王朝关系尚和好。

此鼎时代，郭老主夷王，徐中舒、陈佩芬先生定于厉王[⑤]，唐兰先生系于穆王[⑥]。今按，从鼎之深腹、圆底的形制和饰顾龙纹的特征看，穆王说过早，厉王说似偏晚，应为西周中期偏晚的孝、夷时器，以郭老之说为接近。

鄂侯作王姞媵簋，传世有三件，两器一盖，均有铭文两行十七字：

---

① 郭沫若：《两周金文辞大系》图 202，考 18，北京：科学出版社，1957 年。

② 唐兰：《论周昭王时代的青铜器铭刻》，载《古文字研究》第二辑，北京：中华书局，1981 年。

③ 郭沫若：《两周金文辞大系》录 90，考 107“鄂侯鼎”，北京：科学出版社，1957 年；罗振玉：《三代吉金文存》4. 32. 1，北京：中华书局，1983 年。

④ 陈佩芬：《上海博物馆新收集的西周青铜器》，《文物》1981 年第 9 期。

⑤ 徐中舒：《禹鼎的年代及其相关问题》，《考古学报》1959 年第 3 期。

⑥ 唐兰：《西周青铜器铭文分代史徵·附件一：穆王时器》，北京：中华书局，1986 年。

鄂侯作王姞媵簋，王姞其万年子子孙永宝[①]。

这是鄂侯嫁女于周天子为王妃之媵器中的几件，鄂侯之女字“王姞”，按古代“妇人称国及姓”[②]的礼制和媵器称字的习惯，鄂为姞姓，是黄帝部族的十二姓之一[③]，乃上古社会以来一直活动于中原地区的古老族系。据《左传》宣公三年载：“姞，吉人也，后稷之元妃。”《潜夫论·志氏姓篇》亦曰：“姞氏女为后稷之妃，繁育周先。”则同为黄帝集团的姬、姞两族世为婚姻，因而周人认为：“姬、姞耦，其子孙必蕃。”杜预曰：“姞姓宜为姬配耦”[④]。鄂侯嫁女于周为王妃，实为周、鄂关系较密的反映，同时也证明郭老关于西周鄂侯“当即殷末鄂侯之后裔”[⑤]之说是可信的。

此簋作子母口、圈足、鼓腹、口沿下饰两周重环纹，圈足亦饰重环纹，腹饰瓦纹，两兽耳，有珥，郭老定夷王时器，唐兰先生主穆王说[⑥]，应以郭说为长，与鄂侯驭方鼎大致同时。

禹鼎，宋代曾有著录，但文字残损较多，颇难通读，郭老作过考释[⑦]。二十世纪四十年代，陕西又出土一件同铭鼎，是关于鄂国史实及其地理的一篇重要铭文材料[⑧]，铭载：

……亦唯鄂侯驭方率南淮夷、东夷广伐南国、东国，至于历寒。王乃命西六师、殷八师曰：“裂伐鄂侯驭方，无遗寿幼。”……雩禹以武公徒御至于鄂，敦伐鄂，休获厥君驭方。……

---

① 罗振玉：《三代吉金文存》7.45.3-5，北京：中华书局，1983年。

②《史记·周本纪》司马贞《索隐》。

③《国语·晋语四》，《潜夫论·志氏姓篇》。

④《左传》宣公三年及杜预注。

⑤ 郭沫若：《两周金文辞大系》录90、考107“鄂侯鼎”，北京：科学出版社，1957年；罗振玉：《三代吉金文存》4.32.1，北京：中华书局，1983年。

⑥ 郭沫若：《两周金文辞大系》录90、考107“鄂侯鼎”，北京：科学出版社，1957年；罗振玉：《三代吉金文存》4.32.1；唐兰：《西周青铜器铭文分代史徵·附件一：穆王时器》，北京：中华书局，1986年。

⑦（宋）王俅：《啸堂集古录》，北京：中华书局，1985年；郭沫若：《两周金文辞大系》考108，北京：科学出版社，1957年。

⑧ 郭沫若：《禹鼎跋》，《光明日报》1951年7月7日；徐中舒：《禹鼎的年代及其相关问题》，《考古学报》1959年第3期。

鼎铭记载鄂侯率南淮夷、东夷反周，侵伐周之南国、东国，因而周天子下了彻底消灭鄂侯驭方，连其国内老少也一并剪除的征讨令，遣主帅武公率西六师、殷八师伐鄂，部将禹则率领武公私属徒御一举攻下鄂都，俘虏了鄂君驭方，因而作器铭功。

通过鼎铭可见：（1）此铭之鄂侯与上述鄂侯鼎之鄂侯乃同一人，时代当相去不远；（2）鄂乃周之婚姻旧族，两者关系一直较好，文化联系较多，而此时鄂侯率南淮夷和东夷反周，其中定有原因可寻；（3）鄂为夏、商以来之古国，具有较强的实力和较深的文化基础，此次反周，受到征伐，周师直入其都，并生俘鄂君，说明打击之大。此后未再见鄂国铜器出现，可能周天子"无遗寿幼"的征讨令得到贯彻实行，其后鄂国族衰弱、离散，无力立于诸侯之林。

禹鼎的年代，有夷王、厉王、孝王三说[①]，结合器物形态和相关史实，我们认为应以夷王为是，这当是鄂国衰亡的确切年代。

三、鄂国地望及其与南淮夷之关系探讨

二十世纪五十年代，徐中舒先生在系统研究禹鼎铭文时，认为西周鄂国的地望应如《楚世家》正义所说，位于南阳盆地内的西鄂故城，其后马承源、张剑和黄盛璋等先生均同意此说[②]，而陈佩芬先生认为鄂国应在东鄂，即今湖北鄂城一带，近年刘翔先生亦对西鄂说提出质疑，并引《读史方舆纪要》为证，力主东鄂说[③]。结合相关史实和西周时期的形势分析，我们认为鄂国地望仍应以西鄂说为是。

---

① "厉王说"见徐中舒：《禹鼎的年代及其相关问题》，《考古学报》1959年第3期。"孝王说"见唐兰：《西周青铜器铭文分代史徵》"孝王时器"，北京：中华书局，1986年。"夷王说"见郭沫若：《两周金文辞大系》考108，北京：科学出版社，1957年；刘翔：《周夷王经营南淮夷及其与鄂之关系》，《江汉考古》1983年第3期。

② 徐中舒：《禹鼎的年代及其相关问题》，《考古学报》1959年第3期；马承源：《记上海博物馆新收集的青铜器》，《文物》1964年第7期；张剑：《洛阳市博物馆馆藏的几件青铜器》，载《文物资料丛刊》第3辑，北京：文物出版社，1980年；黄盛璋：《朴君述鼎国别、年代及其相关问题》，《江汉考古》1987年第1期。

③ 陈佩芬：《上海博物馆新收集的西周青铜器》，《文物》1981年第9期；刘翔：《周夷王经营南淮夷及其与鄂之关系》，《江汉考古》1983年第3期。

其一，禹鼎铭载：“鄂侯驭方率南淮夷、东夷广伐南国、东国”，“南淮夷”“东夷”当指居住在淮河流域和淮泗地区东夷集团的各个族邦，鄂侯率他们反周而伐南国、东国，说明鄂与他们联系较多，往来方便，并对周王朝带来极大的威胁。若鄂国在鄂城，位于长江以南，则与淮泗流域相距较远，中隔长江天堑，联系极为不便。

其二，鄂侯驭方鼎载周王南征伐角、鄱，回师在坯时，鄂侯拜见周王，并与王同宴、会射，说明鄂应位于周王回师之途中。角、鄱，马承源先生考证为淮河中下游两岸的淮夷之邦域[①]，若鄂在东鄂，则与周王归途毫不相及，鄂侯何得远至坯地朝见天子呢？若在南阳盆地的西鄂，则周王回师沿淮而上达南阳盆地，然后出方城或三鸦路回东都，或西北经武关道回宗周均为便途。

由此可见，西周鄂国应即西汉之西鄂县，约今河南南阳市北四十余里、白河（古淯水）西岸一带[②]，位于南阳盆地北部、成周以南，鄂侯率淮夷反周，引起周天子如此惊震而倾兵灭鄂，亦说明鄂之位置十分重要。若在东鄂，对周室的威胁则要小得多，周师伐鄂，直捣其都并俘获鄂侯驭方也非易事。

鄂国原在黄河以北，何时、何故南迁于南阳盆地，史乘无证，从商鄂故地周围于周初即分封了姬姓的邘、雍和己姓苏国的情况分析[③]，可能在周成王初年或更早，鄂部族即离开了其沁阳故地而南迁。

据《元和郡县志》记载，唐代缑氏县东南三十七里有“鄂岭坂”，并引《晋八王故事》曰：“范阳王保于鄂坂。”六朝时并于此设鄂坂关，西晋以来一直为军事要冲[④]，地在今河南偃师县东南，与登封县交界处[⑤]，今人杨伯峻先生认为即《左传》昭公二十三年单子伐尹所从之“阪道”[⑥]，则春秋时鄂岭坂即为东都东南之要塞。此“鄂岭坂”“鄂岭关”正位于沁阳至南阳盆地之间，很可能与鄂族南迁在这一带暂住有关。再结合湖北随州出土鄂侯弟历季尊的情况来看，至迟在西周早中之际的昭穆时期，鄂国当已立国于南阳盆地，可见鄂族由沁阳故地

① 马承源：《关于翏生盨和者减钟的几点意见》，《考古》1979年第1期。

② 《水经·淯水注》；《读史方舆纪要》卷51，河南6，南阳府南阳县“西鄂城”条。

③ 邘、雍之封见《左传》僖公二十四年及杜预注；苏国之封见《尚书·立政》及伪孔《传》和孔颖达《疏》；另参看《左传》成公十一年。

④ 《晋书》卷59《赵王伦传》。

⑤ 《元和郡县图志》卷5，河南道1，河南府缑氏县“鄂岭坂”条；《大清一统志》卷205，河南府山川“鄂岭坂”条。

⑥ 杨伯峻：《春秋左传注》昭公二十三年注，北京：中华书局，1981年。

经鄂岭坂再进入南阳盆地均不晚于西周早期。

鄂国进入南阳盆地后，北靠伏牛山，南与谢国为邻，西与楚、都相接。其北出三鸦路直达成周，西经武关道直通宗周，东出方城丘陵地即控淮域，南下淯水入江汉，是周室“南土”最为理想的立国之地。

西周时期，周王室十分重视对南土的经营，一方面缘于这一带地理位置的重要性，另一方面也是由于这一带众多异姓诸侯与王室的关系多不稳定，鄂国的南下、立国于南阳盆地，当与同为黄帝之后的任姓谢国一样，是周王朝为加强南土屏障、控制江汉地区和淮河流域而作的重要部署之一。徐中舒先生认为“鄂为申伯就封以前，周王室即倚以控制南淮夷东夷诸国，王因与鄂通婚以宠异之。”[①] 是正确的。西周夷王以前，王室力量较强，周鄂关系尚好，故在周室控制南淮夷和东夷的斗争中，鄂国为周在南土的一支重要力量；周夷王时，王室逐渐衰弱，诸侯或相侵伐，独立性增强[②]，作为南方诸侯之强的鄂国，在王室势力削弱、诸侯争强的形势下，一反过去俯首称臣的态度，联络南淮夷、东夷，侵伐南国、东国，以显示其地位和实力。

鄂与南淮夷、东夷势力的联合，不但使周王朝对东南地区的控制失去了平衡，而且鄂国所处的地理位置又直接威胁着周王朝的安全，不得不引起王室的高度重视，以致周夷王令西六师、殷八师全面出击，裂伐鄂侯，无遗寿幼，并一举灭亡了鄂国。

周夷王灭鄂后，虽暂时控制了淮夷内侵的局面，但补救措施并未能及时跟上，因而造成了南阳盆地北部鄂境一带的空虚，给正在南阳盆地西部兴起的楚人以可乘之机，其势力乘虚而入，一度据有鄂地，并封子为鄂王，后由于周厉王的“暴虐”兴师，楚人不得不去其王号、放弃鄂地。周宣王中兴，改封申、吕于南阳盆地，实为填补鄂国灭亡之后的空虚局面，以重新建立起对南方荆楚和东南淮夷的防御和控制，捍卫周室东南门户。

（原载《考古与文物》1994 年第 2 期）

---

① 徐中舒：《禹鼎的年代及其相关问题》，《考古学报》1959 年第 3 期。

② 参看《史记》的《周本纪》和《楚世家》。

由新见青铜器看西周早期的鄂、曾、楚

李学勤

一

十年前的二十世纪末，保利艺术博物馆入藏一件纹饰非常奇异的西周早期铜卣[①]，我曾应邀详细观察，写了小文《异形兽面纹卣论析》[②]，论证该卣为康王、昭王时器。当时马承源先生有很好的研究论文[③]，我对卣的时代的估计幸能与之相近。

马文提到他初见这件卣，“当时立即回想到以前在美国得克萨斯州纳尔逊埃德金博物馆所藏已久而未曾展出的一件方座簋，两者纹样极其相似，……今年五月，在纽约的一个私人精品收藏展览会上见到一件装饰同类纹样的方座簋，

① 《保利藏金》编辑委员会：《保利藏金——保利艺术博物馆精品选》，广东：岭南美术出版社，1999年，第101-108页。

② 《保利藏金》编辑委员会：《保利藏金——保利艺术博物馆精品选》，广东：岭南美术出版社，1999年，第358-360页；又载李学勤：《重写学术史》，河北：河北教育出版社，2002年，第370-376页。

③ 马承源：《关于神面纹卣》，载《保利藏金》编辑委员会：《保利藏金——保利艺术博物馆精品选》，广东：岭南美术出版社，1999年，第353-356页；又载马承源：《中国青铜器研究》，上海：上海古籍出版社，2002年，第501-506页。

形体巨大雄伟，装饰颇似出于同一工匠之杰构”。前一件簋著录于《纳尔逊埃德金艺术博物馆藏品手册》[①]，我曾在该馆库房中观看，确系真品，器高 33 厘米，通耳宽 39.3 厘米。后一件簋照片附见马文。两簋同保利馆的卣一样，没有出土地点的记录可寻。我过去猜想卣来自陕西宝鸡地区，实际缺少可靠依据。

最近终于有纹饰风格相同的青铜器发现，其出土地点是大家意想不到的，竟在湖北北部的随州。据随州市博物馆《随州出土文物精粹》（以下简称《精粹》）书中的“随州考古大事记”称：“2007 年 11 月，因犯罪分子盗掘古墓未遂，在安居羊子山墓地抢救性清理了一座西周早期的墓葬，出土一批鄂国青铜器。”[②]这座墓编号为羊子山 4 号墓，共出青铜器 27 件，其中 4 件具有这样的异形兽面纹。2009 年 7 月初，我有机会到该博物馆参观，得到馆方帮助，极其感谢。

羊子山 4 号墓青铜器群包括圆鼎、方鼎、甗、簋、尊、卣、罍、方罍、爵、觶、盘、盉，多数已收入上述《精粹》[③]，还有几件由于有待修复等原因没有刊出。饰变形兽面纹的有 4 件，自成一组。

首先《精粹》31 尊，高 34.5 厘米。侈口，颈饰以相对有鳞鳍的蛇形构成的蕉叶纹。突腹，饰披角虎耳而有人鼻与眉目的变形兽面。高圈足，饰有鳞鳍的双尾蛇，尾端有爪，又可视为腹上怪兽的前足。自口沿至足设四道钩状扉棱，正面扉棱当颈处加小兽首，也是披角而有人鼻眉目，口间伸出象鼻。

其次《精粹》32 大卣，通梁高 49.5 厘米。提梁横跨，梁面饰鳞纹，其正中有立棱，两角有瓶形角的龙首，两端有掌形角的龙首。盖中央纽上有披角人鼻眉目的兽首，盖面饰同样的变形兽面，有虎耳，并加四道钩状扉棱。盖有立缘，上饰有鳞鳍的蛇纹及涡纹。腹部倾垂，饰披角虎耳而有人鼻眉目的变形兽面，口中伸出象鼻状的扉棱，恰对象鼻顶端的颈间加与盖纽同形的小兽首。腹两侧，则设钩状扉棱。圈足饰有鳞鳍的双尾蛇纹，左右也有钩状扉棱。

《精粹》未收的小卣，形制、纹饰与大卣类同。

---

① Roger Ward and Patricia J. Fidler, *The Nelson-Atkins Museum of Art:A Handbook of the Collection*, New York：Hudson Hills Press,1993, p278.

② 随州市博物馆：《随州出土文物精粹》，北京：文物出版社，2009 年，第 9 页。

③ 随州市博物馆：《随州出土文物精粹》，北京：文物出版社，2009 年，第 27-29、31-33、35-38、72-74、96-98 页。

《精粹》35方罍（书中原称方彝），高60.1厘米。四阿形盖，中央纽上有相对禽鸟，盖隅设上端翘起的钩状扉棱。盖面为披角虎耳而有人鼻眉目的兽面，其上填有简化夔纹。器颈饰简化鸟纹，肩有双耳垂环，耳上有瓶形角龙首，肩面则饰涡纹，配有倒夔纹。腹部上方是披角虎耳而有人鼻及眉目的变形兽面，下方又有一角朝内卷的普通兽面。变形兽面口间伸出象鼻状扉棱，腹的四隅也有钩状扉棱。和其他的罍一样，其一个正面的下部有半环形纽，纽上饰小龙首。圈足饰有鳞的双尾蛇纹，伸出的鳍形成扉棱，与腹隅相对应。

以上四器显然是同时制作的，已知两件有铭文，大卣为"作宝彝"，方罍为"鄂侯作厥宝障彝"，这和保利馆卣铭文"作厥宝障彝"非常近似。不过，我们还不能推论保利馆卣以及上文提到的两件簋是与羊子山4号墓这些器物同出一源，这一点只要仔细分析其变形兽面纹，就可以明白。

保利馆卣兽面的角是分节的，虎目，人耳，人鼻，人齿，侧面有简化的羽翼形。纳尔逊埃德金博物馆簋兽面的角分节，人目，人耳，人鼻，人齿。马文引的私家藏簋兽面角不分节，虎目，人耳，人鼻，有兽的利齿。随州诸器的兽面却是角不分节，人目，虎耳，人鼻，兽齿。后三者都没有侧面的羽翼形。由此看来，这种变形兽面纹尽管一定是在很短的时间内存在，标本也不会多，但未必是在同一场所铸作，纹饰也非完全定型。

羊子山4号墓又有几件青铜器，可能构成一组，即《精粹》29尊，33卣，26罍，37盘和38盉。这里面卣、罍、盘都已知有"鄂侯作𩛥彝"铭文，纹饰却各各不同。尊、卣形似确定为昭王时器的趞尊、趞卣，盘、盉似北京琉璃河的伯矩盘、父辛盉[①]，所以这些器物也是康昭时的。

《精粹》73圆鼎，形制、纹饰以及尺寸，都与2008年在澳门出现的一件雷同[②]。后者有铭文"鄂侯作宝障彝"，可能也同羊子山墓地有关。《精粹》74方鼎，盖上有倒夔形扁纽，可以却置，此点可对照河南鹿邑太清宫的长子口鼎与最近发表的何簋[③]，时代都早，所以方鼎铭文"鄂仲作宝障彝"的鄂仲或许比上述鄂侯要早一辈。

---

① 王世民等：《西周青铜器分期断代研究》，北京：文物出版社，1999年。

② 崇源国际2008年春季艺术品拍卖会图录《中国古董》，2008年4月，第38页。

③ 张光裕：《䛊簋铭文与西周史事新证》，《文物》2009年第2期。

不久前，我在《论周初的鄂国》小文中已引述陈梦家先生《西周铜器断代》所论“上海博物馆所藏‘鄂叔’‘鄂侯弟’‘鄂季’三器，都是西周初期器，可能属于成王。后二器据说出于湖北”。1975 年，就在羊子山出土一簋一尊，尊铭“鄂侯弟𤔲季作旅彝”，与上海博物馆的同铭卣相配[①]。既然鄂侯、鄂仲、𤔲季之器都在羊子山出土，当地为鄂国公室墓地显然可见。

这里的问题是，随州特别是安居镇这一带，多年被认为是曾国（即随国）的中心，怎么又是周初鄂国的公室墓地所在呢？这个问题关系到当时江汉地区的整个形势，对于研究昭王伐楚南巡的史事甚关重要。

昭王伐楚南巡是西周早期的大事，《左传》僖公四年、《吕氏春秋·音初》和《史记·周本纪》皆有记载。古本《竹书纪年》说：“周昭王十六年，伐楚荆，涉汉，遇大兕。”“周昭王十九年，天大曀，雉兔皆震，丧六师于汉。”“周昭王末年，夜有五色光贯紫微，其年王南巡不返。”是昭王先伐楚，随后南巡，以失败告终。陕西扶风庄白发现的史墙盘讲“弘鲁昭王，广能（惩）楚荆，惟奂南行”，概括了史事的经过。

经过多位学者的研究，已经找到一系列伐楚南巡时期的青铜器[②]，使我们对当时的历史情况有了概要的了解，而在这些器物的铭文中，可以看到曾和鄂占有重要的地位。

湖北孝感宋代出土的中甗，著录于薛尚功《历代钟鼎彝器款识法帖》，今收入《殷周金文集成》949，其铭文前半云：“王命中先省南国，贯行设居，在曾，史儿至，以王命曰：‘余命汝使小大邦，……’中省自方、邓，㐭（造）□邦，在鄂师次，伯买父□，以厥人戍汉中州，曰叚曰𣄴……”这是说昭王命中在南巡时先行，中到达了曾，又受命出使周围大小诸侯，返抵鄂师驻所，遣人戍守汉水中间两处土地。这里说到曾，也说到鄂。

现藏日本出光美术馆的静方鼎，今收入《近出殷周金文集录》357，其铭文也记载昭王命中和静省南国，设居，静返回成周报告，“王在成周太室，命静曰：‘俾汝司在曾鄂师。’……”这里又说到曾和鄂[③]。

---

① 李学勤：《论周初的鄂国》，《中华文史论丛》2008 年第 4 期。

② 李学勤：《基美博物馆所藏令簋的年代》，载《法国汉学》第十一辑，北京：中华书局，2006 年；李学勤：《论鈘甗铭及周昭王南征》，载《仰止集》，天津：天津人民出版社，2007 年。

③ 李学勤：《论周初的鄂国》，《中华文史论丛》2008 年第 4 期。

以前我总以为“在曾鄂师”是在曾、鄂两国的王师，但这样读中甗的“在鄂师次”显得不通。其实“在曾鄂师”是在曾地的鄂国之师，曾是鄂国地名，这样曾也就是随州安居一带有鄂公室墓葬便得到解释了。

关于铭文中西周的鄂国在哪里，历来有湖北鄂城及河南南阳南两说，现在证明其中心应在汉东随州一带，这是我们想不到的。研究青铜器的学者都知道，西周晚期厉王时鄂侯驭方反叛朝廷，引导南淮夷、东夷进犯，结果被王师攻灭，事见禹鼎，从那以后就不再有鄂国。值得注意的是，随州与其周围记有曾国名号的青铜器，没有发现早于西周晚期的[①]。随县均川熊家老湾、安居桃花坡、义地岗等地点所出，都是西周晚期，而且形制、纹饰都近似周王朝器物。我觉得，这可能暗示我们，这里的曾国（即随国）是在鄂国已被攻灭之后才建立的，铭文中称“曾”是沿用都邑原有的地名。

二

本文以上的讨论表明，由于年代古远，西周早期的地理形势和后世多有不同，用晚出文献材料来推论，有时不能符合实际。关于昭王伐楚南巡的铭文里的若干地名，情形正是如此，不过其中有一项是不会变动的，就是汉水。《纪年》云昭王“伐楚荆，涉汉”，是有关其时楚国地望的标志性线索。

前些时由于偶然机会，看到一件流散青铜器的材料，与这方面问题有关，对解决周初楚国丹阳究竟在枝江还是丹淅也有参考价值[②]。这是一件侈口突腹的尊，尊身轮廓分为三段，属于《西周青铜器分期断代研究》所分Ⅱ型2式，与确定为昭王时的召尊、睘尊相似。纹饰的布局则类于复尊、耳尊，腹部中间光素，上下夹以长鸟纹带，长鸟纹系同书所分Ⅲ型3式，也与昭王前后时期相当[③]。

---

① 湖北省文物考古研究所：《曾国青铜器》，北京：文物出版社，2007年，第10-11页；又张昌平：《曾国青铜器研究》，北京：文物出版社，2009年，第84-91页。

② 徐少华：《楚都丹阳地望探索的回顾与思考》，载《荆楚历史地理与长江中游开发——2008年中国历史地理国际学术研讨会论文集》，武汉：湖北人民出版社，2009年。

③ 王世民等：《西周青铜器分期断代研究》，北京：文物出版社，1999年，第116-119、206页。相同的长鸟纹见陕西长安花园村所出昭王时的䜌簋。

尊内底有铸铭 6 行 26 字，在行间有突起的纵行阑线（见图一）。下面依原行款写出释文：

王涉汉伐

楚，王又戡（？）工，

京师畯𠂤斤

工𠭯贝，用乍

日庚宝𤔲

彝。𠂤𣓁。

第一行“汉”字，“莫”下从“土”，与《说文》同，而略异于中甗和大保玉戈的“汉”字。

第二行第四字不很清晰，上方似为“戈”而有省笔，下左从“医”即“医”。

第三行“师”原只写作“**𠂤**”，后更正加上右方的“帀”，以致笔画打破了阑线。西周金文作师旅讲的“师”写为“**𠂤**”，作官长讲的“师”写为“师”，是有区别的。

“畯”即“畯”字，金文多见。

第四行“𠭯”读为“釐”，训作“赐”。

第五行“日庚”上面没有亲属称谓，比较罕见，可参看《殷周金文集成》5839 尊：“狽作旅彝，日辛”等。

图一 京师畯尊铭文拓片(约为原大)

尊铭“王涉汉伐楚”,可对照前面引述的古本《纪年》昭王十六年“伐楚荆,涉汉”,两者显然是同一件事,这也表明尊的年代。

“王又(有)戡工(功)”,“戡”是地名,应对照《左传》庄公三十一年“有四夷之功”、成公六年“搴之功”,都是指克敌有功而言。《集成》4412鲁侯尊:“唯王命明公遣三族伐东国,在𡧊,鲁侯有𡆥工(功),用作𩰫彝。”文例也与此一致。

“京师畯”是作器者,“京”为地名,如《集成》731鬲的“郑师原父”之“郑”。“京师畯以斤工(功)釐贝”,是作器者因在斤地的战功受王赏赐。

铭文中的地名斤,也见于《集成》2674鼎。后者是饕餮纹的分裆鼎,有铭5行24字:

丙午,天君乡(飨)

禝酉(酒),在斤,天

君商(赏)氒(厥)征

人斤貝,用乍(作)

父丁𩑒彝。𪓐[①]。

按“天君”系王后之称[②],铭内的“天君”当即令簋的王姜。令簋云:“惟王于伐楚,伯在炎,惟九月既死霸丁丑,作册夨令𩑒宜于王姜。……”可知王姜确曾在伐楚时随行。

由尊铭末有族氏“𠁩”,可知京师畯源出殷商,但他本人则来自京地。按《诗·公刘》“乃觏于京”“于京斯依”,京在今陕西旬邑西。

以上论证表明,京师畯尊是周昭王伐楚时器。尊铭说“王涉汉伐楚”,意思非常明确,楚应当在汉水的南面,从而昭王必须渡过汉水,才能攻击楚人。因此,不管成王时所封熊绎的丹阳是不是在今丹淅一带,昭王时的楚都只能是在汉南了。

(原载《文物》2010年第1期)

① 《殷周金文集成》4020簋,原见《西清古鉴》27,5,铭文与此鼎近似,白川静《金文通释》卷6已指出系伪作。

② 陈梦家:《西周铜器断代》,北京:中华书局,2004年,第61页。

湖北省简称“鄂”研究

罗运环

湖北省的简称为“鄂”，众所周知，但关于此一论题尚存若干疑问，如：鄂字的原始字形及其流变是怎样的？鄂字最早用作湖北地名在何时？鄂字用作湖北简称以前的文化内涵是什么？省会何时得名武昌？湖北省正式建省在何时？湖北何时简称鄂？湖北的简称为什么选中鄂字？湖北是否简称过楚？下面将就这些问题试作考析。

一、鄂字的正确解读

（一）鄂字的源流

解读鄂字，先须了解鄂字的源和流。

今天人们所见到的“鄂”字，应是由西周金文（即铸在或刻写在青铜器上的文字）中的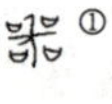[1]（噩）字演变而来。这个“噩”字到了战国、秦朝时从形体上出现了“三化”现象。

---

① 中国社会科学院考古研究所：《殷周金文集成》（修订增补本），北京：中华书局，2007年，第03668号（噩侯弟曆季簋）。

第一是分化。即由此字派生出[1]（鄾）字，作为地名"鄂"字的专用字。分化发生在战国中期，以现有资料看应是楚怀王时的鄂君启车节铭文。在这个阶段，"鄾"字虽然已从"噩"字派生出来，但在习惯上，有时人们也用"噩"字代替"鄾"字，这种现象见于湖北荆门出土的包山楚简。

第二是简化。即将"噩"字所从的四个口简化为两个口的[2]（咢）。与此同时，"噩"字的派生字"鄾"也简化为"鄂"。简化应发生在战国晚期，见于湖北云梦出土的《睡虎地秦墓竹简·日书》。

第三是统一规范化。即秦朝时秦王采纳丞相李斯的建议，实行文字统一，并对篆书文字进行规范化整理。"咢""鄂"二字在战国晚期简化基础上，在篆书规范化整理以后，出现了[3]（咢）、[4]（鄂）两个形体，见于《说文解字》。

秦朝以后，楷书的"鄂""鄂"一字二体，作为地名用字同时使用并流传。由于人们喜欢简便快捷，作为楷书的"鄂"字逐渐成为常用字流传至今；而"鄂"字在篆书中虽是主流用字，在楷书中则退出了历史的舞台，如今，只有在古字较多的辞书如《康熙字典》和当代大型字书如《汉语大字典》中才能见到。

（二）鄂字的原始创意

解读鄂字，还必须了解鄂字的原始创意。

原始鄂字，是指上面提到过的西周金文中的"噩"字。长期以来一直是个不解之谜。

噩字在西周金文中的篆书写法，一字多形，据现有资料，分别有西周

① 中国社会科学院考古研究所：《殷周金文集成》（修订增补本），北京：中华书局，2007年，第12110号（鄾君启车节）。

② 睡虎地秦墓竹简整理小组：《睡虎地秦墓竹简·日书》，残简第6号，北京：文物出版社，1990年。

③ （汉）许慎：《说文解字·㗊部》，北京：中华书局，1963年，第35页。

④ （汉）许慎：《说文解字·邑部》，北京：中华书局，1963年，第134页。

早期的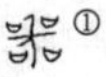[①]、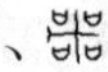[②][③]、[④]、[⑤],西周晚期的、、[⑥]、、[⑦]、[⑧]、[⑨]等形。

这些形体，都是噩字的不同写法，大同而小异。这个字的原始创意究竟是什么？容庚先生释噩为（咢）,并分析说:“从吅从屰,吅吅同义。……噩即咢,又孳乳（派生的意思）为鄂也。传写少（稍）讹。”[⑩] 闻一多先生赞同容庚的说法，但认为此噩字与桑字同源，并进一步分析说：小篆（咢）、（噩）所从的即木形的讹变。桑、噩二字最初可能是一个字形，后来发生分化，从木会意的为桑字；从吅会意的则为噩字。声、义既异，形亦随之渐歧而为二[⑪]。我们经过反复比较研究，发现此噩字中间并不从，容庚先生之说应有误，而闻一多先生所说“即木形之讹变”，则所言更远。或说“噩”字是“單”字的引申[⑫]，不知据何而来，也难以令人信服。

---

① 中国社会科学院考古研究所：《殷周金文集成》（修订增补本），北京：中华书局，2007 年，第 03668 号（噩侯弟厝季簋）。

② 中国社会科学院考古研究所：《殷周金文集成》（修订增补本），北京：中华书局，2007 年，第 05325 号（噩侯弟厝季卣）。

③ 中国社会科学院考古研究所：《殷周金文集成》（修订增补本），北京：中华书局，2007 年，第 05912 号（噩侯弟厝季尊，1976 年随州安居出土）。

④ 中国社会科学院考古研究所：《殷周金文集成》（修订增补本），北京：中华书局，2007 年，第 03669 号（噩季奞父簋）。

⑤ 中国社会科学院考古研究所：《殷周金文集成》（修订增补本），北京：中华书局，2007 年，第 03574 号（噩叔簋）。

⑥ 中国社会科学院考古研究所：《殷周金文集成》（修订增补本），北京：中华书局，2007 年，第 04056-4058 号（叔噩父簋）。

⑦ 中国社会科学院考古研究所：《殷周金文集成》（修订增补本），北京：中华书局，2007 年，第 02833、02834 号（禹鼎）。

⑧ 中国社会科学院考古研究所：《殷周金文集成》（修订增补本），北京：中华书局，2007 年，第 03929、03930 号（噩侯簋）。

⑨ 中国社会科学院考古研究所：《殷周金文集成》（修订增补本），北京：中华书局，2007 年，第 02810 号（噩侯驭方鼎）。

⑩ 容庚：《金文编》，北京：科学出版社，1959 年；又见容庚编著，张振林、马国权摹补：《金文编》，北京：中华书局，1985 年。

⑪ 闻一多：《闻一多全集 · 古典新意 · 释噩》，北京：生活 · 读书 · 新知三联书店，1982 年，第 573 页。

⑫ 何光岳：《扬子鳄的分布与鄂国的迁移》，《江汉考古》1986 年第 3 期。

综合考察西周金文噩字诸形体，有早期和晚期之别。以西周早期金文来分析，、、、、诸形体中间所从偏旁，分别作：、、、、等形，既不象桑字或木字形，也不象字的形体，而与古文字禹、萬（万）等字所从形体有类似之处。下面以萬字为例进行对比研究。萬（万）字在甲骨文中写作、[1]等形；在西周金文中写作：[2]（西周早期），[3]、[4]（西周中期），[5]、[6]、[7]（西周晚期）等形。萬（万）是蠆（蛮 chai）的本字，应蝎子的整体象形字。甲骨文是其整体象形的初文；金文横向增加：、、、等符号，即在萬（万）字初文的基础上增加动物足爪类装饰符号，其作形者最为明显。依此来看西周早期金文噩字中间横向所从：、、、等符号，不是别的，正应是某种动物足爪类装饰符号。一般而言，凡横向装饰这种符号者，其纵向多为动物象形符号，噩字中间的、等纵向符号应为某种动物符号。

噩字的情况与萬（万）字比较接近。据萬（万）为蠆（蛮）的本字来看，噩当为鱷的本字。噩字本是鳄鱼名称的一种写法，后来人们加鱼旁作为鳄鱼的一种专用字。我国第一部楷体字典、南朝顾野王的《玉篇》，收有鳄鱼专字“鱷”及其简体“鳄”字。早期金文噩字中间纵向符号作：、等形，当是线条性鳄鱼侧面象形符号；其横向等符号，是其足爪类象征性装饰符号；其从四口者，其意在突出其令人印象深刻的吼鸣声。古人描述鳄鱼的吼声有“鳄鱼夜吼声如

---

① 郭沫若主编、胡厚宣总编辑：《甲骨文合集》，北京：中华书局，1979-1982年，第8353、20253号。

② 中国社会科学院考古研究所：《殷周金文集成》（修订增补本），北京：中华书局，2007年，第04273号（静簋）。

③ 中国社会科学院考古研究所：《殷周金文集成》（修订增补本），北京：中华书局，2007年，第10175号（墙盘）。

④ 中国社会科学院考古研究所：《殷周金文集成》（修订增补本），北京：中华书局，2007年，第04225号（无其己簋）。

⑤ 中国社会科学院考古研究所：《殷周金文集成》（修订增补本），北京：中华书局，2007年，第03929、03930号（噩侯簋）。

⑥ 中国社会科学院考古研究所：《殷周金文集成》（修订增补本），北京：中华书局，2007年，第04057号（叔噩父簋）。

⑦ 中国社会科学院考古研究所：《殷周金文集成》（修订增补本），北京：中华书局，2007年，第10173号（虢季子白盘）。

雷”“其声如鼓”“夜则鸣吼，舟人甚畏之”[①]之说，可为其证。后来，鼉字中间纵横两个符号逐渐演变成不规则的“十”字形符号，再经过隶体、楷体写法的变化而成为今日所见的从王从四口的噩字。

至此，鄂字的创意应已经明确。鄂字初文作“噩”，是鳄鱼的本字。噩字所从的“王”，应是线条性鳄鱼侧面象形符号的讹变；所从四口，似意在突出其令人印象深刻的吼鸣声，也许是以鳄鱼的吼鸣声作为此字的读音，是一个会意字。这是噩字的原始创意，也是噩字的本义。当噩字充当地名，属于引申义，便成为鄂字的初文。

同其他原始文字一样，噩字在历史时期的使用中，在义项和字形上派生出不少相关文字，其与鄂字相关联的主要有以下三组：

第一组，本字与引申义专字：噩（鳄鱼本字）—— 噩（今通行字，引申义专字）；

第二组，本字与派生字专字：噩（鳄鱼本字）—— 鱷（派生字，鳄鱼专字）—— 鰐、鳄（简体字，鳄鱼专字）—— 鳄（今通行字，鳄鱼专字）；

第三组，本字与地名（国名、政区名）：噩（鳄鱼本字）—— 噩（引申义，地名）—— 鄂（地名专用字）—— 鄂、鄂（简体，地名专用字）—— 鄂（今通行字）；

鄂字据现有资料，最早见于战国时期的楚国金文和楚简，原篆作：[②]等形，从邑噩声，属于形声字，成为地名专门用字，本义泛指名叫鄂的城邑。噩字的地名义项自此从噩字中分离出来，时应在战国中期。

鄂字是鄂字的简化字。最初简化鄂字应是在并行的篆书和早期隶书中，逐渐用“屰”“于”取代鄂字左边线条性鳄鱼侧面象形符号。此应为战国时期。两汉时期金石铭刻中鄂字的简化字隶书作：、[③]等形，是直接承袭了战国时期简化鄂字，与秦篆[④]（鄂）字并行于后世。鄂、鄂一字二形，其左下部偏旁

① 分别引自：（元）陈孚：《邕州》；（明）李时珍：《本草纲目》；《重修政和证类本草》卷21引《图经》语。

② 中国社会科学院考古研究所：《殷周金文集成》（修订增补本），北京：中华书局，2007年，第12110号（鄂君启车节）。

③《汉语大字典》字形组：《秦汉魏晋篆隶字形表》，成都：四川辞书出版社，1985年，第433页。

④（汉）许慎：《说文解字·邑部》，北京：中华书局，1963年，第134页。

分别从的“屰”“于”，都是声符，应是⿰噩阝字在简化过程中由于方言差异或书体（篆书、隶书）不同所产生。“屰”“于”古音相近，因此而通用，⿰屰阝、鄂虽一字二形，但读音相同。

以上对西周时期的原始噩字，噩的派生字⿰噩阝，⿰噩阝字简化一字二形的⿰屰阝、鄂，进行了有关其创意的考察，下面再来分析鄂字“吵架吃亏”说就很容易了。

（三）现今通用“鄂”字分析

说解现今通用“鄂”字，最关键的是对鄂字左下偏旁“亏”的理解。鄂字所从“亏”，是声符，很容易与现今通行的吃亏、亏空的“亏”字相混淆。吃亏、亏空的亏字是一个简化字，是由繁体字“虧”简化而来，始见于1964年公布的《简化字总表》。繁体“虧”是一个形声字，《说文解字·亏部》曰：虧“从亏，雐（hu）声。”[①]。雐（hu）是声，亏是形旁。虧字所从的亏，就是大家熟悉的“于”字。于字也是一字二形，即于、亏。“于”是通行字。当代实行汉字简化时，为了书写方便，截取虧字所从的“亏”作为虧字的简化字而取代虧字，属于明文规定的“不作简化偏旁用的简化字”[②]。所以现今通行的鄂字左下所从的“亏”，是鄂字的声符，不能读吃亏的“亏”，应读为“于”。上引汉代金石文字中⿰屰阝[③]字的写法就是明证。

鄂字右边所从的“阝”，在现代汉字中有左右之别，“阝”；在左者为“阜”，在右者为“邑”；在先秦古文字用作偏旁时，“阜”“邑”二者往往左右无别。阜字，在甲骨文中写作□或□等形，在《说文解字·阜部》写作□，象形字，本意为无石头的土山；邑字，在甲骨文中写作□，在《说文解字·邑部》写作□，会意字，本意指人所居住的城。鄂字在战国文字中作□[④]，在《说文解字·邑部》作□[⑤]。显然其右边所从的“阝”，是古邑字隶书和楷书的写法。

---

① （汉）许慎：《说文解字·亏部》，北京：中华书局，1963年，第101页。

② 国家语言文字工作委员会：《简化字总表（1986年版）》第一表，北京：语文出版社，1986年。

③ 《汉语大字典》字形组：《秦汉魏晋篆隶字形表》，成都：四川辞书出版社，1985年，第433页。

④ 中国社会科学院考古研究所：《殷周金文集成》（修订增补本），北京：中华书局，2007年，第12110号（⿰噩阝君启车节）。

⑤ （汉）许慎：《说文解字·邑部》，北京：中华书局，1963年，第134页。

二、鄂字用作湖北地名及其文化内涵

（一）鄂字最早用作湖北地名的时间及其文化影响

（1）鄂字用作今湖北省内地名，应最早见于西周早期金文（传世文献失载）。据2009年出版的《随州出土文物精粹》所载，2007年11月，随州安居镇羊子山第四号墓多件有“鄂侯”铭文的青铜器出土。其中有噩侯提梁卣、噩侯罍、噩侯盘，三器物的铭文相同，曰：“噩（鄂）侯作旅彝”；还有噩侯方彝，其铭文曰：“噩（鄂）侯作厥尊彝。”[①]这些器物都铸有带“鄂侯”的铭文，而且均应为鄂侯自己所作。从器形及字体等方面综合分析，其年代应在西周早期偏早。凡此表明西周早期随州境内建立有“鄂侯国”。这是目前所见今湖北省最早以“鄂”命名的政治单位名称和地名，当在西周早期的周成王时代。然在更早的商代，在今山西省境内乡宁县曾有一个“鄂侯国”。据《史记·殷本纪》所载，其国君曾在商末朝中兼职，居“三公”之一。后来，商纣王杀鄂侯，鄂侯国亡。新近发现的“随州鄂侯国”，应是周初周王所封诸侯国，是否商纣王时的鄂国后裔，尚不可考。

“随州鄂侯国”，又见于西周早期偏晚的有关周昭王南征的金文中。其中，中甗铭文有载：“中”受周昭王之令，由今南阳向南考察汉水以东的方国，为周朝大部队征伐楚国作准备，其曰“中省自方、登（邓）、洀□邦。在噩（鄂）师䭦（次，军队暂驻）。”静方鼎则载周昭王令静：“俾汝司在噩（鄂）、曾师（屯兵）”。1976年，随州安居羊子山曾出土一件有“鄂侯”铭文的铜器鄂侯弟厝季尊，其铭文曰：“鄂侯弟厝季作旅彝。”年代为西周早期偏晚。凡此种种，均说明周昭王南征楚国时，“随州鄂侯国”仍然存在，仍然臣属于周王朝。

“随州鄂侯国”属于姞姓国家，是与周王朝有姻亲关系的异姓诸侯国。西周中期，随着周王朝中衰，鄂国趁机向外扩张，成为汉水以东大国，与汉水以西的楚国形成两强对峙的格局，在汉淮流域举足轻重，受到周王室的重视。据西周中晚期之际的金文噩侯簋所载，周噩尚存姻亲关系。噩侯驭方鼎还载

① 随州市博物馆：《随州出土文物精粹》，北京：文物出版社，2009年，第28、31、32、33、68页。

有周厉王初年噩侯驭方受厉王赏赐的文字。但据金文禹鼎所载，周厉王晚年，因“鄂侯驭方率南淮夷、东夷，广伐南国、东国，至于历内”，为周厉王所灭。

（2）鄂州之鄂，初见于《世本》及《史记》。时间在西周中期偏后，楚君熊渠之时。《世本·楚谱》，相关内容仅一句，即：“熊渠有三子，其中之名为红，为鄂王”。《史记·楚世家》记载得比较详细：

> 熊渠生子三人，当周夷王之时，王室微，诸侯或不朝，相伐。熊渠甚得江汉间民和，乃兴兵伐庸、杨粤，至于鄂。……乃立其长子康为句亶王，中子红为鄂王，少子执疵为越章王，皆在江（长江）上楚蛮之地。及周厉王之时，暴虐（指周厉王），熊渠畏其伐楚，亦去其王。①

熊渠所伐的鄂，所封中子红的“鄂王城”，在今天的什么地方？上面的引文并不太明确。据现有资料来看，熊渠所伐之鄂与熊渠所封其中子红为鄂王之鄂是不能画等号的。下面将先讨论熊渠所封其中子红为鄂王之鄂，然后再讨论熊渠所伐之鄂。

熊渠所封其中子红为鄂王之鄂，古今学者对此的看法存在分歧，有“东鄂”（位于今湖北鄂州市）和“西鄂”（位于今河南南阳市北）之争，但可以从以下四个方面的分析确定红所封之鄂在东鄂。

第一，可从上引《史记》的引文中得知其大致方位。引文言：熊渠封其三子为王，“皆在江上楚蛮之地。”这里的“江”是指长江，整个意思是说，熊渠所封三个儿子为王的封地都在长江一带。这是从上引文中可以看出来的。

第二，结合当时地理可以确定“鄂王城”所在的大致的地方。先秦两汉时期，江汉地区有两个地方以鄂命名，一个在现今河南南阳市北，或称“西鄂”；另一个就在今湖北鄂州一带，或称“东鄂”②。而在长江一带的“鄂王城”就只能是今湖北鄂州一带的“东鄂”。

第三，结合古民风可考定“鄂王城”非东鄂莫属。有些地理总志记载，唐宋时期，东鄂一带还流行祭拜“鄂王神”的风俗。唐代《括地志》（书已失传，

---

①（汉）司马迁：《史记·楚世家》，北京：中华书局，1959年，第1692页。

②（汉）班固：《汉书·地理志》，北京：中华书局，1962年，第1564、1567页。

有辑录本）云：“武昌县鄂王旧都。今鄂王神即熊渠子之神也。”[①]此武昌县在今湖北鄂州市境内，唐代李吉甫的《元和郡县图志》载：“武昌县，旧名鄂，本楚熊渠封中子红于此称王，至今武昌人事鄂王神是也。”[②]这些全国性方志记载的祭拜“鄂王神”等风俗，不见于西鄂，仅见于东鄂，这是可以确定“鄂王城”在东鄂的有力证据。

第四，鄂王城具体地点有二说，可依考古资料定其具体的位置。二说之一，为鄂县故城说。此说最早见于《水经注·江水注三》，其认为鄂王城在“鄂县故城”[③]，即今湖北鄂州市城区内。之二，为“古马迹乡说”。此说最早见于魏晋南北朝时期的《九州记》。此书虽已失传，相关内容尚见其他古书引文，其说：“鄂王城在武昌县西南二（为一百二十之误）里，属马迹乡。”[④]古马迹乡，原属鄂州市，后划入大冶市，今为大冶西南部的西畈乡胡彦贵村（位于今大冶金牛镇西南约七公里）。

在这二说中，马迹乡说，在地方志和考古方面已得到一定的支持。方志方面，全国性的总志，宋代乐史的《太平寰宇记》云：“鄂王城在州西北（应为东南——引者注）百八十里。楚王熊渠封中子红于鄂，僭称王，居此城……今鄂人事鄂王神，即遗像也。”[⑤]本土方志，光绪《武昌县志》、民国《湖北通志》，也都有详细考辨。光绪《武昌县志》云：“考马迹乡在[武昌]县（今鄂州市）西南一百二十里……今遗址关门石尚存，土人呼为鄂王城，其为楚封址无疑。”[⑥]1982年，大冶县博物馆的考古工作队对古马迹乡的“鄂王城遗址”进行勘探，发现“鄂王城遗址”正位于胡彦贵村附近的岗陵上。地面至今可见土筑城垣、护城河及部分建筑基址，但从某些出土遗物考察，时代多为东周[⑦]。熊渠中子红是否在此或者附近居住过，虽然还需要进一步的考古工作才可定论，

---

① （汉）司马迁：《史记·楚世家》，北京：中华书局，1959年，第1693页注文。

② （唐）李吉甫撰、贺次君点校：《元和郡县图志》，北京：中华书局，1983年，第645页。

③ （北魏）郦道元注，（清）杨守敬、熊会贞疏，段熙仲点校，陈桥驿复校：《水经注疏》，南京：江苏古籍出版社，1989年，第2912页。

④ 转引自吕调元、刘承恩修，张仲炘等纂：《湖北通志》卷14，上海：上海古籍出版社影印，1990年，第565页。

⑤ （宋）乐史、王文楚等点校：《太平寰宇记》卷112，北京：中华书局，2007年。

⑥ 光绪《武昌县志·古迹》卷9，鄂州市档案史志局点校重刊本，2004年。

⑦ 大冶县博物馆：《鄂王城遗址调查简报》，《江汉考古》1983年第3期。

但历史文献与考古能在一定程度上互相印证，“马迹乡说”在二说中可能性比较大。

熊渠所伐之鄂，根据随州新出土的鄂国金文来看，无疑是指在汉水以东扩张的“随州鄂侯国”。熊渠伐鄂，楚军进攻的目标无疑是鄂国国都，即今随州安居。可能鄂军打不过楚军而投降。楚人则在今鄂州一带依土筑旧城，或者依鄂国旧据点封其中子红为鄂王。后者的可能性比较大。

从以上的论证来看，楚君熊渠封其中子红到今鄂州一带为鄂王。这是鄂州最早以鄂字为政治单位名和地名之始。熊渠之所以要占领“东鄂”，存在多方面的因素，其中很重要的一点当与东鄂多铜矿有关。

还必须指出的是，唐宋时期，鄂东一带流行祭拜“鄂王神”的风俗；清末明初“土人”尚能指点“鄂王城”遗址。这种文化现象，从命名学的角度来看，熊渠封中子红为鄂王无疑奠定了作为地名的鄂字所能产生较大影响的高起点，同时也增加了湖北尤其是鄂东人对“鄂”字的亲切感。

（二）两首诗歌提高了湖北地名鄂字的影响力

如果说西周时代熊渠中子红的“鄂王城”，奠定了湖北地名鄂字影响力的高起点的话，东周时代楚国的两首诗歌则极大地提高了鄂字的影响力。这两首诗，分别与东周时代楚国两位名人鄂君子皙和屈原有关。

1. 与鄂君子皙有关的著名的《鄂君歌》

《鄂君歌》（或称《越人歌》）见于《说苑·善说》。鄂君子皙为春秋后期楚康王、楚灵王时期人，即《左传》中的令尹子皙，是春秋后期楚康王、灵王的同母弟。鄂君子皙新封的鄂邑，就在今湖北鄂州市一带。

据载，鄂君子皙来到新封鄂邑，乘坐华丽的游船，泛舟新波之中（当在其新封鄂地的某处水面上）。越人女子拥楫（桨）而歌，歌辞曰：“滥兮，抃草滥予，昌枑泽予，昌州州，𩜨州焉乎，秦胥胥，缦予乎，昭澶秦逾渗，惿随河湖。”

鄂君子皙曰：“吾不知越歌，子试为我楚说之。”于是乃召越译，乃楚说之曰：

今夕何夕兮，

搴舟中流，

今日何日兮，
得与王子同舟。
蒙羞被好兮，
不訾诟耻。
心几烦而不绝兮，
得知王子。
山有木兮木有枝（知），
心说（悦）君兮君不知。

鄂君子皙听后，高兴地挥着长袖，上前拥抱那船夫女子，举绣被盖在她的身上，与那船夫女子“交欢尽意焉。”[①]

这首歌的内容，主要描述王子（鄂君子皙）泛舟中流，歌者（荆楚越人）与王子同舟时对王子产生爱慕之情。其虽有古越语和古楚语两种，皆出于荆楚地区古越人之口，而且记楚人载楚事，应都属于荆楚民歌。

起头数句本为叙事，加上“今夕何夕兮”“今日何日兮”两句，充分表达了歌者能与王子同舟的欢快喜悦的心情，使叙事与抒情融为一体。最后两句“山有木兮木有枝，心说君兮君不知。”不仅在句中以兮字代替而字，增强了声调的优美感，而且以“枝”谐“知”，使兴中有比。吟罢此歌，那别致的楚地风趣、质朴的水乡情谊，余韵柔婉，几能移人情思，令人心醉。这体现了荆楚民歌表达情感的方式更加自由而尽意。

近人梁启超说“《鄂君歌》(即《越人歌》) 译本之优美，殊不在‘风 (《诗经》)’、‘骚 (《楚辞》)’ 下。”[②]《鄂君歌》，历来被视为诗歌的佳作，流传后世。

2. 屈原的《九章·涉江》

《九章·涉江》不仅是屈原作品中的重要篇章，而且是屈原作品中记载屈原流放江南路线的唯一作品，弥足珍贵，古今中外，莫不重视。其中，与湖北省简称鄂的“鄂”字的相关内容是地名“鄂渚”。下文中的着重号为引者所加：

① （汉）刘向撰、赵善诒疏证：《说苑疏证》，上海：华东师范大学出版社，1985 年，第 310、311 页。

② （清）梁启超：《饮冰室合集》，北京：中华书局，1989 年。

哀南夷之莫吾知兮，旦余济乎江湘。

乘鄂渚而反顾兮，欸秋冬之绪风。

步余马兮山皋，邸余车兮方林。

乘舲船余上沅兮，齐吴榜以击汰。

第一、二句，意为从明早起，将开始渡江、又将渡湘的行程。第三至六句，言自鄂渚而陆行，是说通往"济湘"的过程。第七至八句，是讲渡过湘水进入沅水事。但诗句中没有"济湘"，只见"上沅"，显然，"上沅"必"济湘"，"上沅"即包含了"济湘"。这是上面引文的大致意思。引文中的"鄂渚"，是屈原踏上流放江南路线的起点。对鄂渚地望的考证，历来是楚辞研究中的一个热点，也是屈原作品中意见分歧较多的问题。

对屈骚中"鄂渚"的考证，归纳起来不下七种。其一，今湖北鄂州市说。如北宋的洪兴祖《楚辞补注》"鄂渚"注主此说[①]。其二，今武汉市武昌说。如南宋的朱熹《楚辞集注》"鄂渚"注主此说[②]。其三，在"黄鹄矶（今武汉市黄鹤楼所在'蛇山'）上三百步"说。如南宋王象之《舆地纪胜·荆湖北路·鄂州·景物》释"鄂渚"[③]。其四，今梁子湖说。此说出自清湖广总督张之洞上奏朝廷《樊口闸坝私议》[④]。其五，"鄂渚"即"五渚"在湘北说。如现代诗人闻一多《楚辞·九歌·涉江》"鄂渚"解诂[⑤]。其六，鄂渚近南阳西鄂说。见现代史学家钱穆《〈楚辞〉地名考·杂释·释鄂渚》："鄂渚"考[⑥]。其七，鄂渚为两个地名说。见现代学者谭戒甫《屈赋新编·涉江·考证·鄂、渚地域的辨别》[⑦]。在这些说法中，有的似完全不可取，如钱穆的鄂渚近南阳西鄂说等；有的则失于偏颇。从上面《九章·涉江》有关鄂渚的引文来看，鄂渚应在长江以南、湘江或者岳阳以东较远的地方，

① （宋）洪兴祖撰、白化文等点校：《楚辞补注》，北京：中华书局，1983年，第129页。

② （宋）朱熹集注、李庆甲点校：《楚辞集注》，上海：上海古籍出版社，1979年，第79页。

③ （宋）王象之：《舆地纪胜》，北京：中华书局影印，1992年，第2262页。

④ 吕调元、刘承恩修，张仲炘、杨承禧等纂：《湖北通志》卷42，上海：上海古籍出版社影印，1990年，第1202页。

⑤ 闻一多：《九歌解诂九章解诂》，上海：上海古籍出版社，1985年，第52-53页。

⑥ 钱穆：《〈楚辞〉地名考》，载钱穆：《古史地理论丛》，北京：生活·读书·新知三联书店，2004年，第137页。

⑦ 谭戒甫：《屈赋新编》，北京：中华书局，1978年，第185页。

此处大致在湖北鄂州市和武汉市武昌所在的鄂东地区。

"鄂渚"作为地名,也有本义和引申义两种。本义是指屈原脚下的一处地点,引申义则指"鄂渚"所在地区的一座城邑。鄂渚作为地名的本义,在上面的七种说法中主要见于第三和第四说中,即在"黄鹄矶上三百步"说(指今武汉市黄鹤楼所在地蛇山头上游数百步长江中的小洲)和湖广总督张之洞的今鄂州市"樊口内之梁子湖"说。鄂渚作为地名的引申义所指的城邑,见于上面七说中的第一说和第二说,即指今湖北鄂州市说和今武汉市武昌说。这两个方面综合而言,无论是本义的还是作为引申义的"鄂渚",都分别属于两处,即今鄂州市和武汉市武昌。

明代汪瑗《楚辞集解·九章·涉江》"鄂渚"注说"鄂,地名,今鄂州是也;小洲曰渚",并认为"鄂渚"连读作为地名"自隋始"[①]。这是不正确的。以现有资料而言,大约在东汉王逸撰写《楚辞章句》时,鄂渚似应已有代指城邑的引申义。王逸《楚辞章句》释"乘鄂渚而反顾兮,欸秋冬之绪风"云:"言已登鄂渚高岸还望楚国,向秋冬北风,愁而长叹,心中忧思也。"[②]很明显,王逸《楚辞章句》中的鄂渚已引申代指城邑。再就一些具体资料来看,隋朝以前,鄂渚多代指今鄂州市,隋朝以后代指今武汉市武昌区。举例来说,南朝齐著名诗人谢朓《和伏武昌登孙权故城诗》曰:"钓台临讲阅,樊山开广宴……于役倘有期,鄂渚同游衍。"[③]梁元帝萧绎《玄览赋》曰:"经钓台而高迈,过鄂渚而西浮……嗟今来而古往,聊绝笔于获麟。"[④]《梁书·张缵传》记载张缵为湘州刺史,述职经过武昌,作《南征赋》,中有:"径道途乎鄂渚,迹孙氏之霸业"。这是隋朝以前的情况。隋朝以后,如:唐代孟浩然诗题《送元公之鄂渚寻观主张骖鸾》中的"鄂渚"与诗句"岘首(山名,今湖北襄阳市南——引者注)辞蛟浦,江中问鹤楼"的鹤楼相应;唐代来鹄诗题《鄂渚除夜书怀》中的"鄂渚"与诗句"鹦鹉洲头夜泊船,……明日春风又一年"的鹦鹉洲相应;宋代黄庭坚诗题《十二月十九日夜中发鄂渚晓泊汉阳亲旧携酒追送聊为

---

① (明)汪瑗撰、董洪利点校:《楚辞集解》,北京:北京古籍出版社,1994年,第165页。

② (宋)洪兴祖撰、白化文等点校:《楚辞补注》,北京:中华书局,1983年,第129页。

③ (南朝齐)谢朓:《和伏武昌登孙权故城》,载(南朝梁)萧统:《文选》,上海:上海书店出版社影印,1988年,第425页。

④ (南朝)梁元帝:《玄览赋》,载(唐)欧阳询撰、汪绍楹校:《艺文类聚》,上海:上海古籍出版社,1982年,第475页。

短句》中的“鄂渚”与诗句“宵征江夏县，睡起汉阳城”的江夏县相应。知唐宋人的“鄂渚”多指当时鄂州治所江夏县（今武汉市武昌区）。南宋范成大《吴船录》:“丁丑，发石首，百七十里，至鲁家洑。自此至鄂渚，有两途。一路遵大江……一路自鲁家洑入沌，沌者，江旁支流。……自鲁家洑避大江入沌……辛巳，[从沌水]晨出大江，午至鄂渚，泊鹦鹉洲前南市堤下。”更进一步证明，“鄂渚”所指当为鄂州城（今武汉市武昌区）。

由此可见，屈原《九章·涉江》中鄂渚以及先后出现以之代称湖北今鄂州市和武汉市武昌区的情况，无论是在俗称中，还是在一些诗文中，都能见到。用现今的话来讲，大概就是一种名人效应吧。

（三）孙权迁都“鄂”改名武昌，鄂字在湖北地名用字中一度淡出

三国魏黄初二年（221 年）四月，孙权自公安（今湖北公安）迁都鄂。以鄂县城为都城，“取以武而昌”之义[①]，改名为武昌。同时，迁鄂县治所于袁山东（在今鄂州市城区），改为武昌县（治所在今湖北鄂州市）。又“以武昌、下雉、寻阳、阳新、柴桑、沙羡六县为武昌郡。”治所也在武昌（治所在今湖北鄂州市）。同年八月，扩建武昌城（今鄂州市有武昌之名自此始，武昌之名一直沿用到民国初年）。孙权向魏称臣。十一月，魏文帝拜孙权为吴王[②]。其所建之城后世或称“吴王城”（吴王城遗址在今鄂州市城区）。

魏黄初四年（吴黄武二年，223 年），出于防魏制蜀的军事需要，孙权在“江夏山（蛇山头北边）”筑城，据《三国志·吴书》记载，筑城时间在此年“春正月”。《水经注·江水》卷 35 说：孙权所筑之城“依山傍江，开势明远……对岸则入沔津，故城以夏口（对岸的汉水下游名夏水，入江处名夏口——引者注）为名，亦沙羡县治也”。[③]从此，今武汉市武昌区又有夏口之称。这是湖北省会（今武汉市武昌）最早的奠基之城。夏口城（治所在今武汉市武昌区）属沙羡县，夏口城并一度为沙羡县治所，均在武昌郡（治所在今鄂州市）的辖区之内。

---

① （宋）王象之：《舆地记胜》卷 81《寿昌军·景物下·武昌山》，北京：中华书局影印，1992 年，第 2626 页。

② （晋）陈寿撰、（南朝宋）裴松之注：《三国志·吴书》，北京：中华书局，1982 年，第 1121 页。

③ （北魏）郦道元著、陈桥驿校证：《水经注校证》卷 35，北京：中华书局，2007 年，第 805 页。

孙权先将都城“鄂”改名“武昌”，接着又先后将郡名、县名都改成武昌，这是“鄂”字用作湖北地名首次被淡出。西晋太康元年（280年）三月，晋军攻克武昌，进逼建业，吴亡，三国归晋。晋分武昌县，复置鄂县。武昌城（今鄂州市城区）仍为武昌郡治。一郡（武昌郡）两县（武昌县、鄂县）并存于今鄂州市城区。鄂字又开始启用为县名。

南朝宋孝武帝孝建元年（454年）建立郢州，夏口城为郢州治所；同时，郢州所辖江夏郡的治所也在夏口城，从此夏口城的名称为江夏所取代，同时亦有郢城之称。鄂县属于武昌郡（治所在今鄂州市），均在郢州的辖区之内。

总之，除孙权以武昌二字取代鄂县（今湖北鄂州市），“鄂”字用作地名一度淡出外，隋朝以前，其用作封国、封邑和政区名，长达1400余年之久，积淀了丰厚的文化内涵。不过其用作政区名，始终未能超过县级。

（四）隋以州名“鄂”字取代“郢”字

鄂作为政区名称，开始与湖北省的简称鄂及省会（今武汉市武昌区）直接发生关系，是在公元六世纪末隋朝开国不久，即隋文帝杨坚开皇九年（589年），也就是隋朝消灭陈朝实行大一统之年。据《隋书·地理志》，这一年，隋灭陈，废郢州，“改置鄂州”，[①]下辖四县，即：江夏（治所在今武汉市武昌区）、武昌（治所在今鄂州市）、永兴（治所在今阳新县）、蒲圻（治所在今赤壁市）。其范围相当于现今的鄂东南。其治所在江夏城，故江夏城又有“鄂州城”之称。这是鄂字首次用作高级政区州名之始。

命名，是一种有文化色彩的行为。不论是什么样的命名，都必须遵循一定的习惯和规则。尤其是行政区命名，应更加尊重传统习惯、追求文化内涵，讲究亲切、响亮，避免重复。隋灭陈，天下一统，陈朝的州郡俱废，代之而起的是隋朝新的州郡。废除陈朝的郢州，改置隋朝的鄂州。

隋朝人将郢州改为鄂州时，主要是就鄂字的文化内涵及其响亮度高所作的选择。以下有三条材料可以作为证明。北宋乐史《太平寰宇记》：“隋平陈，改为鄂州，取鄂渚以为州名。”[②]南宋王象之《舆地纪胜·荆湖北路·鄂州·景物》：“鄂

---

① （唐）魏征、令狐德棻：《隋书》，北京：中华书局，1973年，第894页。

② （宋）乐史撰、王文楚等点校：《太平寰宇记》卷112，北京：中华书局，2007年，第2275页。

渚，在江夏西黄鹄矶上三百步。《舆地记》云：'云梦之南是为鄂渚。'其名于《离骚》(《屈赋》别称）见之。又《晏公类要》云：'隋平陈，立鄂州以鄂渚为名。'"[1]北宋洪兴祖《楚辞补注》："[鄂渚，]楚子熊渠封中子红于鄂，鄂州武昌县地是也。隋以鄂渚为名。"[2]

这三条材料都说明了隋朝人，在将"鄂"字作为州名的选择时，考虑到了鄂字最具广泛和深远影响力的文化内涵，就是"鄂渚"。鄂渚见于历代传习的屈原的楚辞《九章·涉江》。故隋人"改为鄂州，取鄂渚以为州名。"[3]

其实，作为州名的"郢"字，出于楚国国都之名，其影响力并不在鄂字之下。据南朝宋孝武帝孝建元年（454年），"分荆州之江夏、竟陵、随、武陵、天门、湘州之巴陵，江州之武昌（一度属江州），豫州之西阳，又以南郡之州陵、监利二县属巴陵，立郢州。"[4]此时，郢州（治所在今武汉市武昌区）尚属新建，隋以州名鄂字取代郢字。可以想见，面对这两个响亮度都高的州名用字，可能更重要的还有一个亲和度的问题。因为人们直到隋唐仍事奉"鄂王神"，以及屈原曾亲"乘鄂渚"等情况，作为州名，鄂字的亲和度当在郢字之上，这可能是取代成功的最重要的原因。

三、鄂，作为省级行政区简称的历史

（一）唐代设"鄂岳观察使"为以"鄂"简称湖北的先导

湖北省简称"鄂"，可能是由于唐代所设"鄂岳观察使"。

唐玄宗末年安史之乱以后，朝廷在内地增设节度使、团练使等地方军政长官之制，用以加强对地方的控制。唐肃宗乾元二年（759年），置鄂、岳、沔三州都团练守捉使（简称团练使），唐代宗大历八年（773年）后改设为鄂岳观察使。鄂岳观察使的治所在鄂州（今武汉市武昌区）。鄂岳观察使管辖鄂州、

---

① （宋）王象之：《舆地纪胜》，北京：中华书局影印，1992年，第2262页；（宋）祝穆撰、祝洙增订、施和金点校：《方舆胜览》，北京：中华书局，2003年，第494页所载略同。

② （宋）洪兴祖撰、白化文等点校：《楚辞补注》，北京：中华书局，1983年，第129页。

③ （宋）乐史撰、王文楚等点校：《太平寰宇记》卷112，北京：中华书局，2007年。

④ （南朝梁）沈约：《宋书·州郡志三》郢州条，北京：中华书局，1974年。

沔州、安州、黄州、蕲州、岳州，共二十五县[1]。这是一个跨数州而类似于“省”的军、政区域。这是鄂字用作地名升格为跨州政区名称之始，可为“省”简称鄂的先导。

（二）元代始建湖广行省及其简称“鄂省”

1. 元代荆湖等路行中书省、湖广行省的先后建立

省制始于元代。元代中央政府的军政统治机构，主要由中书省、枢密院和御史台构成。枢密院掌兵、御史台掌监察，而中书省掌全国政务，相当于现今的国务院。元代地方最高行政机构为“行中书省”，简称为“行省”，俗称为“省”。为什么叫行中书省呢？因为是中央中书省的派出机构，故加“行”字。起初，行省属于临时性的派出机构，大约在元世祖忽必烈统治的后期，即至元二十三年（1286 年）由临时性派出机构定型为常设的地方最高行政机构。

元朝时。今湖北省境内主要属河南江北行省（省会在汴梁，今开封市），部分地区属四川行省（省会在今成都市）和湖广行省（省会在今武汉市武昌区）。以下仅就与“省简称鄂”相关的湖广行省的建制进行研讨。

第一，元代荆湖等路行中书省的建立。

南宋末年，蒙古大汗蒙哥兵分两路进攻南宋，蒙哥亲率西路军攻打四川，命宗王塔察儿统率东路军进攻荆襄、两淮，塔察儿无功撤退，蒙哥不得已而改任忽必烈为东路军统帅。南宋理宗开庆元年（1259 年）七月，蒙哥在围攻四川的合川钓鱼城时病逝。忽必烈虽得知消息，仍然按既定计划渡淮南下，进围鄂州。据《元史·地理志》记载，“世祖南伐，自黄州阳罗洑，横桥梁，贯铁锁，至鄂州之白鹿矶，大兵毕渡，进薄城（指武昌城，在今武汉市武昌区——引者注）下，围之数月，既而解去，归而即大位。”[2]

忽必烈为什么没有攻下鄂州城就撤军了呢？这与“归而即大位”有关。蒙哥在合川病逝之后，留镇漠北的阿里不哥（蒙哥的幼弟）力图控制漠南，抢夺

---

① （唐）李吉甫撰、贺次君点校：《元和郡县图志》卷 27，北京：中华书局，1983 年，第 643 页。

② （明）宋濂：《元史·地理志》卷 15，北京：中华书局，1976 年。

汗位。忽必烈（蒙哥的大弟）恐阿里不哥先得汗位，采纳汉人儒士郝经的建议，与率军救援鄂州的南宋右丞相贾似道密订和约，立即回师。贾似道将忽必烈撤军谎称为大胜，借以升官专权。忽必烈则轻骑北返燕京，于宋理宗景定六年（1260年）三月在部分王公的拥戴下，即大汗位。

北方政局稳定以后，元世祖忽必烈继续进攻南宋。据《元史·地理志》载，“至元十一年，丞相伯颜从阳罗洑南渡，权州事（南宋鄂州长官——引者注）张晏然以城降，自是湖北州郡悉下。是年，立荆湖等路行中书省，并（入）本道安抚司。”[①] 这是湖北境内设省之始。

第二，元代湖广行省的建立。

元世祖忽必烈至元十四年（1277年）设立湖北宣慰司，改安抚司为鄂州路总管府，将鄂州行省（即荆湖等路行中书省）并入谭州行中书省（省会在今湖南长沙市）。至元十八年（1281年）又将省政府移回鄂州（今武汉市武昌区），改设湖广等处行中书省，简称湖广行省。

元代湖广行省辖境包括今湖北省东南部，湖南、广西、海南三省（区）的全部及广东、贵州部分地区。

2. 元代荆湖等路行中书省、湖广行省简称“鄂省”

至元十一年（1274年）始建荆湖等路行中书省，省会在鄂州（今武汉市武昌区），故荆湖等路行中书省又称“鄂州行省”[②]，简称则为“鄂省”。

至元十八年（1281年）改设“湖广等处行中书省”，简称“湖广行省”。因省会设在鄂州（今武汉市武昌区），故湖广行省的简称仍为鄂，或单独写作“鄂”或写作“鄂省”。

这一时期，省简称鄂，在官私文书与诗歌作品中均可见到。官文书，如《元史·本纪·世祖》，至元二十二年，“[九月]乙亥，听民自实两淮荒地，免税三年。中书省以江北诸城课程、钱粮听杭、鄂二省节制。道途迂远，请改隶中书。

① （明）宋濂：《元史·地理志》卷15，北京：中华书局，1976年。

② （明）宋濂：《元史·地理志》卷15，北京：中华书局，1976年。

从之。”[①] 又如，元世祖忽必烈至元二十三年（1286）五月，“荆湖行省阿里海上言：‘要束木在鄂省钩考，岂无贪贿，臣亦请钩考之。’”[②]

私文书，如元袁桷撰《清容居士集》卷26：“后从丞相阿珠公征襄樊，南渡江，率先登。复从丞相安塔哈镇扬州，议以州所领四万户军移镇鄂而易鄂两万户军更戍于扬，奏已准，白于鄂省丞相阿尔哈雅，使者相望，讫不肯发军。淮省丞相念非公不能办，即乘驿宣上。”[③] 又如元代姚燧撰《牧庵集》卷24《少中大夫孙公神道碑》：“[至元]十八年，官少中同知荆湖北道宣慰司事，朝廷遣使钩考钱谷及侵牟者，遂大征集诸道官吏，无虑千数于鄂省，责公主计局。”同书卷14又载：[至元]二十四年，“凡昔盗杀臣，为领部、为制国用使、为尚书省所逋钱粟并归中书。举诬为中书失征，杀其二相。大为计局，钩考毫厘，诸省承风，鄂省已剧，浙省尤酷。”[④]

元代滕安上撰《东庵集》卷3有《金鄂省崔允蹈以能复授参政将归曹编修显祖乞诗》：

山南门地冠公侯，鄂省重临控上游。
为相谋猷先得体，报君肝胆要分忧。
乾坤纳纳三春雨，江汉滔滔万斛舟。
会听飞来好消息，归鸿行过庾公楼。[⑤]

上文所言荆湖等路行中书省、湖广行省简称“鄂”的来由及所列数例，说明元代初年作为简称的鄂与始建行省同时产生。以“鄂”为“行省”简称不仅见于官文书，而且见于私文书和诗歌创作，可见元代初年行省简称鄂的使用已相当普遍。

中国古代有国都名作为国名别称的习惯，此用省会名鄂州城（或“鄂城”）作为省简称，正是这一传统习惯的沿袭。同时，也表明鄂州城地位业已上升以及鄂字影响力已进一步提高。

---

① （明）宋濂：《元史·世祖本纪》卷13，北京：中华书局，1976年。
② （明）宋濂：《元史·世祖本纪》卷14，北京：中华书局，1976年。
③ （元）袁桷：《清容居士集》卷26，文渊阁四库全书影印本。
④ （元）姚燧：《牧庵集》，文渊阁四库全书影印本。
⑤ （元）滕安上：《东庵集》卷3，文渊阁四库全书影印本。

荆湖等路行中书省、湖广行省简称“鄂”的重要意义，即开省简称鄂的先河。

（三）元成宗时省会改名武昌，鄂字在湖北地名用字中再度淡出

忽必烈于至元八年（1271年）取《易经》“大哉乾元”之义，建国号为“大元”，次年（1272年）定都大都（今北京），正式建立元朝。至元三十一年（1294年），忽必烈病逝。先于忽必烈去世的皇太子真金第三子铁木耳继承皇位，即元成宗。

元成宗大德五年（1301年），“以鄂州首来归附，又世祖亲征之地”，改鄂州路为武昌路[①]。随之，“武昌城”名取代“鄂州城”之名，作为省会名一直沿用至“武汉”一名出现。

随着省会名称的改变，省简称鄂也随之从官文书中消失，私人文书中更难见到。人们一般多用“荆楚”作为湖广的称呼。如《元史·列传·察罕帖木儿》载：元朝末代皇帝元顺帝至正十八年，“安丰贼刘福通等陷汴梁，造宫阙，易正朔，号召群盗。巴蜀、荆楚、江淮、齐鲁、辽海，西至甘肃，所在兵起，势相联结。”[②]这里的“荆楚”只是一般的地理概念，已非“省”简称，但为明代省简称“楚”起了先导作用。

鄂字从省会名称和省简称中被替换，“鄂”字在湖北地名用字中再度淡出。

（四）明代的湖广省制及省简称“楚”

1. 明代的湖广布政使司

明代初年，地方政区体制沿用元代的行中书省（简称行省）制。朱元璋洪武九年（1376年），改行省为“承宣布政使司”（简称为布政使司），是地方最高级别的政区，在习惯上仍称省。明代的省区比元代要小得多，将相当于元代

① （明）宋濂：《元史·地理志六》卷63，北京：中华书局，1976年。

② （明）宋濂：《元史·列传·察罕帖木儿》卷141，北京：中华书局，1976年。

南部九省的区域划分为十五个省区，即两京（北京和南京）十三布政使司，湖广布政使司即在其中。

元朝幅员辽阔，行省辖区比较大。出于军事上的考虑，省区划分以“犬牙交错”为原则，有意打破“山川形便”的传统。明朝建立后，调整所承袭的元代省区，一是划小，二是讲究“山川形便”。明朝对原湖广及相关行省进行调整，涉及今湖北省的地区是将原河南江北行省长江以北相当于今湖北省部分划入湖广布政使司，同时将四川行省东部相当于今湖北西南地区清江流域恩施土家族苗族自治州的地方划入湖广布政使司。

调整后的湖广布政使司，相当于今湖北省和湖南省，省会仍在武昌（今武汉市武昌区）。《明史·地理志五》云：朱元璋洪武“九年六月改［湖广］行中书省为承宣布政使司。领府十五，直隶州二，属州十七，县一百有八，宣慰司二，宣抚司四，安抚司五，长官司二十一，蛮夷长官司五。为里三千四百八十有奇。北至均州，与河南、陕西界。南至九疑，与广东、广西界。东至蕲州，与江南（清初改辖区包括今安徽、江苏、上海市等在内的‘南京’为江南省——引者注）、江西界。西至施州，与四川、贵州界。”[①]

元明两代的省制，不仅有辖区的大小和名称的不同，其管理体制也有很大的差异。元代的行省管一省的民政、军政和财政。“凡钱粮、兵甲、屯种、漕运、军国重事，无不领之。”[②]朱元璋初建明朝，承袭这一制度，后来觉得这种行省管理体制权力太大，不利于中央集权，便进行改革，就是一省分置三司。三司即：承宣布政使司（简称布政司）、提刑按察使司（简称按察司）、都指挥使司（简称都司）。三司的职责：布政司掌一省政务（以行政、财政为主）、按察司掌监察司法、都指挥使司掌军事。三司长官地位相同，互不统属，分别对朝廷负责，重大事件由三司联席会议议决并上报朝廷。后来随着地方事繁，三权分立不能应变，便由朝廷派遣总督、巡抚作为钦差大臣节制三司，处理事务。起初是临时派遣，明中期以后成为常制。不过，终明一代，总督、巡抚始终是朝廷钦差大臣的身份，非地方的常任官，重大事务三司听其节制，日常

① （清）张廷玉：《明史·地理志五》卷44，北京：中华书局，1974年。

② （明）宋濂：《元史·百官志》，北京：中华书局，1976年。

事务仍由三司管理。三司之中布政使是一省之长。明代湖广的行政体制也大体如此。

2. 明代的湖广布政司简称“楚省”

明代省的名称比较复杂，有“省名”简称、“省简称”两类。

第一，省名简称。

省名简称也分两种。其一，明代湖广省名全称：“湖广承宣布政使司”，一般简称为“湖广布政司”。其二，习惯性简称。明代初年沿袭元朝行省制时，同其他行省一样，湖广行省（或湖广省）保留旧名，如明太祖朱元璋的实录就有“湖广省”[①]的称谓。朱元璋将行省改为布政使司，“行省”（或“省”）的称呼被取消，但民间习惯一仍其旧，同其他布政使司一样，包括朝廷在内，习惯上仍将“湖广布政使司”辖区称为“省”，即“湖广省”[②]，将省会在习惯上仍称之为“湖广省城”[③]。明中期以后，省名还出现了更加简略的称呼，仅为“湖省”二字[④]。

第二，明代的省简称。

有关明代湖广布政司的“布政司（省）简称”，似无人研究，其实这直接关系到清代湖北省的简称问题，还是较为重要。

明代的布政司（省）简称不是使用的“鄂”而是“楚”字。自从元朝成宗大德五年（1301年），改鄂州路为武昌路后，省会随之由“鄂州”或“鄂城”改称“武昌”，而湖广省“省简称鄂”也逐渐从官私文书中淡出。元代对湖广地域的称谓，一般多用“荆楚”，并一直保持到明代初年[⑤]。但进入明中期，又多以“楚”作为湖广地域的称谓[⑥]。而在明代后期，正式出现了布政司（省）简称，即“楚省”。

---

① 《明实录·太祖实录》卷48、105。

② 《明实录·神宗实录》卷340。

③ 《明实录·武宗实录》卷143。

④ 《明实录·穆宗实录》卷32；《明实录·神宗实录》卷24、344、542；《明实录·熹宗实录》卷23。

⑤ 《明实录·太祖实录》卷255、180。

⑥ 《明史·王来传》卷172；《明实录·神宗实录》卷304。

[神宗万历二十八年，1600年]，兵部题：“川贵总督李化龙揭贼自残破綦江，皇上赫然震怒，大发海内之兵责臣以讨贼臣（杨应龙）……黔饷之当议也，楚省之当同心也。……奉旨川贵总督、抚道俱已近播弹压，惟湖广兵将不齐，饷又未备，倘致失期，巡抚岂逃其责，楚地辽远，抚臣顾管难周，欲添差一员督理监视”。

[神宗万历四十三年（1615）正月]，湖广巡按钱春极陈：“楚省困惫，权采难堪迹，奉恩诏免一征”。[①]

[神宗万历四十三年（1615）二月]丁酉初，福府瞻田，原派楚省四千七百八十五顷有奇，地方官极力搜括，仅得五百余顷，而福王复请故相张居正遗下入官田土八百余顷，上已允。[②]

[熹宗天启二年（1622年）六月]丙子，贵州巡抚王三善疏言：“臣当在道，一闻黔报，恨不飞渡贵阳，惟是无兵不敢言战，无饷不敢言兵。然黔饷一切仰给于楚省，自辰沅至镇远可通舟楫，而水浅不胜重载。自镇远至会城，峻岭不通车马，止藉人力担负。故臣……恳乞亟敕楚抚移驻辰州”。[③]

[熹宗天启三年（1623年）五月]，准留楚省漕粮八万石以充黔饷。[④]

这时期无论是单称“楚”，还是直称“楚省”，在一般情况下，都指整个湖广地域（湖南、湖北二省）或代指湖广省。如《明实录·神宗实录》卷537载：神宗万历四十三年（1615年）九月“己亥，湖广巡抚梁见孟：以全楚十五郡二州，人文繁盛，较阅难周，于是有增学臣之请”。其中的“全楚十五郡二州”与《明史·地理》所言调整后的明湖广省“领府十五，直隶州二”一致，表明此时一般而言，“楚”是指“全楚”，即整个湖广。所以这时的“楚省”是湖广布政司（省）的简称，并不是后来湖北省的简称。

① 《明实录·神宗实录》卷343。
② 《明实录·神宗实录》卷529。
③ 《明实录·熹宗实录》卷23。
④ 《明实录·熹宗实录》卷34。

（五）湖北建省及简称“鄂”

1. 湖北省名及其准省区区划

湖北，得名于宋代。北宋初，始以洞庭湖为界，分荆湖南、北路，而荆湖北路，简称湖北路，为湖北省省名的端绪。北宋太宗雍熙年间（984—987 年）荆湖南、北路又合二为一，称荆湖路。太宗至道三年（997 年），又一分为二为荆湖南、北路。南宋高宗绍兴元年（1131 年），又改为荆湖东、西路。第二年，罢东、西路，仍分南、北路，南路治潭州（在今湖南长沙市）；北路治鄂，寻治江陵。湖北路地，自洞庭湖以北至于荆山，西包沅澧二水流域之地。

元代今湖北境内大部分地区属于河南江北行省（除今鄂东南、武昌府、汉阳府、三峡地区的归州，上属湖北行省，恩施州属四川行省），其中设在江陵的荆湖北道宣慰司也自然属于河南江北行省。

明初，经调整后，今湖北、湖南全境基本上都在湖广布政司（省）境内，与外界没有较大的划境问题。明代中期，武宗正德五年（1510 年），“以大湖（洞庭湖）中分南北”，即“湖北”“湖南”两个巡按区（巡察性质的监察区）[①]。明代后期，神宗万历年间，“以洞庭湖为界”划分“洞庭以北”和“洞庭以南”两个学政区，并分别在省会武昌和长沙府分立“学道”官署[②]。

2. 清康熙三年湖北正式建省

第一，清初湖广布政司（省）的恢复。清初地方沿用明朝建制，恢复布政（省）司，“湖广布政司”也在之列。据《清史稿·世祖本纪》所载，世祖爱新觉罗福临顺治元年（1644 年），“九月甲午，车驾入山海关。……冬十月乙卯朔，上亲诣南郊告祭天地，即皇帝位，遣官告祭太庙、社稷。……定鼎燕京，乃建有天下之号曰‘大清’，纪元‘顺治’。”[③] 同年，即“顺治元年，置湖广巡抚，驻武昌。”[④]

---

① 《明实录·武宗实录》卷 59。

② 《明实录·神宗实录》卷 514、537。

③ （清）赵尔巽：《清史稿·世祖本纪一》，北京：中华书局，1977 年。

④ （清）赵尔巽：《清史稿·职官志三》，北京：中华书局，1977 年。

顺治二年（1645 年）秋七月，庚戌朔，升山西阳和道副使南洙源为湖广布政使司参政，管左布政使事；山东督粮道参政李嵩为湖广布政使司右布政使；大理寺寺正李之茂为湖广按察使司副使；水利道调淮徐道副使萧时彦为湖广按察使司副使；武昌兵备道扬州道佥事王尔禄为湖广按察使司佥事，管分守武昌道参议事。以故明山西按察使杨本针为湖广按察使司按察使①。己未，以何鸣銮为湖广巡抚。十一月壬子，以罗绣锦为湖广、四川总督（驻江陵）②。至此，湖广布政司（省）正式恢复。

第二，康熙三年（1664 年）三月壬申是湖北、湖南二省的"生日"。清康熙三年（1664 年），湖广布政司（省）分为左右二布政使司。据《清实录·圣祖实录》载：

康熙三年，甲辰，春……三月……壬申……以湖广武昌、汉阳、黄州、安陆、德安、荆州、襄阳、郧阳八府，归湖广巡抚管辖。以长沙、衡州、永州、宝庆、辰州、常德、岳州七府，郴、靖二州，归偏沅巡抚管辖（设在湖南与贵州之间）。

添设湖广按察使司按察使（员缺），驻扎长沙府。

夏，四月癸巳朔……命湖广右布政使移驻长沙，辖长、宝、衡、永、辰、常、岳等七府，郴、靖二州。

闰六月辛未，命偏沅巡抚自沅州移驻长沙。③

这四条史料表明了以下四点。第一点，康熙三年（甲辰）春三月壬申初十（1664 年 4 月 5 日），这一天是湖北、湖南二省的共同生日。二省是从"湖广布政司"这一母体中生产出来的"双胞兄弟"，它们具有割舍不断的联系。二省的"乳名"分别叫"湖广左布政使司""湖广右布政使司"。第二点，分省划境的界标是洞庭湖。湖广左布政使司分得八府，归湖广巡抚管辖；湖广右布政使司分得七府二州，归偏沅巡抚管辖。第三点，两位首任"省长"。清代的巡抚就是一省之长。分管湖广左右布政使司的湖广巡抚、偏沅巡抚就是两位首

---

① 《清实录·世祖实录》卷 19，北京：中华书局，1986 年。

② （清）赵尔巽：《清史稿·世祖本纪一》，北京：中华书局，1977 年。

③ 《清实录·圣祖实录》卷 11、12，北京：中华书局，1986 年。

任省长。这两位省长分别是湖广巡抚刘兆麒、偏沅巡抚周召南[①]。第四点，两个省会的产生。武昌是原有的老省会，长沙是新产生的省会。新添设的湖广按察使司按察使、湖广右布政使、偏沅巡抚先后受命移驻长沙，标志着新省会的成立，也标志着两省分立的确定。康熙六年(1667年)，湖广左右布政使司分别改名为"湖北布政使司""湖南布政使司"。雍正初年，分别改"湖广巡抚""偏沅巡抚"为"湖北巡抚""湖南巡抚"。湖北作为省名从此确立，并沿用至今。

第三，湖北省建制撮要。湖北省建省之初，始领八府：武昌、汉阳、黄州、安陆、德安、荆州、襄阳、郧阳，并设湖北巡抚。雍正六年（1728年），升归州为直隶州。十三年（1735年），升夷陵州为宜昌府，降归州直隶州为夷陵州属，以恩施县治置施南府。乾隆五十六年（1791年），升荆门州为直隶州。光绪三十年（1904年），升鹤峰州为直隶。东至安徽宿松；南至湖南临湘；西至四川巫山；北至河南罗山。宣统三年（1911年），共领十府，一直隶州，一直隶厅，六十个县。

清代的省级长官有四位，即：总督（制台）、巡抚（抚台）、布政使（藩台）、按察使（臬台）。总督侧重于军事，地位略高于巡抚，总督按常制一省或二省设一员；巡抚按常制每省设一员，偏重于民政，地位高于布政使和按察使。明代以来的"三司（布政司、按察司、都司）"之一的都司已改名"提督"，只管军事不问民事，已不在省政府之内，实际上"三司"已变成了"二司"。布政司在明代为一省之长，到清代巡抚业已取而代之成为一省之长，而布政司和按察司则变成了只抓实际工作的副省长了。清代的湖广布政司及湖北省的省级长官也大体如此。

今武汉市武昌区，先后为湖广布政司和湖北布政司的省会。湖北巡抚驻武昌。同时，驻武昌的还有总辖湖北、湖南地方军民事务的两湖总督（一般称"湖广总督"），总督直接干预湖北地方事务的管理。光绪三十年（1904年），在"新政"中，湖北巡抚被裁撤。这是地方政权机构的一大改变，使湖北地方事权统归两湖总督管理，不另设湖北地方行政长官。

① 《清实录·圣祖实录》卷12，北京：中华书局，1986年。

3. 湖北建省前后与湖南共一个“楚省”简称

湖北省建省之时或稍后的省简称是什么？不是简称“鄂”，而是仍然与湖南省共一个简称，即“楚省”。清人在承袭明代的地方省建制度时，也在习惯上承袭了明代后期省简称“楚”的做法（下面引文中的着重号为引者所加）。

顺治十年（癸巳，1653 年），十一月……庚申，经略五省大学士洪承畴疏言：“楚省寇乱多年，人知逆贼孙可望等抗拒于湖南，而不知郝摇旗、一只虎等肆害于湖北。今湖南分驻重兵、足备防剿，而各郡寫远不免首尾难顾之忧。其荆州贼孽，当或由澧州而犯常德，或截岳州以犯湘潭，则我军腹背受敌。臣与督臣议：臣宜往来长沙，四应调度。督臣移驻荆州，提督标下官兵宜赴荆州、郧、襄间听调。仍俟另拨各营官兵，增武昌城守，以壮声援。”[1]

顺治十七年（庚子，1660 年）六月……戊子，谕吏部：“楚省重地，巡抚务在得人，乃克胜任。杨茂勋著改兵部左侍郎、兼都察院右副都御史，巡抚湖广等处地方，兼提督军务。”[2]

顺治十八年（辛丑，1661 年）三月……户部议覆都察院左副都御史朱之弼条奏：“一、淮库宜核收支应……一、楚漕宜还原项。查楚省接连滇、蜀，大兵征调必由之地。南粮一项，恐不足用。漕项银米，仍应留济军需。……得旨，依议严行。”[3]

康熙元年（壬寅，1662 年）八月。……兵部议覆偏沅巡抚周召南疏言：“楚省路险途长，驿马倒毙甚多。请按站立驿，自大龙驿起，至晃州驿止，共计十五驿，各设马百匹。”应如所请。从之。[4]

康熙三年（甲辰，1664 年）八月……甲寅，兵部议覆湖广总督张长庚疏言：“房县、保康、竹山、竹溪，与兴山、巴、归一带，皆楚省边险之地。被郝摇旗、李来亨等逆寇盘踞。今寇巢尽皆捣洗，新辟州县，宜设兵以资保障。请酌拨荆、彝、郧、襄四镇额兵，各于紧要地方驻防。”

---

① 《清实录·世祖实录》卷 79，北京：中华书局，1986 年。

② 《清实录·世祖实录》卷 136，北京：中华书局，1986 年。

③ 《清实录·世祖实录》卷 136，北京：中华书局，1986 年。

④ 《清实录·圣祖实录》卷 7，北京：中华书局，1986 年。

应如所请，从之。[1]

康熙四年（乙巳，1665年）冬，十月。……顾如华又疏言："近见楚省屡报水灾，以地称泽国，向恃长堤，以资捍御。今荆襄一带，堤防溃决，虽朝廷沛蠲恤之仁，而生灵终遭沉溺之害。请严饬督抚，责成有司，查边近江汉旧堤，及时修筑。"[2]

康熙五年（丙午，1666年）九月……戊子，户部议覆湖广巡抚刘兆麒疏言："楚省停运多年，缺船缺丁，请将存剩米石，暂行折价解部。俟船丁足时，仍运本色。"应如所请，从之。[3]

以上七条材料的时间在顺治十年（1653年）到康熙五年（1666年）间，正是康熙三年（1664年）湖北、湖南二省分立的前后。这些材料至少说明了两点。其一，即这个时期的省简称"楚省"，是旧大省即湖广布政司（省）的简称，也是湖广总督的辖区，还不是湖北省一省的简称。其二，直到康熙五年（1666年）名为湖广巡抚、实为湖北巡抚的刘兆麒，还在使用"楚省"这一省简称，表明湖北省还没有单独的省简称。

4. 湖北简称鄂最早见于咸丰四年

湖北省正式建省后，没有官方文书定湖北省简称鄂，其他省也是如此。清咸丰以前，湖北、湖南共一个"省简称"，即"楚省"。这种现象直到咸丰、同治年间才有改变。考《清实录》，使用鄂简称湖北省，即"鄂省"者共得193篇，322次。其中，使用时间最早是在《清实录·文宗实录》卷126，咸丰四年（1854年）四月庚午《谕军机大臣等曾国藩奏剿办崇阳通城贼匪续获胜仗一摺》。在这条咸丰帝手谕中，首次提到湖北省的简称，即"鄂省"。其云（着重号为引者所加）：

咸丰四年（甲寅，1854年）夏四月，己巳朔，享太庙。……庚午，谕军机大臣等曾国藩奏剿办崇阳通城贼匪续获胜仗一摺："前因逆匪

① 《清实录·圣祖实录》卷13，北京：中华书局，1986年。
② 《清实录·圣祖实录》卷17，北京：中华书局，1986年。
③ 《清实录·圣祖实录》卷20，北京：中华书局，1986年。

复由岳州上窜，谕令曾国藩统带师船，由长沙进复岳州，兼筹东路，不得专顾湖南，致误事机。本日据台涌奏称，江北贼情猖獗，鄂省情形万分紧急。曾国藩务当通筹全局，迅图克复岳州，直抵湖北武汉之间，以资救援。至陆路带兵员弁，道员胡林翼、副将塔齐布均能剿匪获胜，即饬由崇通一路痛加剿除，与师船联络声势，以期与鄂省会合进攻。毋得稍有延误。……加紧谕令知之。”①

在这条咸丰帝手谕中，首次提到湖北省的简称，即“鄂省”。结合现有的其他文献资料来看，湖北省简称鄂应产生在此年或稍早。

与湖北省简称相关的湖南省简称，也在这个时间段产生。不过见于记载要比湖北省简称“鄂”要晚，首次见于《清实录·穆宗实录》卷348。一则同治十二年（1873年）摺：“湘省援黔各军，防剿数年欠饷甚巨。……”②

湖北省简称“鄂省”，湖南省简称“湘省”，在地理范围表达上比用“楚省”小，尤其是在军事方面表述更佳。由此看来，湖北、湖南二省产生新的简称当与镇压太平天国起义有关，皇上带头用了，也就是法定了。

不过，因为“鄂省”在咸丰、同治年间才开始使用，还没有后来使用得那么专一，故在《清实录》所载咸丰帝手谕中，有关湖北省简称就有七个：鄂、鄂省、楚、楚省、楚鄂、楚北、湖北。

由此可见，直到咸丰年间，全国并无统一规定的各省简称名，包括皇帝在内，都是无意识地按照一定的习惯使用某个或某几个简称。不过，从咸丰使用湖北省的简称情况来看，虽然使用了多个简称，但使用率最高的还是“鄂”，这代表了鄂字要成为湖北省简称名的必然趋势。

5. 光绪十三年（1887年）后“两湖”取代了“楚省”

湖北、湖南二省新的简称，即“鄂省”“湘省”产生后，原有的简称，即“楚省”并没有停止使用。从有关资料来看，在官方文书中“楚省”的使用晚到光绪十三年（1887年）或稍后。下面将所见最晚的光绪帝一则手谕截录于下（着重号为引者所加）：

---

① 《清实录·文宗实录》卷126，北京：中华书局，1986年。

② 《清实录·文宗实录》卷348，北京：中华书局，1986年。

光绪十三年（丁亥，1887年）五月……又谕有人奏闻乌龙会起自湖北荆州一带：“前岁，湖南澧州所属之黑马塘地方，上下居民因堤工争斗，两造皆雇有乌龙会中之人，请饬密查解散等语。近年，楚省会匪，萌孽潜滋。亟宜先事预防，免致养痈贻患。著奎斌、卞宝第，严密查明。分别拏禁解散，以靖地方。将此由四百里各谕令知之。”[①]

不过这个时期的“楚省”内涵已不同于以前，和“两湖”的意思一样，只是一种地域概念。这一概念的存在可能与两湖总督的设立有关。自张之洞督鄂以后，“两湖”这一概念便取代了“楚省”这一概念。这或许与张之洞有关。

结语

湖北省的简称“鄂”不只是一个单纯的文字符号，而是有其丰富文化内涵的。湖北省的简称用“鄂”不用“楚”是一种历史的自然选择。

先从“楚”字字形说起。“楚”字在殷墟甲骨文作：（《殷契萃编》第73片）、（《殷契萃编》第1547片）、（《殷契萃编》第1315片）[②]。在周原甲骨文作：（周原甲骨文H[11:4]25:1）[③]。在西周金文作：（史墙盘）、（毛公鼎）[④]、（楚公家戈）、（楚公家钟）[⑤]。在春秋战国时代的金文作：（楚嬴匜）[⑥]、（王孙诰钟）M2:5、（王孙诰钟）M2:26[⑦]、（楚王酓[熊]忓鼎）[⑧]。在

① 《清实录·德宗实录》卷243，北京：中华书局，1986年。

② 郭沫若：《殷契萃编》，北京：科学出版社，1965年。

③ 王宇信：《西周甲骨探论》，北京：中国社会科学出版社，1984年。

④ 中国社会科学院考古研究所：《殷周金文集成》（修订增补本），北京：中华书局，2007年，第10175号（墙盘）、第02841号（毛公鼎）。

⑤ 中国社会科学院考古研究所：《殷周金文集成》（修订增补本），北京：中华书局，2007年，第11064号（楚公家戈）、第00042号（楚公家钟）。

⑥ 中国社会科学院考古研究所：《殷周金文集成》（修订增补本），北京：中华书局，2007年，第10273号（楚嬴匜）。

⑦ 河南省文物考古研究所等：《淅川下寺春秋楚墓》，北京：文物出版社，1991年，第148、170页。

⑧ 中国社会科学院考古研究所：《殷周金文集成》（修订增补本），北京：中华书局，2007年，第1462号。

战国时代竹简帛书作：（曾侯乙墓竹简136号）、（包山楚简4号）、（郭店楚简·穷达以时，8号）。在秦篆作：（《说文解字·林部》）。

上列楚字诸形之中，中部个别从草，多数从林，草、林同属草木类，作为形符故可通用，其中部本从口，春秋战国之际或有从日者，中间的横画为饰笔。《说文解字·林部》："楚，丛木。一名荆也。从林，疋声。"《说文解字·艹部》："荆，楚木也。从艹，刑声。"荆、楚，为一木二名，是一种开蓝紫色小花的灌木，可用枝条编织筐篮等器具。古代还用荆条做刑鞭，廉颇向蔺相如"肉袒负荆……谢罪"[①]的"荆"就是这种荆条鞭。唐代司马贞为此作注说："负荆者，荆，楚也，可以为鞭。"[②]

楚字与鄂字就其本义而言，楚字的本义指灌水丛生的荆条树；鄂字的本义是泛指名叫鄂的城邑，显然不能说楚字本义优于鄂字的本义。

鄂字首次在隋代作县以上政区名时，是一种人为的选择，是在与楚国国都名"郢"字的竞争中脱颖而出的，是以其特有的文化内涵"鄂渚"获胜的，即所谓：将郢州"改为鄂州，取鄂渚以为名。"[③]

第二次竞争是与"楚"字竞争，竞争的目标就是湖北省的简称名用字。但此次竞争，是一种自然选择。湖北省建省后相当长的时间内，并没有明确地规定简称名，包括皇帝在内也没有对其有统一的称谓。所用的名称归纳起来有："鄂省""楚省""楚鄂""楚北"等，其中称"鄂省"者居多，后来，称"鄂省"成为一种习惯，到光绪年间张之洞为两湖总督时才得以确定。这是一种自然的选择。

专一性是一切命名的重要原则。在湖北省简称名用字的竞争中，"鄂"字之所以能取代"楚"字，最主要的原因是，在清代湖南也在"楚省"范围之内。"楚"字作湖北省的简称在习惯上不够专一，只能在特定语境中使用；而"鄂"字作为湖北省的简称名具备专一性，故能最终获胜。

（原载《人文论丛》2010年卷，中国社会科学出版社，2011年）

① （汉）司马迁：《史记·廉颇蔺相如列传》，北京：中华书局，1959年，第2443页。

② （汉）司马迁：《史记·廉颇蔺相如列传》，北京：中华书局，1959年，第2444页注文。

③ （宋）乐史撰、王文楚等点校：《太平寰宇记》卷112，北京：中华书局，2007年。

西周时期鄂国地望考证

肖 洋

西周时期鄂国地望的问题是先秦史研究中长期悬而未决的难题，也是荆楚历史地理研究中的一个重点，探究西周时期的鄂国地望问题对于荆楚历史地理研究具有重要的意义。本文通过整理、分析和研究各种相关的资料，试图对西周时期的鄂国地望进行考证研究。

一、西周早期的鄂国地望

因为关于鄂国的传世典籍比较缺乏，所以极大地限制了对于鄂国历史地理问题的认识和研究。关于鄂国地望问题的争议较大，众说纷纭。关于西周时期鄂国地望的基本有以下四种说法。① 沁阳说。沁阳说认为鄂国在河南沁阳一带。刘节、郭沫若等持此说[①]。② 东鄂说。东鄂说是一种传统观点，认为鄂国在今湖

① 刘节：《古史考存》，北京：人民出版社，1958 年，第 313 页；郭沫若：《两周金文辞大系》，北京：科学出版社，1957 年，第 107-108 页。

北鄂州一带。王国维、陈梦家、殷崇浩等持此说[①]。③ 西鄂说。西鄂说认为鄂国在南阳盆地的汉代西鄂县故城一带。徐中舒、马承源、黄盛璋等持此说[②]。④ 随鄂说。"随鄂"即是指"随州之鄂",随鄂说认为鄂国在湖北随州安居羊子山一带。张昌平、朱继平、傅玥等持此说[③]。总之,研究西周时期鄂国地望,需要结合最新的考古发现材料,这样才可以探究出鄂国地望的历史真相。

西周早期,鄂国可能是在今湖北省随州市安居镇一带。这个推断是基于最近一段时期与鄂国相关青铜器的出土情况而得出的。在随州市安居镇也有相关的考古发现可以印证这种推断。

(一)鄂侯弟厝(历)季诸器都可能出自随州安居

鄂侯弟厝(历)季诸器包括有上海博物馆藏有的鄂侯弟厝(历)季卣[④]、洛阳市博物馆藏有的鄂侯弟厝(历)季簋[⑤]和 1975 年湖北随县安居羊子山发现的鄂侯弟厝(历)季尊[⑥]。这三件铜器同为鄂侯之弟历季所作,应为一组礼器中的几件[⑦]。上海博物馆的鄂侯弟厝(历)季卣和洛阳市博物馆的鄂侯弟厝(历)季簋的出土地点都不可知,仅仅只有鄂侯弟厝(历)季尊(单鋬尊)是有详细的出土地点。

随州安居羊子山位于涢水北岸,距安居镇 1 公里,东距随州市 20 公里。1975 年,随州安居的农田建设中发现了青铜器 4 件,其中就有鄂侯弟厝(历)

① 王国维:《观堂集林》第三册,北京:中华书局,1959 年,第 890-891 页;陈梦家:《西周铜器断代》,北京:中华书局,2004 年,第 70-72 页;殷崇浩:《楚都鄂补》,《江汉考古》1984 年第 1 期。

② 徐中舒:《禹鼎的年代及其相关问题》,《考古学报》1959 年第 3 期;马承源:《记上海博物馆新收集的青铜器》,《文物》1964 年第 7 期;黄盛璋:《朴君述鼎国别、年代及其相关问题》,《江汉考古》1987 年第 1 期。

③ 张昌平:《论随州羊子山新出噩国青铜器》,《文物》2011 年第 11 期;朱继平:《考古所见楚对鄂东铜矿的争夺与控制》,《中国历史文物》2010 年第 6 期;傅玥、高旭旌:《从羊子山 M4 青铜器群看西周鄂国的地望》,载楚文化研究会:《楚文化研究论集》第九集,上海:上海古籍出版社,2011 年,第 366 页。

④ 马承源:《记上海博物馆新收集的青铜器》,《文物》1964 年第 7 期。

⑤ 张剑:《洛阳博物馆馆藏的几件青铜器》,载《文物资料丛刊》第 3 辑,北京:文物出版社,1980 年。

⑥ 随州市博物馆:《湖北随县发现商周青铜器》,《考古》1984 年第 6 期。

⑦ 徐少华:《鄂国铜器及其历史地理综考》,《考古与文物》1994 年第 2 期。

季尊，这个尊应该是周初“鄂国”的遗物[①]。所以，上海博物馆的鄂侯弟厝（历）季卣和洛阳市博物馆的鄂侯弟厝（历）季簋的出土地点可能也是在湖北随州安居羊子山。1975年随州安居发现的鄂侯弟厝（历）季尊，表明了鄂侯弟厝（历）季诸器可能是鄂侯弟厝（历）季墓中的陪葬品。鄂侯弟厝（历）季诸器也可以证明西周早期的鄂国都城可能在随州安居一带。

（二）随州安居2007年新出青铜器产生了“随鄂”

虽然仅仅依据鄂侯弟厝（历）季诸器较难确定西周早期的鄂国地望，但是，根据2007年在随州安居新出的青铜器，可见西周早期的鄂国公室墓地应该在随州安居羊子山，鄂国都城应该在湖北随州安居一带，此即是“随鄂”（即“随州之鄂”）。

2007年湖北随州安居羊子山M4出土了青铜器27件，器形有方鼎、圆鼎、簋、甗、罍、盉、盘、提梁卣、尊、斝、觯、爵、方彝等，其中，许多青铜器都有铭文，年代属于西周早期[②]。例如：M4出土的噩中方形鼎有铭文“噩中乍宝尊彝”。噩侯提梁卣有铭文“噩侯乍旅彝”。噩侯方彝有铭文“噩侯乍厥宝尊彝。”噩侯罍有铭文“噩侯乍旅彝。”噩侯盘有铭文“噩侯乍旅彝”。这批2007年随州安居新出的青铜器可以证明鄂国公室墓地在随州安居[③]。随州安居羊子山屡现鄂侯重器并非偶然，只能解释为鄂国的封地就在随州的安居一带[④]。而且，由于2007年随州安居新出青铜器的铭文中频现“噩（鄂）侯”字样，所以，这个随州安居羊子山M4的墓主人可能是噩（鄂）侯，即鄂国的国君。由此可见，这批随州安居新出的鄂国青铜器可以证明西周早期的鄂国位于随州安居。

因此，关于鄂国地望，除了“东鄂”和“西鄂”之外，还产生了“随鄂”，即“随州之鄂”的说法。

---

① 随州市博物馆：《湖北随县发现商周青铜器》，《考古》1984年第6期。

② 随州市博物馆：《随州出土文物精粹》，北京：文物出版社，2009年，第3页。又本文所引羊子山M4铜器资料均出自此书，不另注。

③ 李学勤：《由新见青铜器看西周早期的鄂、曾、楚》，《文物》2010年第1期。

④ 黄凤春、陈树祥、凡国栋：《湖北随州叶家山新出西周曾国铜器及相关问题》，《文物》2011年第11期。

（三）随州安居遗址可能是鄂国都城

通过鄂侯弟曆（历）季诸器和安居2007年新出青铜器，基本可以证明西周早期的鄂国都城在随州安居一带，可是，在安居一带还尚未发掘到鄂国都城的遗址。但是，通过已有的考古调查和发现成果还是可以推测鄂国都城的地理位置（见图一）。

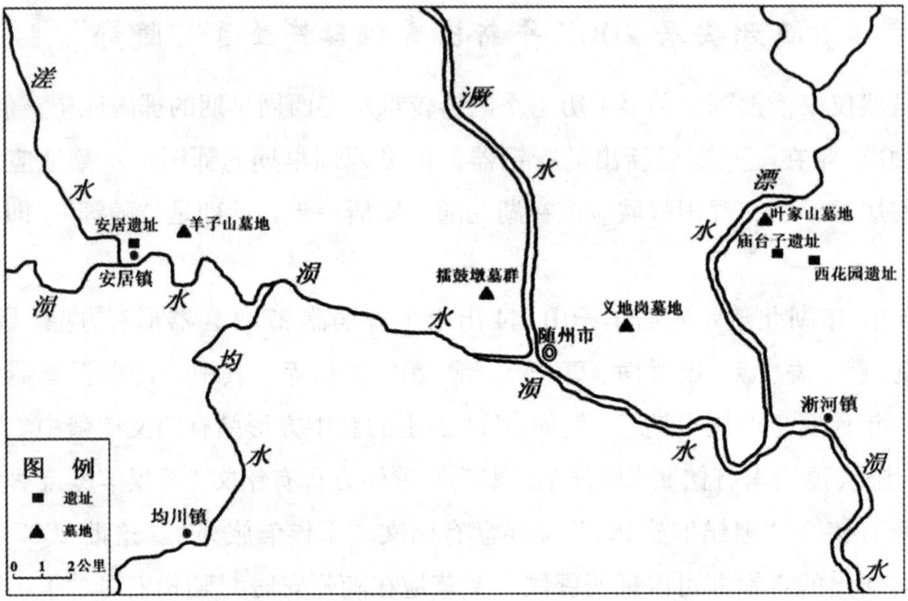

图一 随州市关于鄂国、曾国主要的遗址与墓地的简图

安居遗址位于随州市西18公里处的安居镇，现属新随县所辖。这里为随枣走廊的腹心地带，桐柏山、大洪山是其天然屏障，扼阻南北，自然地理环境优越，涢水及其支流溠水在镇区西南交汇后，沿小镇南侧蜿蜒东去，河岸畈地平坦，土壤肥沃，生态环境十分宜居①。

据1984年4月武汉大学荆楚史地与考古研究室调查，安居遗址大体分布于安居镇及其北面的安居中学之间，中心范围在安居镇与北邻的杨家湾一带。遗址大约南起涢水北岸的河漫滩，北止安居中学所在的岗地，西不逾溠水，东或终于詹家湾、钱家湾一线，东西宽约800米，南北长约1000米，这里是涢水及其支流溠水的三角冲积平原，土壤肥沃，地势平坦，平均高程约76米，高出

① 后加升：《随州安居遗址的再认识》，载《荆楚文化与长江文明》，武汉：湖北人民出版社，2011年，第72-73页。

河面约5米。此次调查还查明了一处较重要的古代建筑遗址。在遗址范围的中心偏北部有一处正南北向的台地，占地大体呈现规则长方形，东西宽约130米，南北长约150米，高程约78米，现普遍高出周围遗址地面1～2米，此台地方向端正、平面规整，显然非自然地势而属于人工所为，台地遗址残存的文化层至少2米以上，此台地可能是古代建筑基址，或一处沿用时间较长的古代宫殿台基。这次调查基本可以确定安居遗址有周代的遗存。安居遗址的上限不迟于两周之际，是一处贯穿整个东周及两汉的遗址，遗址的下限很可能在汉代末年或稍晚[①]。

1997年下半年至1998年春，湖北省文物考古研究所与中国社会科学院考古研究所考古科技中心联合进行了遥感测量和实地钻探，发现了安居遗址有方形的夯土城圈。内城的南北长约190米，东西宽约170米，东、西、北三面的墙基保存尚好，部分墙体高出地面近1米，基底宽约10米，南部城墙被现代民房占压覆盖，东、北城墙外发现有护城壕沟，宽约10米，北面壕沟在地表2米以下，同时发现护城壕淤泥，外城大都已毁弃，只在内城外西北方向1公里处发现有多处夯土，判断应为外城基址。城内东南角有一处夯土台基，西北部文化层厚约0.8米，城内还采集到春秋至汉代的遗物标本，在城址的西部和北部发现了有包含汉瓦的地层和汉墓打破城墙的情形，这说明了该城在春秋前后曾经长期的使用[②]。

安居遗址很可能是西周早期的鄂国都城。虽然在安居遗址已经进行过的考古调查和遥感测量都无法明确证明安居遗址的时代上限可以到西周早期，但是，安居城址因未作发掘，城址有无更早的遗存仍是个谜，往前溯源的可能性较大[③]。所以，随州安居遗址也还是可能存在着西周时期的遗存。安居遗址以东就是安居羊子山鄂国公室墓地，虽然鄂国公室墓地尚未全面发掘，但是，仅仅2007年的M4就收获一大批鄂国青铜器。如果今后可以对随州安居羊子山鄂国公室墓地进行系统全面的考古发掘，可能会发现更多关于鄂国的青铜器，从而可以推动鄂国历史地理的研究。

① 武汉大学荆楚史地与考古研究室：《随州安居遗址初次调查简报》，《江汉考古》1984年第4期。

② 张昌平：《安居周代城址的发现及其意义》，《中国文物报》1998年8月26日第3版。

③ 陈树祥、黄凤春：《略论西周早期青铜器铭文上的曾、鄂、楚》，载楚文化研究会：《楚文化研究论集》第十集，武汉：湖北美术出版社，2011年，第193页。

二、随州鄂国与周王朝和曾国的关系

在西周早期，鄂国与周王朝和曾国的关系是一个值得探讨的重要问题。通过2007年随州安居镇羊子山M4的新出青铜器和2011年随州淅河镇叶家山曾国墓地的考古发现，结合中甗和静方鼎的铭文，可以推测出在西周早期周王朝、鄂国和曾国的关系。

（一）在西周早期，曾、鄂并存于随州的问题

随州淅河镇叶家山曾国墓地引出了在西周早期曾、鄂并存于随州的问题。2011年，随州淅河镇叶家山曾国墓地的考古发现对于探究西周早期鄂国与周王朝和曾国的关系具有重要的意义。

随州叶家山西周墓地位于湖北省随州市经济开发区淅河镇蒋家寨村八组，南距已发掘的西花园及庙台子遗址约1公里，墓地处在一南北走向的椭圆形岗地上，岗地南北长约400米，东西宽约100米，面积约40 000平方米，高出周围农田约8米，漂河由北而来，自墓地东北部环绕墓地北部及西部注入涢河[①]。2010年12月底，当地村民在平整土地时发现一批青铜器。2011年1月，对2座残墓（M1、M2）进行了抢救性发掘。经过2011年2月18日—6月14日的田野发掘第一期工作，通过探方发掘，一共揭露墓葬64座和马坑1座，实际发掘墓葬63座和马坑1座，所有发掘的墓葬绝大多数都有随葬器物，出土陶器、铜器、瓷器、漆木器、玉石器等各类文物共达739件（套），其中，铜器多达325件/套[②]。根据墓葬所出遗物，初步判定这批墓葬的年代应在西周早期[③]。M1、M2和M27可以推定在西周早期，其中，M1的年代似为最早，其所出的铜礼器具有成康之世的作风，其年代大体当在西周成王或康王时期，M2的年代

① 湖北省文物考古研究所、随州市博物馆：《湖北随州叶家山M65发掘简报》，《江汉考古》2011年第3期。

② 湖北省文物考古研究所、随州市博物馆：《湖北随州叶家山西周墓地发掘简报》，《文物》2011年第11期。

③ 湖北省文物考古研究所、随州市博物馆：《湖北随州市叶家山西周墓地》，《考古》2012年第7期。

大体应在康昭之世，而M27的年代似应在昭王晚期或昭穆之际[①]。M65的墓主人应是曾侯谏，年代应在西周早期的康昭之际[②]。叶家山墓地应是一处西周早期的曾侯家族墓地。西周早期曾国的政治中心可能在叶家山墓地以南、漂水下游东岸的庙台子遗址[③]。

叶家山曾国墓地考古发现引出了在西周早期曾、鄂并存于随州的问题。安居位于随州市西部，属涢水支流的溠水流域，叶家山位于随州市东北部，属涢水支流的漂水流域，叶家山正位于安居之东，两地直线距离约25公里，西周早期汉东一度是曾与鄂两国同时并存。随州淅河镇叶家山曾国墓地的考古发现证明了西周早期的曾国可能在随州淅河镇叶家山附近一带，而2007年随州安居镇羊子山M4的考古发现证明了西周早期鄂国可能在随州安居，由此可见，鄂与曾同在随州地区。西周早期的曾国并不大，其主要地望应在漂水下游以东区域，而鄂国则应在其西约25公里的溠水流域，这一态势，在西周时期应较为常见，如在晋西南盆地数十公里的范围内就分布有曲沃晋国、翼城霸国、绛县倗国等。所以，在西周早期可能鄂国和曾国都并存于随州，鄂国在随州安居镇一带，曾国在随州淅河镇一带。曾、鄂在西周早期并存于随州地区确实是一个值得关注的先秦历史地理问题，这对于认识西周时期随枣走廊地区的诸侯国分布状况具有重要的意义。

（二）曾、鄂同为周王朝控制南方的军事据点

静方鼎等金文材料对于解决曾、鄂并存随州的问题具有重要的参考作用。静方鼎引出了曾、鄂同为周王朝控制南方的军事据点的问题。现藏于日本出光美术馆的静方鼎是周昭王时器，静方鼎上有铭文内容如下：

> 隹十月甲子，王在宗周，令师中眔静省南或（国），相□应（位）。

---

① 湖北省文物考古研究所、随州市博物馆：《湖北随州叶家山西周墓地发掘简报》，《文物》2011年第11期。

② 湖北省文物考古研究所、随州市博物馆：《湖北随州叶家山M65发掘简报》，《江汉考古》2011年第3期。

③ 黄凤春、陈树祥、凡国栋：《湖北随州叶家山新出西周曾国铜器及相关问题》，《文物》2011年第11期。

八月初吉庚申至，吿（告）于成周。月既望丁丑，王在成周大室，令静曰：“卑（俾）汝□司在𫲨（曾）、噩（鄂）师。”王曰：“静，赐汝鬯、旂、市、采𦊃，日用事。”静扬天子休，用作父丁宝障彝[①]。

静方鼎是周昭王时器，是夏商周断代工程推定西周王年的七个支点之一[②]。静方鼎的铭文与“安州六器”之一的中甗的铭文互相有关联，都提到了“鄂师”，可以互证。中甗的铭文如下：

王令中先省南国贯行，埶应在曾。史儿至，以王令曰：“余令女吏小大邦，厥又舍女刍量至于女庸、小多邦。”中省自方、邓，洀□邦，在鄂師次。伯买父乃用阙人戍汉中州，曰叚，曰旋，阙人𠬝廿夫，阙贮彝言曰贮□贝。日传肆王□休，肆肩有羞余□□，用作父乙宝彝[③]。

中甗是周昭王时器[④]。结合分析静方鼎和中甗的铭文可以有助于认识西周早期鄂国的历史地理问题。

1. 中甗铭文的“中先省南国贯行”考证

据中甗铭文，周昭王命令“中”先巡视到南国需要经行的道路，并且建筑周王的行宫，这可能与周昭王南征有关。所以，很有必要对中甗铭文中涉及的“方”“邓”和“洀”地进行考证，从而基本还原中甗铭文的线路（见图二）。

（1）方。

根据中甗铭文，大臣“中”巡视的“方”地可能与南阳地区的“方城”有关。唐兰《西周青铜器铭文分代史徵》认为，“方”当即“方城”，在今河南省方城县一带[⑤]。

---

① 徐天进：《日本出光美术馆收藏的静方鼎》，《文物》1998 年第 5 期。

② 夏商周断代工程专家组：《夏商周断代工程：1996—2000 年阶段成果报告·简本》，北京：世界图书出版公司，2000 年，第 27-28 页。

③ 中国社会科学院考古研究所：《殷周金文集成》（修订增补本），北京：中华书局，2007 年，第 949 号。

④ 唐兰：《西周青铜器铭文分代史徵》，北京：中华书局，1986 年，第 287-288 页。

⑤ 唐兰：《西周青铜器铭文分代史徵》，北京：中华书局，1986 年，第 287 页。

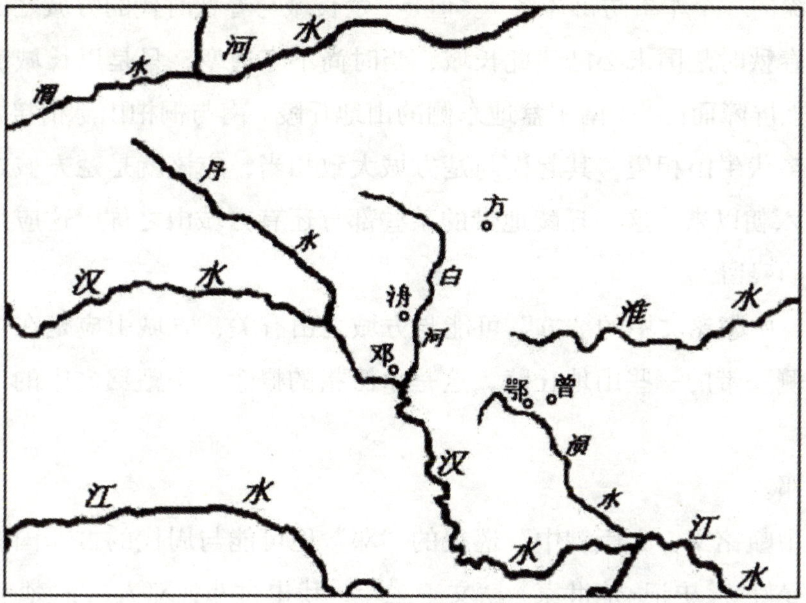

图二　“中先省南国贯行”简图

“方城”多次见于《左传》，其为楚国在南阳地区的军事要地。方城山在河南叶县南、方城县东北，西连伏牛山山脉，楚国所筑方城经此山东麓[①]。《汉书·地理志》南阳郡叶县：“楚叶公邑。有长城，号曰方城。”《续汉书·郡国志》南阳郡叶县：“有长山，曰方城。”刘昭注云：“杜预曰方城山在县南。屈完曰‘楚国方城以为城。’”此后历代地理史籍均有方城山的记载。方城是楚国著名的险要地带。狭义的方城在今叶县偏西四十八里、方城县东北四十五里的叫县保安镇附近。这里西接伏牛山脉东端，山势由此转南，接长城山丘陵地，其间有一个较宽的山口，近世称之为“方城缺口”，是楚国与中原之间的一条重要交通孔道；广义的方城大致北起方城山缺口，往南包括南阳盆地东面的长城山丘陵地皆属之，楚人把此“方城”以东及东北面的淮、汝诸水上游地带泛称为“方城外”。[②]南阳地区的楚长城确实是规模宏大的军事防御工程。楚长城是由人工修筑的绵延较长的墙体、关堡、城址、烽燧、山险、古道等共同构成的有机统一的防御体系，楚长城不是边墙，亦不是界墙，外围有多重城址环绕和拱卫，是

① 辞海编辑委员会：《辞海·地理分册（历史地理）》，上海：上海辞书出版社，1982年，第46页。

② 石泉：《从春秋吴师入郢之役看古代荆楚地理》，载《石泉文集》，武汉：武汉大学出版社，2006年，第214-215页。

有相当纵深的一个军事防御体系[①]。但是，楚长城与春秋时代的方城之山还是有区别的。春秋时楚国未必已建此长城，当时尚不守边塞，只是以长城山丘陵地带作为天然屏障而已[②]。南阳盆地东侧的山地丘陵，南与桐柏山脉衔接，西北隔方城缺口与伏牛山相望，其起讫与楚方城大致相当，应该就是楚方城之山的实际内涵；六朝以来，这一丘陵地带的某些部分还有方城山之称，这应是楚方城之山概念的残留[③]。

所以，中甗铭文中的“方”可能与方城之山有关，方城山应是在今河南南阳盆地东侧一带的一些山地丘陵，这是个泛指的概念，中甗铭文中的“方”可能即指此。

（2）邓。

根据中甗铭文，大臣“中”巡视的“邓”地可能与周代的古邓国有关。邓国公室为曼姓。《史记·楚世家》：“文王二年，伐申过邓，邓人曰：‘楚王易取’，邓侯不许也。”裴骃《史记集解》注曰：“服虔云：‘邓，曼姓。’”邓国是春秋初期以前、上至西周（或更早些），位于汉水以北、南阳盆地南部的一个具有一定经济文化水平的古国[④]。邓国具有十分重要的战略地位，是周王室“南土”的重要辅助力量之一，并与中原列国有着广泛的联系和交往[⑤]。鲁庄公十六年，即楚文王十二年（公元前678年），楚文王灭邓国。《史记·楚世家》：“（楚文王）十二年，伐邓，灭之。”楚国灭邓国，在邓国故地设立了邓县。

关于邓国的都城所在，据石泉先生考证，古邓国在今河南邓县之说是不能成立的；襄阳市西北的邓城遗址是古邓国及宋齐以前邓县所在；在襄阳东北方、汉水北岸，大致不出今唐白河下游以西，清河以东的官厅、金华寺一带，应有晋及唐宋时邓城县的故址，唐宋以后，不少记载误把这个邓城县当作了春秋邓

---

① 李一丕、杨树刚、衡云花、郭亮：《豫南地区楚长城资源调查、发掘与研究》，载楚文化研究会：《楚文化研究论集》第十集，武汉：湖北美术出版社，2011年，第347页。

② 石泉：《从春秋吴师入郢之役看古代荆楚地理》，载《石泉文集》，武汉：武汉大学出版社，2006年，第215页。

③ 陈伟：《楚“东国”地理研究》，武汉：武汉大学出版社，1992年，第20页。

④ 石泉：《古邓国、邓县考》，载《石泉文集》，武汉：武汉大学出版社，2006年，第35页。

⑤ 徐少华：《论近年来出土的几件春秋有铭邓器》，载徐少华：《荆楚历史地理与考古探研》，北京：商务印书馆，2010年，第46页。

国都城及汉晋宋齐时邓县治所,因而就与邓城遗址的位置合不上了[①]。邓城遗址是湖北省重点文物保护单位之一,位于襄阳市樊城西北[②]。邓城遗址内文化层较厚，文化遗物丰富，时代自东周延续至汉代，东周遗物中较早的保留有较多的中原文化风格,春秋中期以后则具有较典型的楚文化特征[③]。根据邓城遗址及其周围相关的遗址与墓地，可以说明此地一带为邓国故地。2002 年在邓城遗址以北约 15 公里的黄集小马家遗址清理出 3 座灰坑，时代为西周早期后段至西周中期后段[④]。2006 年在邓城遗址以东约 1.2 公里处的沈岗墓地清理出了 M694，年代属于西周中期[⑤]。襄阳邓城及附近区域为配合高新工业园区及其他项目建设陆续发掘并确认了一批邓文化遗存，证实至少自西周中期开始，周王朝南土重要诸侯国——邓国的中心即位于今樊城西北的古邓城，直至公元前 678 年为楚所灭[⑥]。

所以，中甗铭文的“邓”地可能是指的古邓国。古邓国是周代“南土”的重要诸侯国，其地望可能在湖北省襄阳市的邓城遗址。

（3）淯。

根据中甗铭文，大臣“中”巡视的淯地可能是在汉晋时代的朝阳县一带。唐兰《西周青铜器铭文分代史徵》认为“淯”即“朝”[⑦],《汉书·地理志》南阳郡朝阳县，应劭注曰“在朝水之阳”，在今河南省邓州市东南。南阳地区的朝水以及汉晋时代的朝阳县大致位于今河南省邓州市的东南、新野县的西南。南阳郡朝阳县为汉置，治所在今河南省邓州市东南，因在朝水之北而得名，南朝宋废[⑧]。

---

① 石泉：《古邓国、邓县考》，载《石泉文集》，武汉：武汉大学出版社，2006 年，第 35-45 页。

② 国家文物局:《中国文物地图集·湖北分册(上)》，西安：西安地图出版社，2002 年，第 132 页。

③ 王先福：《襄樊邓城区域楚墓地考析》，《江汉考古》2006 年第 4 期，第 52 页。

④ 襄樊市文物考古研究所、襄阳区文物管理处：《襄阳黄集小马家遗址发掘报告》，载襄樊市文物考古研究所编：《襄樊考古文集》第一辑，北京：科学出版社，2007 年，第 102-124 页。

⑤ 襄樊市文物考古研究所：《襄樊沈岗西周墓发掘简报》，载襄樊市文物考古研究所：《襄樊考古文集》第一辑，北京：科学出版社，2007 年，第 127-131 页。

⑥ 王先福：《襄阳邓文化遗存的楚文化因素考察》，载楚文化研究会：《楚文化研究论集》第十集，武汉：湖北美术出版社，2011 年，第 392 页。

⑦ 唐兰：《西周青铜器铭文分代史徵》，北京：中华书局，1986 年，第 287 页。

⑧ 辞海编辑委员会:《辞海·地理分册(历史地理)》，上海：上海辞书出版社，1982 年，第 253 页。

《汉书·地理志》南阳郡："朝阳，莽曰厉信。"颜师古注引应劭曰："在朝水之阳。"据《续汉书·郡国志》，朝阳县是属于南阳郡。据《晋书·地理志》，在义阳郡下有朝阳县。《水经·白水》："白水出朝阳县西，东流过其县南。又东至新野县西，东入于淯。"郦道元注曰："王莽更名朝阳为厉信县。应劭曰：县在朝水之阳。今朝水迳其北而不出其南也。盖邑郭沦移，川渠状改，故名旧传，遗称在今也。"对于"朝阳县"，杨守敬疏曰："汉、魏县属南阳郡，后汉、魏因，晋属义阳郡，宋属顺阳郡，后废，在今邓州东南八十里。"[①]由此可见，汉晋时代的朝阳县大致位于今河南省邓州市的东南、新野县的西南。在南朝宋以后，朝阳县被废，地理史籍中尚有对朝阳故城的记载。《括地志》邓州穰县："朝阳故城在邓州穰县南八十里，应劭云在朝水之阳也。"[②]《太平寰宇记》卷142山南东道邓州穰县："朝阳故城，汉为县，城在今县东南，俗谓之朝漯城。"[③]《读史方舆纪要》卷51河南南阳府新野县："朝阳城，在县西朝水之阳。汉县，属南阳郡。晋属义阳郡，寻废。亦曰朝城，俗呼刁城，今为朝阳村。"[④]《嘉庆重修一统志》卷211河南南阳府"古迹"："朝阳故城，在邓州东南，汉县，属南阳郡。"[⑤]清光绪十一年(1885年)刊本《襄阳府志》卷5《舆地志》"古迹"襄阳县："朝阳城在县北八十里。"[⑥]由此可知，汉晋时代的朝阳县应该是在今河南省邓州市的东南、新野县的西南，这也即是位于湖北省襄阳市以北。

所以，㴋地可能是在汉晋时代的朝阳县一带，即应该大致在今湖北省襄阳市以北，河南省邓州市的东南、新野县的西南。

（4）"中先省南国贯行"的线路。

综上所述，可以基本还原中甗铭文的"中先省南国贯行"的线路（见图二）。

---

① （北魏）郦道元注，（清）杨守敬、熊会贞疏，段熙仲点校，陈桥驿复校：《水经注疏》，南京：江苏古籍出版社，1989年，第2476页。

② （唐）李泰等著、贺次君辑校：《括地志辑校》，北京：中华书局，1980年，第193页。

③ （宋）乐史撰、王文楚点校：《太平寰宇记》，北京：中华书局，2007年，第2752页。

④ （清）顾祖禹撰，贺次君、施和金点校：《读史方舆纪要》，北京：中华书局，2005年，第2424页。

⑤ 《嘉庆重修一统志》，北京：中华书局，1986年，第10360页。

⑥ （清）恩聊修、王万芳纂：《襄阳府志》，台北：成文出版社，1976年，第364页。

当“中”在曾地的时候,“史儿”到了。根据随州浙河叶家山的考古发现[①],这个曾地应该是位于随州浙河叶家山一带。“史儿”传达了周昭王的命令,命令“中”出使大小各国,“中”于是又开始了巡视。

“中”先到达了“方”地,“方”地可能与方城之山有关,应是在今河南南阳盆地东侧一带的一些山地丘陵,其为泛指概念。

之后,“中”又到达了“邓”地,“邓”地可能是指的古邓国。古邓国是周代“南土”的重要诸侯国,其地望可能在湖北省襄阳市的邓城遗址一带。

其后,“中”又到达了淯地,淯地可能是在汉晋时代的朝阳县一带,即应该大致在今湖北省襄阳市以北,河南省邓州市的东南、新野县的西南。

最后,“中”又到了鄂地,并且,“中”在鄂地停留时,遇到了伯买父。伯买父率众戍守汉水中间的两处土地,一个称为“𠭯”,一个称为“旋”。此鄂地应该位于随州安居一带。

2.“在曾、鄂师”

静方鼎铭文“在曾、鄂师”即是以地名命名的“某师”形式。“在曾、鄂师”不是曾国、鄂国的军队,而是驻留在两国的王师,因而周昭王命“静”统辖,同样,中甗的“在鄂师”是屯驻在鄂国的王师[②]。凡金文中地名之称“某师”者,“师”的上一字为原有地名,“师”字则由于时常为师旅驻扎而得名[③]。西周时期,以地名命名的西周诸“师”并非“六师”或“八师”之外的具有独立编制的军队组织,而是周王直属军队的有机组成部分,金文中所言“某师”之称呼就是指周代军队的这类具体驻扎区[④]。随枣走廊的军事地位十分重要,这些周王朝的驻扎军队具有军事战略意义。

---

① 湖北省文物考古研究所、随州市博物馆:《湖北随州叶家山西周墓地发掘简报》,《文物》2011年第11期;湖北省文物考古研究所、随州市博物馆:《湖北随州叶家山M65发掘简报》,《江汉考古》2011年第3期;湖北省文物考古研究所、随州市博物馆:《湖北随州市叶家山西周墓地》,《考古》2012年第7期。

② 李学勤:《论周初的鄂国》,《中华文史论丛》2008年第4期。

③ 于省吾:《略论西周金文中的“六𠂤”和“八𠂤”及其屯田制》,《考古》1964年第3期。

④ 于凯:《西周金文中的“𠂤”和西周的军事功能区》,《史学集刊》2004年第3期。

综上所述，可见曾、鄂同为周王朝控制南方的军事据点。在周昭王南征时，周王朝的军队曾经屯驻过随州的鄂地和曾地，这些屯驻军既有镇守“南土”的功能，又为周昭王的南征部队提供和保障了军粮的来源。鄂国与曾国都是周昭王南征的重要同盟国。根据静方鼎的“在曾、鄂师”和中甗的“在鄂师次”，在周昭王南征时，鄂国和曾国可能都是周王朝的同盟国，也是周昭王南征进军过程中的重要中继站。昭王南征正是以汉东的曾和鄂两个国家为军事据点[①]。所以，周昭王才会命令大臣“静”统辖“在曾、鄂师”，此外，周王朝的大臣“中”奉王命巡视南国时，也在“鄂师”的屯驻地（即周初的鄂地，随州安居）停留。

（三）鄂国是周王朝的重要封国，具有保护运铜通道的重要功能

鄂国是周王朝控制南方的重要军事据点。在周昭王南征时，鄂地还屯驻着周王朝的军队。鄂国可能是周昭王南征的重要同盟国。在西周早期，鄂国与曾国同在随州地区，鄂国在今随州安居镇一带，曾国在今随州淅河镇叶家山一带。鄂国与曾国都是周王朝的重要封国，都是周王控制南方的重要军事据点。

鄂国与周王室的关系应该十分密切。据鄂侯作王姞器的铭文[②]，鄂国是姞姓。姞姓是周人先祖后稷之元妃，与周人有互相联姻的渊源，鄂国公室应该与周王室有着密切的联系。鄂侯作王姞器是周夷王时器，鄂侯之女（王姞）可能是夷王的后妃。西周立国后，鄂国又臣服于周，因其地处中原与江淮的要冲之地，地理位置十分重要，因而成为西周南疆的重要屏障，周人正是倚重于鄂国来经营和控制南方[③]。在西周早期，鄂国可能被周王朝封于随州安居地区，与曾国近邻，都是周王朝控制南方的军事据点。

在西周早期，地处随枣走廊的鄂国与曾国都具有保护周王朝由南向北运铜

---

① 黄凤春、陈树祥、凡国栋：《湖北随州叶家山新出西周曾国铜器及相关问题》，《文物》2011年第11期。

② 中国社会科学院考古研究所：《殷周金文集成》（修订增补本），北京：中华书局，2007年，第3928、3929、3930号。

③ 黄凤春、陈树祥、凡国栋：《湖北随州叶家山新出西周曾国铜器及相关问题》，《文物》2011年第11期。

通道的重要功能。在青铜时代，运铜通道对于商周王朝具有重要的意义。中原地区铸造青铜器的原料多数可能来自南方[①]。盘龙城是殷人盘踞在长江中游的一个军事据点，长江流域是中国铜矿的密集之区，早在先秦时代就已经开始大量开采，殷人在长江中游地区建立了旨在掠取铜锡的据点——盘龙城，这是商王朝伸向长江流域的桥头堡，也是铜锡运输线上的中转站[②]。周昭王南征一方面为镇压荆楚的反叛，稳定南方的局势，另一方面亦在于打通南方的“金道”，以获取更多的铜矿资源。周人通过分封“汉阳诸姬”、武力征伐，与当地殷商旧族联姻及褒封地方部族等方式，实现了有效控制南方、获取其铜矿资源的目的[③]。根据静方鼎和中甗，周昭王南征时频繁派出大臣巡视过随枣走廊的曾地和鄂地，随枣走廊可能是周王朝的运铜要道，周昭王南征可能与占据铜料的来源和保护铜料的运输有关。鄂国和曾国都是随枣走廊上的要地，对于保护运铜通道具有重要意义。所以，在西周早期，周王室与鄂国有着密切的联系，鄂地有周王朝的军队屯驻，周昭王南征也频繁地派出大臣巡视过鄂地，由此可见鄂国是周王朝的重要封国，具有保护运铜通道的重要功能。

三、西周中晚期的鄂国地望

相对于西周早期的鄂国地望研究，讨论西周中晚期的鄂国地望则是比较困难的，因为缺乏相关的考古材料。但是，通过鄂侯驭方鼎和禹鼎等金文资料，还是可以试探鄂国的地望。

（一）西周中晚期鄂国地望可能发生变化

在西周中晚期，鄂国地望应该发生了变化，即鄂国迁离湖北随州地区。因为如果从西周早期到周厉王时鄂国被灭，鄂国都一直在随州地区，就会与鄂侯驭方鼎和禹鼎的铭文存在矛盾。鄂侯驭方鼎的铭文为：

---

① 邹逸麟：《中国历史人文地理》，北京：科学出版社，2001年，第273页。

② 万全文：《商周王朝南进掠铜论》，《江汉考古》1992年第3期。

③ 朱继平：《考古所见楚对鄂东铜矿的争夺与控制》，《中国历史文物》2010年第6期。

王南征，伐角、僪，唯还自征，在𫸩（坏）。鄂侯驭方纳豊于王，乃裸之。驭方侑王。王休宴，乃射，驭方卿王射，驭方休阑，王扬咸饮，王亲赐驭〔方玉〕五瑴、马四匹、矢五〔束〕。〔驭〕方拜手稽首，敢〔对扬〕天子丕显休釐，〔用〕作尊鼎，其万年子孙永宝用[①]。

鄂侯驭方鼎应是周厉王时器[②]。据鄂侯驭方鼎铭文记载，周厉王当在𫸩地之时，鄂侯驭方觐见了周厉王。如果考证出了𫸩地，则可以有助于研究西周中晚期的鄂国地望。王国维《观堂集林》中的《鄂侯驭方鼎跋》认为鄂侯驭方鼎铭文中的𫸩地是《说文》"坏"字，即是大伾山。《鄂侯驭方鼎跋》："此鼎第二行有𫸩字，……，亦即坏字，《说文》：'坏，丘再成者也。'则大伾之山以再成得名。此𫸩殆即大伾欤。自成自而东过大伾，此数记王还在坏，而鄂侯驭方觐王。则鄂之国境，亦可推测矣。"[③]王国维考证出"𫸩"是《说文》"坏"字，即是大伾山，这成为此后的学者们研究的基点。

大伾山有两个，一个是河南荥阳西北的成皋大伾山，另一个是河南浚县城东的黎阳东山。《说文解字》："坏，丘再成者也。一曰瓦未烧。从土不声。"[④]《尚书·禹贡》："导河积石，至于龙门；南至于华阴，东至于厎柱；又东至于孟津，东过洛汭，至于大伾。"伪孔传曰："洛汭，洛入河处。山再成曰伾。至于大伾而北行。"唐人孔颖达疏曰："《释山》云：'再成英，一成岯。'李巡曰：'山再重曰英，一重曰岯。'传云'再成曰岯'，与《尔雅》不同，盖所见异也。郑玄云：'大岯在修武武德之界。'张揖云：'成皋县山也。'《汉书音义》有臣瓒者，以为：'修武武德无此山也。成皋县山，又不一成，今黎阳县山临河。岂不是大岯乎？'瓒言当然。"[⑤]河南荥阳西北的成皋大伾山，《水经·河水》："又东过成皋县北，济水从北来注之。"郦道元注曰："河水又东，迳成皋大伾山下，《尔雅》曰：山

---

① 中国社会科学院考古研究所：《殷周金文集成》（修订增补本），北京：中华书局，2007年，第2810号。

② 徐中舒：《禹鼎的年代及其相关问题》，《考古学报》1959年第3期；张昌平：《噩国与噩国铜器》，《华夏考古》1995年第1期。

③ 王国维：《观堂集林》第四册，北京：中华书局，1959年，第1194-1195页。

④ （汉）许慎：《说文解字》，北京：中华书局，1963年，第289页。

⑤ 李学勤：《十三经注疏·尚书正义》，北京：北京大学出版社，1999年，第192-193页。

一成谓之伾。许慎、吕忱等并以为丘一成也。孔安国以为再成曰伾，亦或以为地名。非也。《尚书·禹贡》曰：过洛汭至大伾者也。郑康成曰：地肱也。沇出伾际矣。在河内修武、武德之界。济沇之水与荧播泽出入自此，然则大伾即是山矣。伾北即《经》所谓济水从北来注之者也。今沸水自温县入河，不于此也。所入者奉沟水耳，即济沇之故渎矣。成皋县之故城在伾上，萦带伾阜，绝岸峻周，高四十许丈，城张翕崄，崎而不平。”[①]《嘉庆重修一统志》卷186河南开封府“山川”：“大伾山，在汜水县西北一里，有大涧九曲，又名九曲山，上有成皋旧城，山之东尽于玉门山，为汜水入河处，西去洛口裁四十里。”[②]由此可见，成皋大伾山位于今河南省荥阳市西北的汜水镇西北。除此之外，在今河南省浚县城东也有大伾山。《括地志》黎州黎阳县：“大邳山今名黎阳东山，又名青壇山，在（卫）[黎]州黎阳县南七里。”[③]《嘉庆重修一统志》卷199河南卫辉府“山川”：“大伾山，在浚县东南二十里，山高四十丈，周五里，亦曰黎山，峰巘秀拔，若倚屏障。”[④]汉晋南北朝以今河南荥阳汜水镇西北成皋故城所在之山为大伾；唐以后以今河南浚县城东的黎阳东山为大伾，宋人所镌摩崖石刻“大伾伟观”四字，至今犹存[⑤]。郭沫若认为矿（坏）地应当是河南汜水县的大伾山[⑥]。周厉王南征的返回途中经过了矿（坏）地，鄂侯驭方在矿（坏）地觐见周厉王。矿（坏）地应在周厉王南征的返回路线上。河南省浚县的大伾山较为偏北，可能不在周厉王南征的返回路线上。河南省荥阳市汜水镇的大伾山则相对偏南，可能在周厉王南征的返回路线上。矿（坏）地应是汉晋大伾（今河南省荥阳市汜水镇西北的成皋故城所在之山），即在河南荥阳的成皋大伾山。所以，鄂侯驭方鼎铭文中的矿（坏）地应是今河南省荥阳市汜水镇西北的成皋大伾山。

如果假设鄂国一直在随州地区，则距离河南荥阳的成皋大伾山十分遥远，这样，可能就不符合鄂侯驭方鼎铭文中所载的鄂侯驭方在矿（坏）地觐见周厉

① （北魏）郦道元注，（清）杨守敬、熊会贞疏，段熙仲点校，陈桥驿复校：《水经注疏》，南京：江苏古籍出版社，1989年，第393-397页。

② 《嘉庆重修一统志》，北京：中华书局，1986年，第9142-9143页。

③ （唐）李泰等著、贺次君辑校：《括地志辑校》，北京：中华书局，1980年，第193页。

④ 《嘉庆重修一统志》，北京：中华书局，1986年，第9799页。

⑤ 辞海编辑委员会：《辞海·地理分册（历史地理）》，上海：上海辞书出版社，1982年，第14页。

⑥ 郭沫若：《两周金文辞大系》，北京：科学出版社，1957年，第107页。

王之事。所以，即鄂国一直在随州地区是不能成立的，西周中晚期鄂国地望应该发生了变化。

（二）西周中晚期鄂国可能迁到了西鄂

既然西周中晚期鄂国地望应该发生了变化，鄂国也许迁徙到了东鄂，也许迁徙到了西鄂。但是通过以下讨论，可以发现鄂国很可能是迁徙到了西鄂。

1. 东鄂的假设

此种假设即是在西周中晚期鄂国迁徙到了东鄂，东鄂即是今湖北鄂州一带。

此种假设确有一定道理，因为在湖北鄂州一带有鄂王城遗址、五里界城遗址和草王嘴遗址。鄂王城城址北距高河村2公里，东北距大冶金牛镇8公里，西距咸宁贺胜桥17.5公里，鄂王城东约80米为高河港，其流源于咸宁，自南而北经鄂王城东，流注梁子湖，从鄂城樊口注入长江，城址以东是一片开阔的平畈，西、南、北面为起伏不大的丘陵地。鄂王城土地富饶，素有粮仓之称，水陆交通便利。从鄂王城遗址的文化遗存可以推出其年代为东周时期，而且鄂王城城垣的时代跨度比较长，鄂王城遗址位于长江以南的古代水陆交通要冲，地势优越，城址有一定规模，城外有许多中小型的墓葬，表现出该城址的重要地位[①]。五里界城的时代为春秋，是迄今大冶境内发现的时代最早的一座城址；在鄂王城内和城垣断面采集的陶器时代为战国时期。虽然在草王嘴城垣断面采集有春秋时期的陶鬲、豆残片，但城内采集的遗物以西汉时期为大宗，因此，此城的时代应为西汉时期[②]。依据目前的考古发现还是无法证实鄂王城遗址、五里界城遗址或草王嘴遗址可能是属于鄂国遗址，因此，考古发现尚无法为之提供支持。

东鄂的假设不符合鄂侯驭方鼎和禹鼎的铭文。据鄂侯驭方鼎铭文所载，鄂侯驭方曾经在矿（坏）地觐见周厉王，矿（坏）地应是汉晋大伾（今河南荥阳汜水镇西北成皋故城所在之山），即在河南荥阳的成皋大伾山。而东鄂远在湖北鄂州，距离十分遥远，因此不合。据禹鼎的铭文“鄂侯驭方率南淮夷、东夷

① 大冶县博物馆：《鄂王城遗址调查简报》，《江汉考古》1983年第3期。

② 湖北省文物考古研究所：《大冶五里界——春秋城址与周围遗址考古报告》，北京：科学出版社，2006年，第236页。

广伐南国、东国，至于历内。”[①]“南淮夷”“东夷”当指居住在淮河流域和淮泗地区东夷集团的各个族邦，鄂侯率领他们反周而伐南国、东国[②]。鄂国如果在湖北鄂州，则距离“南淮夷”“东夷”较远，而且还有长江、桐柏山和大别山等山川阻隔，较难与淮河流域的“南淮夷”“东夷”联合行动。

在西周中晚期，鄂国地望应该发生了变化，但是，东鄂的假设是较难成立的，鄂国迁徙到东鄂的可能性较小。

2. 西鄂的假设

此假设即是在西周中晚期鄂国迁徙到了西鄂，西鄂位于河南南阳的西鄂县。

地理史籍对河南南阳的西鄂也有记载。《汉书·地理志》有南阳郡西鄂县，应劭注：“江夏有鄂，故加西云。”[③]此西鄂县又见于《续汉书·郡国志》《晋书·地理志》《魏书·地形志》《水经注·淯水篇》等文献。西鄂县唐宋时演变为向城县。《括地志》邓州向城县：“邓州向城县南二十里西鄂故城，是楚西鄂。”[④]《元和郡县志》卷21山南道邓州向城县：“西鄂故城，在县南二十里。张衡即此县人，故宅余址犹存。”[⑤]由此可见，河南南阳的西鄂县至少可以上溯到西汉时代。西鄂县故城遗址位于河南省南阳市以北的石桥镇西南，又称小洱城，城址为正方形，边长300米，城墙夯筑，北墙和西南墙基尚有0.5米高，发现有房基、古井以及大量砖瓦片，并采集有三棱形铜镞[⑥]。

西鄂的假设确实很符合禹鼎和鄂侯驭方鼎的铭文。据鄂侯驭方鼎铭文，鄂侯驭方在矿（坏）地觐见了周厉王。东鄂（位于今湖北鄂州）或“随鄂”（即“随州之鄂”，位于今随州安居），与矿（坏）地（即今河南省荥阳市汜水镇西北的成皋大伾山）的距离都较为远；然而，相比之下，河南南阳的西鄂则与矿（坏）地的距离较为近。据禹鼎铭文，鄂侯驭方发动叛乱时，联合了南淮夷和东夷。徐中舒的《禹鼎的年代及其相关问题》认为禹鼎铭文中的鄂地应是南阳的

① 中国社会科学院考古研究所：《殷周金文集成》（修订增补本），北京：中华书局，2007年，第2833号。
② 徐少华：《鄂国铜器及其历史地理综考》，《考古与文物》1994年第2期。
③ （汉）班固：《汉书》，北京：中华书局，1962年，第1565页。
④ （唐）李泰等著、贺次君辑校：《括地志辑校》，北京：中华书局，1980年，第194页。
⑤ （唐）李吉甫：《元和郡县志》，北京：中华书局，1983年，第534页。
⑥ 国家文物局：《中国文物地图集·河南分册》，北京：中国地图出版社，1991年，第531页。

西鄂[1]。西鄂地处南阳盆地，联络南淮夷和东夷也十分容易，也较符合禹鼎铭文。

除此以外，最新的考古发现也为西鄂的假设提供了有力的支持。最近，河南南阳新发现了西周晚期的鄂国贵族墓地。2012年4月在河南省南阳市区东北10公里的夏响铺发现了鄂国贵族墓地，夏响铺鄂国贵族墓地一期20座墓葬，在南阳市新区新店乡夏响铺村北500米南水北调干渠渠道内，位于白河东岸的一道南北向的高岗上，其中，M1、M5、M6、M16、M19、M20等墓葬出土青铜器上有“鄂侯”“鄂侯夫人”“鄂”的铭文，M5、M6在墓地范围内时代应为最早的，初步推断为西周晚期晚段[2]。西汉的西鄂县故城遗址位于河南省南阳市以北的石桥镇西南，白河西岸。夏响铺鄂国贵族墓地位于河南省南阳市以北的新店乡夏响铺村，白河东岸。西鄂县故城遗址位于夏响铺鄂国贵族墓地以北约9公里。西汉的西鄂县设立于此处，可能与此处曾经为鄂国故地有关。所以，根据在夏响铺新发现的西周晚期的鄂国贵族墓地，考虑到西汉的西鄂县故城遗址，可以证明西周中晚期的鄂国地望应该是在河南南阳的西鄂。在西周中晚期，鄂国的具体地望可能大约在今河南省南阳市以北的白河两岸，南至新店乡夏响铺村、北至石桥镇一带。但是，这还是有待于今后进一步的研究和探索。

结语

通过研究与考证西周时期鄂国地望，笔者对鄂国地望的变迁过程有了一定的认识与了解，并且整理出了鄂国地望的变化过程。

依据鄂侯弟曆（历）季诸器和随州安居2007年新出青铜器，推论出西周早期鄂国地望在湖北随州安居一带，此即是“随鄂”（即“随州之鄂”）。安居遗址可能是西周早期的鄂国都城。

通过2007年随州安居镇羊子山M4的新出青铜器和2011年随州淅河镇叶家山曾国墓地的考古发现，结合中甗和静方鼎的铭文，证明了在西周早期鄂国

---

① 徐中舒：《禹鼎的年代及其相关问题》，《考古学报》1959年第3期。

② 河南省南阳市文物考古研究所：《南水北调中线工程南阳夏响铺鄂国贵族墓地发掘成果》，《中国文物报》2013年1月4日第8版。

和曾国可能都并存于随州，鄂国在随州安居镇一带，曾国在随州浙河镇一带。在西周早期，鄂国和曾国都是周王朝控制南方的重要军事据点。中甗铭文的“中先省南国贯行”的线路可能是大臣“中”奉周昭王的命令，从曾地（大致位于随州市浙河镇）出发，途经了方（即为河南南阳盆地东侧一带的一些山地丘陵）、邓（古邓国，湖北省襄阳市的邓城遗址一带）、洀（大致位于湖北省襄阳市以北，河南省邓州市的东南、新野县的西南），最后在鄂地（大致位于随州市安居镇）停留，遇到了伯买父。在昭王南征时，鄂国和曾国可能是周昭王南征的重要同盟国。鄂地、曾地还都曾经屯驻着周王朝的军队，这些军队可能还有屯田的作用。鄂国是周王朝的重要封国，具有保护运铜通道的重要功能。

据鄂侯驭方鼎和禹鼎铭文，西周中晚期的鄂国可能在河南南阳的西鄂，具体地望大约在今河南省南阳市以北的白河两岸，南至新店乡夏响铺村、北至石桥镇一带（见图三）。在南阳市以北，可能还有一些与鄂国相关的遗址和墓地，这就尚待今后进一步的考古发现与研究。

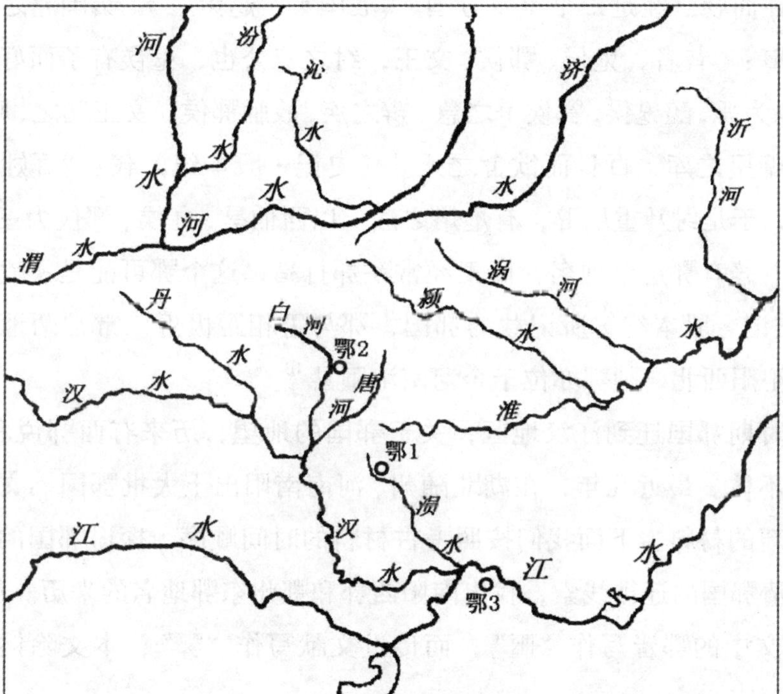

图三　鄂国地望示意图

（说明：鄂1为湖北随州之鄂，鄂2为河南南阳之鄂，鄂3为湖北鄂州之鄂。）

（原载《楚学论丛》第三辑，湖北人民出版社，2014 年）

从考古新材料看鄂国的历史变迁

黄尚明

鄂国在商朝已经是一个重要方国。《战国策·赵策三》“秦围赵之邯郸”章载鲁仲连曰：“昔者，鬼侯、鄂侯、文王，纣之三公也，鬼侯有子而好，故入之于纣，纣以为恶，醢鬼侯，鄂侯争之急、辨之疾，故脯鄂侯。文王闻之，喟然而叹，故拘之于牖里之库，百日而欲舍之死。”《史记·殷本纪》载：“百姓怨望而百姓有畔者，于是纣乃重刑辟，有炮烙之法。以西伯昌、九侯、鄂侯为三公。”

殷墟卜辞有鄂这个地名，商王经常在鄂打猎，这个鄂可能是《战国策·赵策三》《史记·殷本纪》所记载的鄂国，鄂与盂相距极近，常常两地并举，盂在今河南沁阳西北，则鄂亦位于今河南沁阳县[①]。

西周时期鄂国迁到江汉地区，关于鄂国的地望，历来有西鄂说和东鄂说，双方争论不休。最近几年，在湖北随州、河南南阳出土大批鄂国铭文铜器，提供了许多新的材料。下面我们按照考古材料的时间顺序，探讨鄂国的历史变迁问题，理清鄂国的迁徙线索，找出南阳西鄂和鄂州东鄂地名的来历。殷墟卜辞、青铜器铭文中的鄂皆写作“噩”，而传世文献写作“鄂”，本文除铭文外，统一用“鄂”字。

① 李学勤：《殷代地理简论》，载《李学勤早期文集》，石家庄：河北教育出版社，2008 年，第 172-174 页。

一、西周晚期以前的随州之鄂

关于鄂国的地望，多数学者持西鄂说。在二十世纪五十年代，徐中舒先生在研究禹鼎铭文时，认为西周鄂国的地望位于南阳盆地内的西鄂故城[①]。唐兰[②]、马承源、张剑先生都认为西周时期鄂国在今河南南阳西鄂，这可以称为西鄂说[③]。杨宝成[④]、徐少华[⑤]、张昌平[⑥]等先生亦主张西鄂说。陈佩芬先生认为鄂侯之鄂，当指江汉之鄂，在湖北武昌县[⑦]，即今湖北鄂州，此说可称为东鄂说，持此说者还有刘翔[⑧]、曹淑琴先生[⑨]。

虽然传世文献从没记载随州曾有一个鄂国，但随着鄂国考古资料在随州安居的不断出土，不得不使我们得出一个新的认识，随州安居的确曾是西周鄂国的政治中心所在。

1975年，在随州安居羊子山农田建设中，发现青铜器4件，其中鼎、簋、爵、尊各1件。羊子山位于涢水北岸，西距安居镇1公里，东距随州市20公里。簋和尊同出一处，簋为敛口，口沿外卷，腹下部微鼓，两兽首耳，其下有珥，底近平，圈足较高。腹部饰宽大线条半浮雕饕餮纹，圈足饰夔纹一周。尊为广口，口沿外侈，长颈，腹下部微鼓，底微突，圈足，腹部一侧有一兽首鋬，器内底部有铭文两行八字："噩（鄂）侯弟曆季乍（作）旅彝"。簋、尊的时代属西周早期[⑩]。简报作者认为安居属于鄂国的疆域范围。

---

① 徐中舒：《禹鼎的年代及其相关问题》，《考古学报》1959年第3期。

② 唐兰：《西周青铜器铭文分代史徵》，北京：中华书局，1986年，第287页。

③ 马承源：《记上海博物馆新收集的青铜器》，《文物》1964年第7期；张剑：《洛阳博物馆馆藏的几件青铜器》，载《文物资料丛刊》第3辑，北京：文物出版社，1980年。

④ 杨宝成：《鄂器与鄂国》，载《洛阳考古四十年——一九九二年洛阳考古学术研讨会论文集》，北京：科学出版社，1996年。

⑤ 徐少华：《鄂国铜器及其历史地理综考》，《考古与文物》1994年第2期。

⑥ 张昌平：《噩国与噩国青铜器》，《华夏考古》1995年第1期。

⑦ 陈佩芬：《上海博物馆新收集的西周青铜器》，《文物》1981年第9期。

⑧ 刘翔：《周夷王经营南淮夷及其与鄂之关系》，《江汉考古》1983年第3期。

⑨ 曹淑琴：《噩器初探》，《江汉考古》1993年第2期。

⑩ 随州市博物馆：《湖北随县发现商周青铜器》，《考古》1984年第6期。

1980年，随州市博物馆在羊子山发掘一座墓葬，出土青铜器鼎、簋、爵、尊、觯、卣、戈、兽面、铜泡等共18件，时代为西周早期[①]。

2007年11月，因犯罪分子盗掘古墓未遂，经抢救性清理，羊子山4号墓出土了27件青铜器，器类有鼎、簋、甗、罍、盉、盘、卣、尊、斝、觯、爵、方罍（原称方彝）等。墓葬的时代为西周早期。鄂侯提梁卣（盖内）、鄂侯罍（盖内）、鄂侯盘（盘底）有铭文2行5字："噩侯乍旅彝"。鄂侯方罍盖内有铭文1行7字："噩侯乍厥宝尊彝"。鄂中方盖鼎盖内有铭文2行6字："噩中乍宝尊彝"。从这些铜器铭文判断，4号墓墓主人应该是鄂侯[②]。

三批材料表明羊子山墓地是西周早期的鄂侯家族墓地，西周早期的鄂国政治中心就在随州安居。李学勤、罗运环先生认为西周鄂国中心应在汉东随州一带[③]。傅玥、高旭旌持相同的观点[④]。

传世铜器中甗和静方鼎铭文将曾、鄂并提，也表明曾、鄂为邻国。北宋政和戊戌年（公元1118年）在安陆之孝感县出土的中甗属周昭王时器，铭文记载周昭王命令中到南国视察，为周昭王南巡设立行宫，在曾国时，史儿来传达周昭王的命令，叫中出使小大各国，并赏赐中土地。中到方、邓、潓等国巡视，并"在噩（鄂）𠂤（师）𠂕（次）"[⑤]。

日本出光美术馆所藏的静方鼎属周昭王时器，铭文所记事件与中甗相同，十月甲子周昭王在宗周命令师中和静一起到南国视察，为周昭王南巡设立行宫。第二年八月初吉庚申静回到成周汇报工作。周昭王赏赐静，并"卑（俾）女（汝）□嗣（司）在𠫑（曾）、噩（鄂）𠂤（师）"，也就是命令静管理在曾、鄂的军队[⑥]。

---

① 随州市博物馆：《湖北随县安居出土青铜器》，《文物》1982年第12期。

② 随州市博物馆：《随州出土文物精粹》，北京：文物出版社，2009年。

③ 李学勤：《由新见青铜器看西周早期的鄂、曾、楚》，《文物》2010年第1期；罗运环：《安居新出鄂侯诸器与楚熊渠所伐之鄂》，载罗运环：《出土文献与楚史研究》，北京：商务印书馆，2011年，第107-112页。

④ 傅玥、高旭旌：《从羊子山M4青铜器群看西周鄂国的地望》，载楚文化研究会：《楚文化研究论集》第九集，上海：上海古籍出版社，2011年，第360-368页。

⑤（宋）薛尚功：《历代钟鼎彝器款识法帖》卷16，北京：中华书局，1986年。

⑥ 徐天进：《日本出光美术馆收藏的静方鼎》，《文物》1998年第5期；张懋镕：《静方鼎小考》，《文物》1998年第5期。

中甗和静方鼎提到的曾国现在已经找到了。2011年2—6月，湖北省文物考古研究所在湖北随州叶家山墓地共勘探出墓葬共80座，墓地位于随州市浙河镇蒋家寨村八组。发掘的63座和1座马坑，墓葬皆为东西向。在所发掘的M2、M3、M26、M27、M65五座墓出土的铜器中，都发现有“曾”“侯”“曾侯”“曾侯谏”的铭文，其国属应为曾。M65墓主人可能为曾侯谏，M2墓主人似为曾侯谏夫人媿氏，M27可能为曾侯谏之子白生或其夫人墓①。2013年又进行了第二次发掘，其中M111也是一座曾侯墓。随州叶家山墓地应是西周早期曾侯家族墓地，这次重大发现首次证实西周早期就有了曾国，曾国首都可能就在叶家山墓地南约1公里的庙台子遗址，这个遗址面积约30万平方米，经初步勘探，发现了环壕遗迹和城墙遗迹。

在今随州市区东西两侧的安居、庙台子，分别是曾和鄂两个国家的政治中心，距离相当之近。在中甗和静方鼎中同时提到曾、鄂两国，并且静同时管理曾、鄂两国的军队，便好理解了。

下面我们再介绍几件鄂国的传世铜器。

2008年澳门出现一件铜鼎形制、纹饰、尺寸与羊子山4号墓出土的鼎（《随州出土文物精粹》图73）几乎雷同，且有铭文“鄂侯作宝尊彝”，可能同羊子山墓地有关②。

上海市博物馆收藏了四件鄂国器物。第一件为鄂叔簋，器身为盆形，圈足，带方座，方座内带铃，四耳作兽首形，有珥。腹部饰圆涡纹、夔纹，圈足饰饕餮纹，方座饰鸟纹。铭文为“噩叔乍宝尊彝”。该器时代为西周早期③。

第二件为鄂季奞父簋，有铭文2行8字：“噩季奞父乍宝尊彝”。徐少华先生将该器时代定为西周康王、昭王时期④。

---

① 湖北省文物考古研究所、随州市博物馆：《湖北随州叶家山M65发掘简报》，《江汉考古》2011年第3期；湖北省文物考古研究所、随州市博物馆：《湖北随州叶家山西周墓地发掘简报》，《文物》2011年第11期；湖北省文物考古研究所、随州市博物馆：《湖北随州市叶家山西周墓地》，《考古》2012年第7期。

② 李学勤：《由新见青铜器看西周早期的鄂、曾、楚》，《文物》2010年第1期。

③ 上海市文物保管委员会：《近年来上海市从废铜中抢救出的重要文物》，《文物》1959年第10期。

④ 徐少华：《鄂国铜器及其历史地理综考》，《考古与文物》1994年第2期。

第三件鄂侯弟㬱季觶（简报称为卣）为侈口、束颈、垂腹、圈足、有盖，盖顶有喇叭形捞手，器颈有两个对称的半环耳，腹置一兽首形盖，器、盖同铭 2 行 8 字："噩（鄂）侯弟㬱季乍（作）旅彝"。与羊子山出土的尊的铭文相同[①]。该器时代为西周早期。

第四件为鄂侯驭方鼎，此器曾著录于《三代吉金文存》[②]和《两周金文辞大系图录考释》[③]，后为上海博物馆收藏[④]。高 35.3 厘米，口径 31.3 厘米，鼎为平折沿，立耳，深腹，柱足。口沿下饰一周回顾龙纹，三足上部饰兽面纹。器内壁铸铭文 11 行 86 字，记载周王征伐淮夷之角、鄱，回师后在坯地，鄂侯驭方献醴于王，并陪周王饮宴，行射礼，周王赏赐鄂侯驭方玉五珏、马四匹、矢五束，鄂侯驭方为弘扬天子休命，作此宝鼎。徐中舒先生[⑤]和简报作者陈佩芬先生将此器时代定为周厉王时期。郭沫若先生认为该器为周夷王时期[⑥]。唐兰先生将此器时代定为穆王时期[⑦]。笔者从徐说。

洛阳市博物馆收藏一件鄂侯弟㬱季青铜簋，敛口，子母口，腹微鼓，圈足，腹部有两个对称的半环耳，失盖。腹部饰精细雷纹一周。内底有铭文 2 行 8 字："噩侯弟㬱季自乍毁"。尊、卣、簋均为鄂侯弟㬱季所做之器。简报作者将该器时代定为西周前期[⑧]。

鄂侯簋，传世品，共三件，两器一盖，现藏台北故宫博物院[⑨]。簋为子母口、圈足、鼓腹、口沿下及圈足饰重环纹，腹饰瓦纹，两兽耳，有珥。器内底有铭文 2 行 17 字："噩侯乍王姞媵簋，王姞其万年子子孙永宝。"此器铭文说明鄂为姞姓，姞姓为黄帝之后，《国语·晋语》载："凡黄帝之子，二十五宗，其得姓者十四人为十二姓。姬、酉、祁、己、滕、箴、任、荀、僖、姞、儇、依是也。"鄂侯

---

① 马承源：《记上海博物馆新收集的青铜器》，《文物》1964 年第 7 期。

② 罗振玉：《三代吉金文存》4.32.1，北京：中华书局，2005 年。

③ 郭沫若：《两周金文辞大系图录考释》，图 90，考 107，上海：上海书店出版社，1999 年。

④ 陈佩芬：《上海博物馆新收集的西周青铜器》，《文物》1981 年第 9 期。

⑤ 徐中舒：《禹鼎的年代及其相关问题》，《考古学报》1959 年第 3 期。

⑥ 郭沫若：《两周金文辞大系图录考释》，图 90，考 107，上海：上海书店出版社，1999 年。

⑦ 唐兰：《西周青铜器铭文分代史徵·附件一：穆王时器》，北京：中华书局，1986 年。

⑧ 张剑：《洛阳博物馆馆藏的几件青铜器》，载《文物资料丛刊》第 3 辑，北京：文物出版社，1980 年。

⑨ 罗振玉：《三代吉金文存》7.45.3~5，北京：中华书局，2005 年；中国社会科学院考古研究所：《殷周金文集成》第七册，簋 3928~3930，北京：中华书局，1987 年。

嫁女于周天子，说明此时鄂与周关系还很密切。郭沫若先生定为周夷王时器[①]。唐兰先生定为穆王时器[②]。这个鄂侯与周天子关系很好，很可能是噩侯驭方，若此推测不误，则鄂侯簋就是厉王时器。

禹鼎铭文记载了随州之鄂被灭的时间。由于鄂侯驭方率领南淮夷、东夷侵略周的南国、东国，到达历寒这个地方，周王派武公率西六师、殷八师及武公的亲军讨伐鄂国，“无遗寿幼”，就是无论老幼，要全部歼灭，最后俘获了鄂侯驭方。作器者禹是带领武公亲军的部将。徐中舒先生利用青铜器铭文、传世文献所见的相互关联人物之间的共时关系，确定禹为厉王时人[③]。鄂侯驭方也应是厉王时期鄂国的国君。鄂侯驭方在位时，一度曾与周关系比较密切，鄂侯驭方鼎、鄂侯簋可以为证，但后来鄂侯驭方率师侵略周的南国、东国，被周厉王灭掉。

以上传世鄂器当是随州之鄂所造的青铜器。这些铜器铭文中所提到的鄂国既不在西鄂，也不在东鄂，而是在随州安居。

二、西周晚期到春秋早期的南阳之鄂

南阳之鄂就是所谓的西鄂。《汉书·地理志》南阳郡下有西鄂县，颜师古注引应劭曰：“江夏有鄂，故加西云。”《水经·淯水注》对西鄂故城记载得相当准确，经：“淯水出弘农卢氏县攻离山，东南过南阳西鄂县西北，又东过宛县南。”注：“淯水又东南迳西鄂故城东…… 又迳西鄂县南，水北有张平子墓。”淯水就是现在的白河。前引《史记·楚世家》张守节《正义》引《括地志》云：“邓州向城县南二十里西鄂故城是楚西鄂。”唐代的向城县在今南阳市东北淯水转弯处，为邓州属县，邓州的州治在今河南邓州。西鄂故城位于白河转弯处向南二十余里的地方，位置应在今南阳市东北白河西岸。

从目前出土的考古新资料来看，南阳西鄂的得名确与鄂国有关。2012 年南阳市文物考古研究所在南阳市新区新店乡夏响铺村北 500 米发现鄂侯家族墓地，墓地位于河南省南阳市区东北 10 公里、新店乡政府北 3 公里、白河东岸的一道

---

① 郭沫若：《两周金文辞大系图录考释》，图 90 附图，考 107，上海：上海书店出版社，1999 年。
② 唐兰：《西周青铜器铭文分代史徵·附件一：穆王时器》，北京：中华书局，1986 年。
③ 徐中舒：《禹鼎的年代及其相关问题》，《考古学报》1959 年第 3 期。

南北向的高岗上，西距白河 1.5 公里。共勘探出墓葬 30 余座，第一期共清理古墓葬 20 座，出土一大批青铜器、陶器、玉器、漆木器等珍贵文物。

M1 被盗掘严重。M1 为一竖穴土坑墓，有大型木质棺椁，劫余之物有铜鼎 9 件，其中有 7 件列鼎，6 件上有“鄂侯夫人”铭文；仅发现 2 件铜簋盖，上铸有“鄂侯夫人”铭文；发现 3 件铜鬲，口沿上有“鄂侯夫人”铭文；铜方壶盖 2 件，上有“养伯”铭文。M1 墓主人应为鄂侯夫人。

还有三组夫妻并穴合葬墓。M5 和 M6 并列，M6 在 M5 东边。二墓相距 1.5 米左右。M6 为一大型竖穴木椁墓。随葬器物有铜器、玉器、漆器、木器等。青铜器有鼎 1 件、尊 1 件、方彝 1 件、簋 1 件、簋盖 1 件、熏炉盖 1 件、觯 1 件、鹤首 1 件，铜编钟一套 6 件，上有“鄂侯”铭文。

M5 为中型竖穴土坑墓，一棺一椁，出土有铜鼎 2 件、鬲 2 件、簠 2 件、簋 2 件、盘 1 件、盉 1 件；玉器有戈、璜、串饰等。其中铜簠、鬲上均有“鄂姜”铭文。M6 墓主人应为鄂侯。M5 墓主人为鄂侯夫人，姜姓，是申或吕国女子。

M19 和 M20 并列，在 M5 西边，两座相距 2 米，均为竖穴土坑墓，一棺一椁。M19 出土有铜鼎、簋、盘匜、壶、铃、銮铃、车马器等；玉器有珠等。其中簋、匜上均有“鄂侯”铭文。M20 出土有铜鼎、簋、盘、簠 1 件、盉 1 件；玉器有玉璜、戈、条形玉饰、鱼、珠等。其中簠上有“鄂姜”铭文。M19 墓主人应为鄂侯。M20 墓主人为鄂侯夫人，姜姓，也是申或吕国女子。

M16 和 M7 为竖穴土坑墓，一棺一椁，有二层台。M16 出土有铜鼎、簋、鬲、壶、盘匜，紧靠棺西侧有 4 件铜翣；玉器有片饰、珠等，其中盘上有铭文。M7 历史上被盗掘，出土铜器有矛、锛、箭镞、鱼、扣饰、车軎、车辖等；玉器有戈、玦、束绢形佩等。

发掘者认为夏响铺鄂侯家族墓地可确定埋有四代鄂侯及夫人。M5、M6 在墓地范围内时代最早，初步推断为西周晚期晚段。发掘者认为从夏响铺鄂国贵族墓地的发现与发掘看，西周晚期到春秋早期鄂国仍然存在于南阳，应是周王朝灭鄂国后，把鄂国王族置于周王朝统治范围内①。

我们认为南阳之鄂时代上与随州之鄂紧相衔接。公元前 841 年，发生了国人暴动，周厉王仓皇出逃，于公元前 828 年死于彘（今山西霍县）。周王朝对

① 崔本信、王伟：《河南南阳夏响铺鄂国贵族墓地》，《中国文物报》2013 年 2 月 27 日。

南方的控制可能有所放松，于是鄂国王室迁到了西鄂这个地方，并与申、吕保持通婚关系，据推测，可能到春秋早期楚文王灭申设县以后，鄂国就被楚彻底消灭了。夏响铺鄂侯家族墓地位于白河东岸，新店乡政府北 3 公里，西距白河 1.5 公里，而西鄂在白河西边，西鄂故城应距此墓地不远。由于鄂国的历史影响犹存，汉代在南阳郡下设置西鄂县。

三、鄂州之鄂

鄂州之鄂就是东鄂，文献上早有记载。《汉书·地理志》江夏郡下设鄂县。《水经·江水注》也记载了鄂县故城。经："江之右岸，有鄂县故城。"注："旧樊楚也，《世本》称熊渠封其中子之名某者为鄂王，《晋太康地记》以为东鄂矣。《九州记》曰：'鄂，今武昌也，孙权以魏黄初元年中自公安徙此，改曰武昌县。鄂县徙治于袁山东，又以其年立为江夏郡，分建业之民千家以益之。'"说明鄂州之鄂来历也很早，鄂故城曾有迁徙。

鄂州之鄂的得名最早可能与熊渠有关。《史记·楚世家》载："熊渠生子三人。当周夷王之时，王室微，诸侯或不朝，相伐。熊渠甚得江汉间民和，乃兴兵伐庸、杨粤，至于鄂。熊渠曰：'我蛮夷也，不与中国之号谥。'乃立其长子为句亶王，中子红为鄂王，少子执疵为越章王，皆在江上楚蛮之地。及周厉王之时，暴虐，熊渠畏其伐楚，亦去其王。"在"至于鄂"处，张守节《正义》引刘伯庄云："地名，在楚之西，后徙楚，今东鄂州是也。"又引《括地志》云："邓州向城县南二十里西鄂故城是楚西鄂。"刘伯庄是贞观时期的学者，曾著《史记音义》二十卷。《括地志》为唐太宗子魏王李泰主编，贞观十六年（642 年）成书。关于楚所伐鄂之地望，张守节不能确定是东鄂，还是西鄂，于是征引唐初学者的观点，两说并存。在"中子红为鄂王"处，裴骃《集解》引《九州记》曰："鄂，今武昌。"张守节《正义》引《括地志》云："武昌县，鄂王旧都。今鄂王神即熊渠子之神也。"裴骃认为鄂王封地在今鄂州，张守节在这个注释里又引《括地志》，与裴骃持相同观点。

熊渠伐鄂的时间在周夷王之时，随州之鄂被灭亡的时间在周厉王之时，那么楚国所伐之鄂肯定是随州之鄂，东鄂说和西鄂说都不正确。罗运环、晏昌贵、郭涛先生也认为熊渠所伐的鄂在今湖北随州[①]。中子红的鄂王封地开始也当在随州之鄂附近。

由于周厉王暴虐，熊渠害怕周厉王伐楚，也有所收敛，去掉王号。周厉王灭鄂后，鄂国故地被曾（随）国占领，使曾国成为汉东第一大国。可能熊渠所封的鄂王由于受曾国的威胁，也不敢在随州附近立足了，于是向东拓展，将鄂王治所迁至今湖北鄂州，到春秋战国时期这里继续成为鄂君的封地。

《说苑·善说》提到的鄂君子皙是文献中记载的一位鄂君。“鄂君子皙亲楚王母弟也，官为令尹，爵为执圭”。此人即《左传》昭公元年记载的公子黑肱，也就是宫厩尹子皙，是楚康王、楚灵王的同母弟。楚灵王末年，曾被公子弃疾利用，立为令尹，后自杀。

从安徽寿县发现的舟节和车节可知，战国中期有一个鄂君启，可能鄂君启就是鄂君子皙的后代。我们可以根据舟节和车节的运输路线推测鄂君封地的地望。1957年安徽寿县城东二里的丘家花园发现鄂君启金节4件，是楚怀王六年（公元前323年）下令为鄂君启铸造的免税凭证，用青铜制成，上有错金铭文，其中有舟节3，车节1[②]。1960年又发现一枚舟节。车节2件铭文相同，每节150字。舟节3件铭文相同，每节164字。殷涤非、罗长铭、郭沫若[③]先生做了释文和考释。谭其骧、黄盛璋先生对地名做了系统研究[④]。

舟节所记的运输路线为：“自鄂市，逾沽（湖），让（上）灘（汉），就厝（郧），就芑阳。逾灘（汉），就邽（黄），逾夏，内（入）邔。逾江，就彭𨙸，就松阳，内（入）泸江，就爰陵。让（上）江，内（入）湘，就𨚕，就𨛬阳，内（入）灖（耒），就郙（郴）；内（入）𣿀（资）、沅、澧、𣸣（油）。让（上）江，就木闗（关），就郢。”

---

① 罗运环：《安居新出鄂侯诸器与楚熊渠所伐之鄂》，载罗运环：《出土文献与楚史研究》，北京：商务印书馆，2011年，第107-112页；晏昌贵、郭涛：《〈鄂君启节〉铭文地理研究二题》，《华北水利水电学院学报（社会科学版）》2012年第5期。

② 殷涤非、罗长铭：《寿县出土的鄂君启金节》，《文物参考资料》1958年第4期；又见《安徽日报》1961年2月23日。

③ 郭沫若：《关于鄂君启节的研究》，《文物参考资料》1958年第4期。

④ 谭其骧：《鄂君启节铭文释地》，载《中华文史论丛》第二辑，北京：中华书局，1962年；黄盛璋：《关于鄂君启节交通路线的复原问题》，载《中华文史论丛》第五辑，北京：中华书局，1964年。

“逾”意为顺流而下,还有越过的意思。“上”为溯流而上。“就”为到达之意。“内（入）”为进入支流。

舟节所记航线共四条：西北航线自鄂出发，经过湖泊，溯汉江而上，到达襄阳入白河,进入南阳境内；东路航线自鄂出发,顺江而下,到彭𨛭、松阳、泸江、爰陵；西南航线从鄂出发，溯江而上，进入湘、资、沅、澧、油各水，一直到达南岭；西路航线从鄂出发，溯江而上，经过木关，到达郢都，此时郢都为今荆州纪南城。

车节所记载的运输路线为：“自鄂市，就阳丘，就方城，就象禾，就畐焚，就𨻻（繁）阳，就高丘，就下蔡，就居鄛（巢），就郢。”

车节所记运输路线从鄂出发，经阳丘、方城、象禾、畐焚、繁阳、高丘、下蔡、居巢，最后到达郢都，涉及湖北、河南、安徽三省地名。谭其骧先生认为从鄂出发，先走水路的西北航线，然后舍舟乘车，取道夏路，东抵阳丘。再走陆路到居巢，由居巢到郢。殷涤非、罗长铭、谭其骧先生认为这个郢是寿春，于是对下蔡、居巢地望做了新解，将下蔡置于阜阳西境，居巢定在淮河以北。黄盛璋先生认为此郢仍是江陵城北之郢，绝不是寿春之郢。因为舟节与车节为同时所铸，郢同为舟车两路之终点，不能分为两地。《史记 · 楚世家》载：考烈王“二十二年(公元前241年),与诸侯共伐秦,不利而去。楚东徙都寿春,命曰郢。”公元前241年，楚考烈王才徙都寿春，在此之前寿春并不称郢。公元前323年，楚国郢都还在荆州纪南城，同一时间楚国并无两国都。下蔡应在今安徽风台县，居巢在今安徽巢县。到居巢以后,又走水路,溯江而上,到达郢（荆州纪南城）[①]。

舟节和车节中所提到的鄂，郭沫若先生认为即今之武昌。谭其骧先生认为“鄂是现今湖北的鄂城县，不是今之武昌。古鄂城汉置鄂县，至孙权改曰武昌，1913年改名寿昌，次年又改鄂城。”

日本学者船越昭生先生认为鄂指汉西鄂县,在今河南南阳地区[②]。陈伟先生认为鄂是西鄂,在今南阳市东北西鄂故城,将“逾沽”的“沽”释为“油”,“油”与“淯”相通，淯为今天的白河，是西鄂说的一个重要证据[③]。

---

① 黄盛璋：《关于鄂君启节交通路线的复原问题》，载《中华文史论丛》第五辑，北京：中华书局，1964年。

②［日］船越昭生：《关于鄂君启节》，［日］《东方学报》1972年第43册，第73、74页。

③ 陈伟：《〈鄂君启节〉之“鄂”地探讨》，《江汉考古》1986年第2期。

我们认为从舟节水路来看，鄂作为出发点，向东为“逾江”，即顺江东下到今江西、安徽；向西为让（上）灘（汉）、让（上）江，即溯汉江、长江而上分别到达今襄阳、南阳、湖南、荆州。这个鄂的地望定在今鄂州应该最合情理。

从车节陆路运输路线来看，从鄂出发，然后到达阳丘、方城，阳丘在汉堵阳县，故治在今河南方城县东六里。方城约在今方城县东北方城、叶县交界的保安镇。如果说鄂在南阳西鄂，从鄂出发东北可直达阳丘、方城，地点依次相连，似乎比较合理。如果鄂在鄂州，到达阳丘、方城，中间尚有长距离的间隔。但是舟节、车节为同时铸造，鄂君封地不应有二，我们认为鄂君封地就在今湖北鄂州。至于车节为什么没有详细列出从鄂到阳丘所经过的地点，正如谭其骧先生所说，因为从鄂出发到南阳一带要先行水路，水路所经地点在舟节西北线中已经说明，在车节中就省略不提了。

除了鄂君子皙、鄂君启外，包山楚简里第 76、164、193 号简也记载了一个鄂君，包山二号墓墓主人下葬于公元前 316 年[①]。包山楚墓下葬时间与鄂君启节铸造时间仅相距 7 年，所记之事是墓主人生前处理的有关案件，这个鄂君也有可能就是鄂君启，或者是鄂君启的儿子。

鄂君治所很可能就是原属鄂州现为大冶所辖的鄂王故城遗址。该城址位于大冶市西南 58 公里的西畈公社李阁大队胡彦贵村的岗陵上，原属鄂城县马迹乡。城北部为梁子湖。城址平面为不规则四边形，东西城墙保存较好，北城墙和南城墙因修水库部分被挖掉，城墙东西长约 500 米，南北宽约 400 米，面积约 112 500 平方米。考古工作者在城内外采集了许多标本，陶质类器物有鬲、豆、盆、盂、筒瓦、板瓦、瓦当，时代属东周时期。铜质器物有铜戈两件，铜簇一件，其中一件戈援上昂，中脊突起，长胡带刃，阑侧三穿，直内一穿，直内两面均饰错金鸟纹。另一件戈援稍昂，长胡二穿，阑侧有一圆銎，直内上刻有“陈往”二字。时代均属战国中期。还发现金币一块，上有“陈爰”二字。各种标本证实，鄂王城遗址至少是一处东周时期的重要遗址[②]。

鄂君地位很重要，其封地正是铜矿富集地带，铜矿是当时最重要的战略物资。鄂君可能替楚王掌控着铜矿的开采冶炼大权，那么鄂君就是与楚国工商业

① 湖北省荆沙铁路考古队：《包山楚墓》，北京：文物出版社，1991 年，第 353、361、364 页。
② 大冶县博物馆：《鄂王城遗址调查简报》，《江汉考古》1983 年第 3 期。

具有密切联系的封君了，楚怀王下令给鄂君启铸造免税金节，正是鄂君启在工商业方面地位很高的表现。

正是因为楚国所封鄂国、鄂君在今湖北鄂州一带，长达数百年，于是到西汉时期在江夏郡下设鄂县。

总之，我们认为商代的鄂是商朝的一个重要方国，位于今河南沁阳。西周早期到周厉王时的鄂国在今随州安居，随州之鄂被周厉王消灭。到西周晚期鄂国王室迁到今河南南阳东北的西鄂故城一带，春秋早期可能被楚灭掉。楚所伐之鄂为随州之鄂，熊渠所封鄂王一开始也可能在随州一带，后因周厉王暴虐和曾国崛起，楚鄂王治所迁到今湖北鄂州，这里一直是楚鄂国、鄂君的封地。鄂君子皙、鄂君启、包山楚简里的鄂君都是鄂州这个地方的封君。

（原载《华中师范大学学报（人文社会科学版）》2015 年第 1 期，本文收录此书时，作者略有修改）

试论古噩国及“鄂”文化的相关问题

——兼论鄂国与商周王朝、楚国、曾国的历史渊源

丁堂华　秦昌林　方　文

关于古噩国及“鄂”文化的相关问题，文史界与考古界的一些前辈、同仁曾从历史文献记载和征集、出土的部分鄂国青铜器及青铜器铭文等资料中进行过一些有益的探讨与研究，取得了阶段性的研究成果①。这些成果对进一步综合完整地分析、深层次地解剖古噩国及“鄂”文化的形成、演变与发展等相关问题起到了抛砖引玉的作用。但是，由于历史文献对古噩国历史只有零星的只言片语的记载，加之中华人民共和国成立以后数十年考古发掘、研究工作没有涉及鄂国历史文化遗存、墓葬等，使古“噩”国及“鄂”文化的“脉络”问题等成了“千古之谜”。

1975年，湖北随州安居羊子山发现青铜器鼎、簋、爵、单鋬尊共四件②，时代为西周早期，其中单鋬尊为鄂侯之器。2007年11月，经抢救性清理，安居羊

① 参看郭沫若：《两周金文辞大系图录考释》，北京：科学出版社，1957年；唐兰：《西周青铜器铭文分代史徵》，北京：中华书局，1986年；容庚：《商周彝器通考》，上海：上海人民出版社，2008年；曹淑琴：《噩器初探》，《江汉考古》1993年第2期；何光岳：《扬子鳄的分布与鄂国的迁移》，《江汉考古》1986年第3期；以及《博古图录》《殷周金文集成》《商周金文录遗》《殷墟书契前编·后编》《殷墟文字乙编》等著作。

② 随州市博物馆：《湖北随县发现商周青铜器》，《考古》1984年第6期。

子山又出土了一批弥足珍贵的青铜器，器类有方鼎、圆鼎、簋、甗、罍、盉、盘、提梁卣、尊、斝、觯、爵、方彝等共27件[①]，多有铭文，属于鄂国青铜器，根据墓葬形制及器物时代特征分析，应属于西周早期的古墓葬，编号为M4。这批青铜器的出土为研究古噩国的历史及鄂国与曾国的关系提供了重要的实物资料。2011年，湖北省文物考古研究所与随州市博物馆联合组建“随州叶家山墓地考古队”。2011年2月至6月，田野发掘的第一期工作结束；2013年3月至7月第二期发掘工作完成，在此期间对叶家山墓地的范围进行了全面的勘探，共揭露、发掘面积8700平方米。两期先后合计发掘墓葬140座、马坑8座，共出土青铜、陶、原始瓷、漆木、玉等各类质地文物2100余件（套）[②]。其中青铜器多达198件（套），根据器物形制和铜器上的兽面纹、鸟纹、夔龙纹等都是西周早期成康之世的风格特征判断，这批遗物的年代为西周早期。其中部分青铜器铭文明确地标明了为“鄂侯”或属于鄂国生产和陪葬的青铜器。这处西周早期墓地的全面和科学发掘所出土的大批文物，为研究古噩国、曾国的历史及“鄂”文化的形成与发展以及曾、鄂、楚之关系，提供了十分珍贵的实物资料。

一、文献、典籍和青铜器铭文中记载的鄂国及鼉，噩、鳄、咢、鄂部族（国名）的演变产生与消亡

（一）鄂国的形成、发展壮大与消亡

典籍中的鄂、咢、䍤等，金文中写作噩，是由一个部族逐渐形成、壮大以后而产生的国名。商周之际，它的君主具有侯的爵称，其地位比楚国国君还要高。鄂国的爵位称侯、叔、季，可知其族有侯、叔、季三支。它在商王朝时期是雄踞南方的一个侯国，与商王室有着密切的关系，因此《史记·殷本记》记载：“以西伯昌、九侯、鄂侯为三公”。

① 随州市博物馆：《随州出土文物精粹》，北京：文物出版社，2009年，第30-37页。

② 湖北省文物考古研究所、随州市博物馆：《湖北随州叶家山M65发掘简报》，《江汉考古》2011年第3期。第二期田野发掘的相关资料有待整理。

西周前期，鄂国的君主为侯的爵称，其国力和地位远远高于南方的楚国。从青铜礼器噩侯驭方鼎[①]铭文记载得知：周（厉）王南征角夷，自征地返回到祛的地方，噩侯驭方献礼并宴享周王，又陪同周王行射礼。周王亲自赏赐鄂侯玉、马、矢。驭方拜谢周王，并作此宝鼎，留给子孙后代。从这篇铭文分析得知，当时噩国与周王室的关系是很好的，并与周王室保持着宗主关系。因而在周王征伐角夷的返回途中，噩侯驭方亲往祛地恭候迎接、献礼设宴。周王显然也很重视噩国，因而亲自赐驭方财物、弓矢、马匹。噩侯驭方也以此为荣，作器以示纪念。

西周晚期，周王室日渐衰弱，噩国的力量却不断发展强大。但由于噩侯率南淮夷、东夷叛周，并被周扑灭，噩国就从历史舞台上逐渐消失了。从宋代和1942年陕西扶风出土的两件形制、铭文基本相同的噩国青铜器禹鼎铭文：“呜呼哀哉！用天降大丧于下国！亦唯噩侯方率南淮尸（夷）、东尸（夷）广伐六或、至于厉内。王乃命西六师、殷八师扑伐噩侯驭方，勿遗寿幼……”[②]从这段铭文文字的内容分析，大约在噩侯驭方所记于祛地恭迎周王并受周王赏赐之事后不久，噩国与周王室的关系出现了逆转。从禹鼎铭文的记载证实，噩侯驭方向周王室发动的这次反叛活动，声势是很大的。他不仅动员了本国力量，而且率领南淮夷、东夷，从东、南两个方向向周的南国、东国进攻，并一度取胜，抵达“厉内”。这一行动引起了周王室朝野的恐慌，因而铭文记载中出现了“呜呼哀哉！用天降大丧于下国！”的惊叹。周王不得不动用他的精锐部队西六师与殷八师前往征讨。这场战争打得相当艰苦，周人虽派大军压境，却未能很好获胜，故后来又命令武公派遣禹率百乘之师前往督军助战。禹鼎铭文中两次强调了周王关于“扑伐噩侯驭方，勿遗寿幼”的命令，足见周王对噩侯驭方与南淮夷、东夷发动的这次叛乱是决意要予以讨平的，这次战争最终以俘获噩侯驭方而结束。这一结果，对周王朝来说，不仅打退了这次大规模的进犯，也铲除了它在南方

---

① 参看郭沫若：《两周金文辞大系图录考释》，北京：科学出版社，1957年；唐兰：《西周青铜器铭文分代史徵》，北京：中华书局，1986年；容庚：《商周彝器通考》，上海：上海人民出版社，2008年；曹淑琴：《噩器初探》，《江汉考古》1993年第2期；何光岳：《扬子鳄的分布与鄂国的迁移》，《江汉考古》1986年第3期；以及《博古图录》《殷周金文集成》《商周金文录遗》《殷墟书契前编·后编》《殷墟文字乙编》等著作。

② 故宫博物院：《商周金文录遗》，北京：文物出版社，1963年，第99页。

的一个心腹大患；对噩国来说，因周王下令“勿遗寿幼”，噩国公室的老老小小，大概在这次战争中被斩尽杀绝，鄂国从此逐渐消亡。此后，噩国不再出现于史籍。

黄凤春先生在关于西周早期曾、鄂、楚的政治地理格局问题中认为：“叶家山曾侯墓地的发现，还进一步确认了西周时期的鄂国也在今天的随州，曾、鄂应是同时并存于随州的两个古国。长期以来，有关鄂国的地望被认为是在今天的湖北省鄂州市，但近年来的出土文物，如在随州的安居羊子山多次出土鄂侯铜器，说明鄂国不在今鄂州，而在今天的随州市的安居一带，这一发现厘清了历史上一直存续的一个误解。通过北宋时期在今湖北安陆出土的‘安州六器’之一的‘中甗’及现藏日本出光美术馆的‘静方鼎’等诸多昭王南征的铜器铭文而知，西周昭王南征时，大多有‘在曾’‘在曾、鄂师’等的铭辞记录。说明了曾、鄂应是同时并存于随州的两个古方国，而且进一步印证了周王南征正是以随州的曾、鄂两个重要方国作为南略夷蛮的军事屏障的，对研究曾、鄂的位置关系具有重要的辅政作用。”

关于曾国和鄂国的准确定位，对于研究楚国的位置也有辅助作用。尽管部分楚史研究学者将其中所涉及与早期相关的地名定在了河南淅川一带，但至少我们可以从历史地理位置上证明在西周的康昭之世，楚应在汉水以南，因为在涉及昭王南征之事的若干文献及出土的青铜器铭文中，都有涉及伐楚的记载。叶家山这批墓葬的年代与所反映的昭王伐楚的年代大体相当。这批材料，对于研究曾、鄂、楚之关系具有说服力。

（二）鼍，噩、鳄、咢、鄂字（部族、国名）的产生、演变与鄂国的迁移

据有关资料记载：夏商周时代，鳄广泛分布于黄河中下游及长江流域一带。历史上这些地方属于亚热带气候，雨量充沛、气候适宜、草泽繁茂，最适合鳄的生长与繁殖。鳄，又叫鰐、鼍、鱓、单、土龙（蛟龙、鳝龙）等，即现在的扬子鳄。一个以捕鳄为生、且以鳄为图腾的部族，便以鳄为部族（国名）名称，在商代时形成了噩国，地点在今山西省乡宁县。西周初年，鄂国的故地被晋所并，遗族南迁到河南南阳及湖北随枣走廊一带，仍叫噩国。1976 年、2007 年、2011 年至 2013 年在湖北随州安居镇羊子山、浙河镇蒋寨村叶家山前后清理发掘的部分

西周早期墓葬中所出土的标明为“鄂侯”所用的青铜器证实了这一点。西周中叶，南方的楚国逐渐发展强大，因受到楚的威胁，鄂国从今河南南阳、湖北随枣走廊一带又南迁到长江中游，即今湖北鄂城一带，国名仍称噩国。西周晚期至春秋前期，熊渠“兴兵伐庸、杨粤（越），至于鄂”[①]，以封其中子熊挚红为鄂王，不久，鄂国被熊渠所灭。随后，即春秋战国时期，史称“东鄂”。近年来，考古不断发现和发掘出土鄂国青铜器等文物，因此，非常有必要去系统整理、研究鄂国历史和文物状况。

鼍，是世界上现存二十多种鳄类中的一种，它有两个类别：一种叫美洲鼍，又叫密西西比鳄，栖息于美国密西西比河流域；一种叫中国鼍，又叫扬子鳄，现栖息于长江（扬子江）中下游。

鼍，音鮀，与鮀通用，古代因鼍字复杂难写，以后又简化为咢字。这些方言主要流传于山西南部，随着噩国的迁移，这个方言也被带到了长江流域。

噩字后来加鱼旁，又写作鳄，即扬子鳄，鳄音为鄂，正是鼍的叫声，故用以称呼这种动物。商代甲骨文的噩，又写作咢，是一个侯国，见于成鼎铭文，系“古代的氏族，姓，殷代诸侯的后裔”[②]。《史记·殷本记》云：商纣王“以西伯昌、九侯、鄂侯为三公”。鄂侯国是商代的一个强盛的方国，亦称为噩方，才能任商朝的三公，与西伯、姬昌并列，故此，甲骨文中有很多“噩侯”的记载。例如：“贞，令□从噩侯伐儿方受之□”“□□田，□贞，令方□从噩侯寇周”。郭沫若以为噩地在今河南沁阳县，似欠妥，但释“噩”为地名（或国名）是正确的。吴泽称“噩地，有谓春秋时晋地之鄂。”[③]此说一语中的，符合历史史实。

经考证，属于西周早期的䜌季卣铭文里，有“噩侯弟䜌季作旅彝”。这个噩侯国，在周代仍为侯国，它的国名，系由咢（噩）图腾崇拜发展成为国家，或因擅长捕鼍而叫噩国。

噩国最早的所在地，当属现在的山西省乡宁县，《清一统志》卷99平阳府引“《括地志》:‘故鄂城在慈州县宁县东二里’。县志：今谓之鄂侯故壘（垒）”。昌宁县即今乡宁县，这是根据《左传》隐公二年所说的鄂侯故里而来的，直到清代这个古迹还存在。

---

①（汉）司马迁：《史记》卷40《楚世家第十》，北京：中华书局，1959年。

②（清）顾凤藻：《夏小正经传集释》卷1。

③《殷墟书契前编》4.44.6。

噩季奞父簋与噩侯弟𢊁季簋形制相似，从铭文看，“噩侯弟𢊁季”与“噩侯奞父”之间不排除是同一个人的可能，因为前者自铭为“噩侯弟𢊁季”，后者铭“噩季”。噩是国名，季是伯仲叔季之季，奞父是他的字。“噩叔”之称，叔字是伯叔之叔，也是噩侯之弟，而且是噩季之兄。显然，他们的兄长就是一代噩侯了。因此，上述诸器，除了说明西周早期噩国君主有侯的爵称外，还说明了这一代噩侯至少有兄弟四人。

西周中期的噩侯驭方鼎、叔噩父簋铭文记载有周厉王南征淮夷的途中，鄂侯驭方觐见厉王，得到了优厚的礼遇。鄂临近东面的淮夷，周厉王时期为了牵制淮夷，便结好于鄂，动员他参加了伐南淮夷，可见鄂在周中叶时仍为强国。1975年湖北随州安居镇羊子山出土一件青铜单把尊，铭文有“鄂侯弟𢊁季作旅彝”，与𢊁季卣铭文相同，为西周中期的器物[①]。随州位于河南南阳之南，此器应属于迁至南阳之鄂国所铸无疑，即为以后鄂国又南迁随州、鄂城、大冶中途遗留之物。此器的出土，为进一步探讨鄂国由南迁到江南所经过的路线提供了实物佐证。后人因“江夏有鄂，故加西也”[②]，即加一“西”字，史称“西鄂”，以示区别。称湖北鄂城之鄂为东鄂。吴大澂《驭方鼎释文》云：“噩与咢、鄂为一字，…… 盖噩为咢、鄂之古字，故仅见于《周礼》《尔雅》也。”

鄂国铜器中的鄂侯弟𢊁季簋、鄂侯奞父簋，这里被称为鄂叔和𢊁季、季奞的人，当是鄂侯之弟辈。又鄂侯簋铭云：“鄂侯作王姞媵簋，王姞其万年子子孙永宝”。可证实周夷王之时，鄂侯曾一度与周王室联姻，这从王姞之称可以证明鄂为姞姓。正因为周、鄂联姻，所以周夷王倚重鄂侯以镇安南淮夷诸国。故鄂侯驭方鼎称周夷王征南淮夷途中与鄂侯驭方宴乐酬答的情景，赐之以“玉五瑴，马四匹，矢五束”的优厚礼遇，在鄂国铜器铭文中记录此种赐命场合内容实属罕见。

以上之事过了不久，鄂侯驭方胸怀壮志，但行动上却阳奉阴违，等到周夷王回军后，便勾结南淮夷、东夷起来叛乱。据禹鼎铭文记载：“鄂侯驭方率南淮夷、东夷，广伐南国、东国，至于历、芮。”鄂侯已成为南淮夷及东夷的盟主，向东

① 随州市博物馆：《湖北随县发现商周青铜器》，《考古》1984年第6期。
② 《水经注·淯水》。

方及南方诸邦国扩张领土，到了历（河南禹县）、芮（陕西芮城县），大有打回老家乡宁的态势。这种规模较大的扩疆进攻战争，极大地威胁了周王朝的统治，于是，周夷王又亲率“西六师、殷八师”征讨，并下令“伐鄂侯驭方、勿遗寿幼。”这十四个师都是周朝的精锐军队，同时，周王的亲族虢武公也感到鄂侯已兵临城下，因芮正是虢（现三门峡市）的西邻，便急派大夫召禹率“公□车百乘，□御百，徒千”，去协助周夷王讨伐鄂侯驭方，“至于鄂墉”，攻破鄂都，俘获鄂侯驭方。

鄂国遭到周、虢联军的沉重打击以后，遗族被迫沿汉水及随枣走廊南逃，安居羊子山出土的鄂国青铜器尊正是鄂人携带其铜器南逃时遗留下来的物证。沿着这条线路，鄂人一直南逃到今湖北鄂城、大冶，这里在周代时山林茂密，川泽交错，湖泊众多，地下蕴藏有十分丰富的矿产资源，属于尚未被开发的地区，盛产鼍更多，且北依长江和梁子湖与九十里长港，是周朝兵力所难达到的，正是鄂人最理想的天堂之地。

鄂人由南阳、随枣走廊一线南迁到湖北古鄂城，其原因除了受周朝的毁灭性打击和楚的威胁以外，还因故地南阳之鄂一带曾先后建立过申、吕、谢、唐、蓼、郦、都、邓、厉等国，人烟稠密，土地已经基本开发，导致鼍的生存环境受到破坏，鼍急剧减少，以渐归绝灭。以捕鼍为主要生活来源的鄂国人民，当然也感觉到生活物资的匮乏，传统习惯性的捕鼍技术无处施展，不得不寻找多鼍的地区进行迁居。湖北的古鄂城（现属大冶市西畈乡李角村）是一个最理想的迁地，这里背面有长江和梁子湖等九十九湖，江北有张渡湖、柴泊湖、武湖等一连串的湖泊，城址的东南端又有上邹山、尖角山等自然山林，又位于古云梦泽的东头，一片水乡泽国，芦苇竹林密布，正是多鼍之地。梁子湖因鄂人迁居于湖畔，故名鄂渚，即《楚辞》所指的鄂渚。而南阳的鄂，汉代建为鄂县。

鄂王城，现属大冶市，该城址 2001 年被国务院公布为第五批全国重点文物保护单位，二十世纪七十年代前后开展文物调查时，尚建古城垣高出地面八米左右，护城河遗迹也清晰可见，城垣的夯土层中包含有东周时期的陶片、筒、板瓦等，城址外岗地上分布着百余座有封土堆的古墓葬。湖北省文物考古研究所研究员、领队陈树祥先生，按照文物考古工作的有关程序，正着手对鄂王城遗址及城外分布的墓葬等进行科学、系统的考古勘探及发掘工作。我们相信，随着时间的推移和考古工作的不断深入，鄂国晚期的历史文化面貌以及“东鄂”

与楚的历史渊源将会愈来愈明晰。

姞姓鄂国迁到湖北鄂城不久，正好是楚国熊渠的势力强盛、大力向长江中游的发展时期。《史记·楚世家》说熊渠“乃兴兵伐庸、杨粤，至于鄂”。最后灭掉鄂国，封他的“中子红为鄂王”。《集解》引《九州记》曰：“鄂，今武昌”。后改鄂城县，鄂王城遗址所在地于解放后划属大冶西畈李角村。《正义》引《括地志》云：“武昌县，鄂王旧都。今鄂王神即熊渠之子神也。”熊渠灭亡鄂国，仍以鄂为地名，从此姞姓之鄂侯，逐渐被芈姓之鄂王所取代。即《吴越春秋》卷9“所谓句亶、鄂、章、人号麋侯、翼侯、魏侯也。”鄂侯又别称翼侯，因翼乃商代鄂侯之辖地，在今山西翼城县，也是晋鄂侯的故都。这里将鄂称翼，更说明它是从山西的古鄂迁到湖北随州的鄂、河南的鄂、再迁到湖北鄂州的鄂。《鄂君启节》中的鄂已加了邑旁，成为楚国的城邑。秦以鄂邑建为鄂县，隋升鄂州，以后鄂州治所迁到今武昌，元置湖广行省，省府设于武昌，明、清、民国因之，鄂州、武昌便成为湖广行省、湖北省的省会，以后便成为湖北省的简称，叫“鄂”。

二、从中华人民共和国成立前后征集和考古发掘出土的鄂国青铜礼器，探讨鄂国青铜文化的相关问题

中华人民共和国成立前后，特别是近十余年以来，随着考古发掘工作的不断发现以及史学、考古界对鄂国历史和鄂国青铜文化的逐步深入研究，使古噩国的历史文化面貌正清晰地显露出来。截至目前，已知征集和考古发掘出土的噩国铜器在数量上愈来愈多，明确为噩国青铜器的种类及铭文记述的内容也越来越丰富，可以得到很多的启示。下面拟就这些铜器为素材，对涉及的噩国历史及其青铜文化的相关问题试作探讨。

（1）“噩侯弟𭍝季”青铜器，初步统计共有3件。

簋，1件。圆口，双耳，口沿下端饰一周雷纹。圈足，盖已失落。器物内底有铭文2行“噩侯弟𭍝季自乍（作）”共8字（参见《殷周金文集成》6.3668）。

卣，1件。圈状钮盖，鼓腹，圈足，无提梁。腹部有一錾，饰有平行弦纹。盖及器身铭文相同，“噩侯弟𭍝季乍（作）旅彝”2行8字（参见《殷周金文集

成》10.5325）。

尊，1件。器底近椭圆形。大侈口，长颈，垂腹稍鼓，圈足。龙形兽首鋬。腹、圈足分别饰四周和一周凸弦纹。器内底铸铭文“噩侯弟𠩺季乍（作）旅彝”2行8字（参见《随州出土文物精粹》24.30）。（见图一）

图一　鄂侯弟𠩺季尊

以上三件青铜器，形制特点和纹饰风格基本一致，铭文内容亦相类同，是同一个人噩侯之弟𠩺季自作之器，经考证，其年代为西周早期。

（2）噩侯奞父簋1件。圆口，双耳，口沿下端饰雷纹、兽面纹。圈足，盖已失落。器物内底铸铭文“噩侯父乍（作）宝蹲彝”2行7字（参见《殷周金文集成》6.3669）。

（3）噩叔簋1件。器兽首耳，浅腹，高圈足，下有方座，座内系铃。圆口，口沿下端圆涡纹和雷纹，圈足为兽面纹，方座饰鸟纹，器内铸铭文“噩叔乍（作）宝蹲彝”2行6字（参见《殷周金文集成》6.3574）。

上述五件青铜礼器（簋、卣、尊各1），器物形制和花纹特征相近。方座簋是西周初年出现的器形，最早为武王时期所铸之利簋。噩侯弟𠩺季簋与噩侯奞父簋的形制相似，噩叔簋与宜侯文簋又相类似，经考证，其时代约为周成（王）康（王）时期，即年代为西周早期。

从铭文的内容可以看出：噩侯弟𠩺季簋、噩侯奞父簋中称为噩叔和𠩺季、季奞的人，当是噩侯之弟辈，他们之间不排除是同一个人的可能。因为前者自铭为“噩侯弟”，名季；后者名“噩季”，噩是国名，季是伯仲叔季之季，奞父是他的字。“噩侯”之称，叔字是伯叔之叔，也是噩侯之弟，而且是噩季之兄。显而易见，他们的兄长就是一代噩侯了。故此，上述铜器，除了说明西周早期噩国君主有侯的爵称外，还证明了这一代噩侯或可能至少有兄弟四人。

（4）铭文铸有“叔噩父”字样的青铜器共6件。

“叔噩父乍（作）姬旅段（簋）”4件。四器形制相同。圆口，口沿下端有对称的兽首耳，耳上系有圆环。整器通体饰有横向平行瓦纹。带盖，盖为圆纽桃形。盖、器身均铸有铭文，器盖铭文：“叔噩父作姬旅段，其夙夜用享孝于䵼，其万年永宝用”；器身铭文：“叔噩父作姬𪜀旅”（段参见《殷周金文集成》7.4058等）。

匜，1件。形似虎头匜，器内铸铭文为：“叔噩父作姬𪜀旅匜”（参见中国社会科学院考古研究所资料）。

鼎段器，1件。自铭为“鼎段”，不知为何种器类。器内铸有铭文3行“叔噩父作姬鼎段，夙夜戕之享”12字（参见中国社会科学院考古研究所资料）。

对以上青铜器的铭文内容综合分析比较，应该均为叔噩父为𪜀姬所作，后者则应该是他的夫人。这一组器皿很有时代特色，簋为通体饰瓦纹的桃形簋，腹部上端有对称半环耳，耳上系有大圆环，为恭、懿王时期很有特点的器形，年代为西周早中期。

（5）噩侯簋（又称“鄂侯簋”）共4件。形制基本相似，圆口、双耳、圈足（盖已失落）。口沿下端和圈足饰鳞纹，腹部瓦纹。四器铭文内容相同，共2行“噩侯作王姞媵簋，王姞其万年子子孙永宝”17字（参见《殷周金文集成》7.3928等）。由此可知，这是噩侯为女儿王姞所作的媵器。噩侯之女称“王姞”，王字应指周王，姞则为姓，可以证实周夷王时，噩侯曾一度与周王室联姻，这从“王姞”之称证明了。噩为姞姓，正因为噩与周联姻，故周夷王则倚重噩侯镇安南淮夷诸国，这从噩侯驭方鼎的铭文内容中反映了出来，详细情况将在下文中予以叙述。

（6）噩侯驭方鼎1件，器体较大，圆鼓腹微下垂，底缓平。三蹄足根部饰兽首纹，口沿下端及腹部饰有回首曲尾的夔龙纹带。此鼎的年代，在二十世纪五十年代前后，郭沫若、容庚和吴其昌将其定在周厉王时期，似都偏晚；唐兰将它与“噩侯作王姞簋”并列为周穆王时所作，则又偏早。

从此鼎的形制、花纹的时代特征与“禹鼎”比较，则比“禹鼎”略早，其年代应为恭、懿王时期。该鼎的铭文字数较长，且内容亦相当重要。铭文为：“王南征，伐角鄱，唯还自征，才祛。噩侯驭方内豊于王，乃鄹之。驭方晉王。王休厦，乃射。驭方卿王射。驭方阑休阑，王宴，咸酉。王窺易驭［方玉］五瑴、□马四匹、矢五［束。驭］方拜手䭫首，敢［对扬］天子不显休釐，［用］作尊鼎。其万年子孙永宝用”（参见《殷周金文集成》5.2810）。这篇铭文内容的大意是说：周夷王南征角夷，自征地返回到祛的地方，噩侯驭方献礼并宴享周王，又陪同周王行射礼。王亲自赏赐之以“玉五瑴、马四匹、矢五束”的优厚礼遇，驭方拜谢周王，并作此宝鼎，留给子孙后代。

从上篇的铭文分析，当时噩国与周王室的关系是很好的，并与周王室保持着宗主关系。因而在周王征伐角夷的返回途中，噩侯驭方亲往祛地恭候迎接，献礼设宴。周王显然也很重视噩国，因而亲赐驭方财物、弓矢、马匹。噩侯驭方也以此为荣，作器以示纪念。

（7）随州安居羊子山 M4 出土的噩国铜器。

2007 年 11 月，随州市博物馆在安居镇羊子山抢救性清理了一座西周早期的噩国墓葬，编号为 M4。出土的青铜器种类有：方鼎、圆鼎、簋、甗、罍、盉、盘、提梁卣、尊、斝、觯、爵、方彝等共 27 件。这里，将铭文标明为噩国铜器的典型器类予以择录。

① 噩侯提梁卣。形制为椭圆体。隆盖，盖顶有一圆形提手。器身子口以承盖，垂腹，圈足，提梁两端各一兽首，与颈部两半环耳相连，梁饰雷纹为底的龙纹，盖面、口沿各饰一周兽首龙纹。盖内有铭文“噩侯乍旅彝”2 行 5 字（见图二）。

图二　噩侯提梁卣

② 噩侯方彝。盖为单脊四坡屋顶状。器身方体，直口，原肩，圈足。肩部两侧有对称的半环兽首衔环耳。盖面、器口、器腹、器身、圈足四面中央及四隅均饰钩形扉棱。盖脊中央有一相向对吻的鸟形纽，前、后肩部正中有一张牙卷鼻的象首，两旁有对称火纹，盖顶四坡面和器腹四面均饰兽面纹，器口四面饰对称龙纹，圈足四面均饰一首双身龙纹。器体中央悬挂一铃，铃内有舌。盖内有铭文“噩侯乍厥宝尊彝”1行7字（见图三）。

图三　噩侯方彝

③ 噩侯罍。隆盖，盖顶为一圆形提手。侈口，束颈，广肩附对称兽首衔环耳，弧腹内收，高圈足。盖面和肩部各饰一周以两道细弦纹为边饰的火纹。盖内有铭文“噩侯乍旅彝”2行5字（见图四）。

图四　噩侯罍

④ 噩侯盘。敞口，平折沿弧腹内收，圆底近平，高圈足外侈。腹部饰羽脊兽面纹,圈足饰两道平行凸弦纹。盘内底铭文“噩侯乍旅彝”2行5字(见图五)。

图五　噩侯盘

⑤ 噩中方盖鼎。长方形体。平盖，环形附耳，方折沿，深腹，平底，四柱足较高。盖面四角均有扁体倒立的龙形纽，中心有一宽带桥纽，纽下有一蝉纹，纽西侧以雷纹为地饰对称兽面纹。

腹四隅、四面中心及足跟部均饰钩形扉棱，腹部及足跟部饰兽面纹。盖内有铭文“噩中乍宝尊彝”2行7字（见图六）。

图六　噩中方盖鼎

⑥ 双耳方座簋。侈口，鼓腹，高圈足下连方座。兽首半环形双耳，下有长方形耳，腹正中有两组对称的扉棱，圈足对称分布四个小扉棱。腹部和方座均饰满兽面纹，圈足饰龙纹，两耳由兽首、虎等纹饰组成（见图七）。

图七　双耳方座簋

⑦ 四耳方座簋。直口微敛，方折唇，腹微鼓，高圈足下连方座。腹饰对称半环兽首形器耳，下有长方形耳，腹饰四个对称的火纹，间以龙纹，圈足，方座满饰兽面纹（见图八）。

图八　四耳方座簋

⑧ 直棱纹簋。侈口，鼓腹，半环兽首形附耳，下有钩形耳，底近平，高圈足。颈饰羽脊兽面纹，腹饰一周直棱纹（见图九）。

图九　直棱纹簋

⑨ 饕餮纹簋。侈口，鼓腹下垂，半环兽首形附耳，下有钩形耳，底近平，圈足较高。腹部饰浅浮雕饕餮纹，圈足饰夔纹一周（见图十）。

图十　饕餮纹簋

以上随州羊子山M4出土的一批青铜器，器体高大，铸造厚重，纹饰繁缛，时代风格除继承了商周文化的特征以外，还有噩国铜器的自身特点，且铜器铭文标明了为“噩”所作。这座墓出土的噩侯方彝,器体中央悬挂一铃,铃内有舌。叶家山M28出土的一件兽首悬铃铜罍，悬铃的钩为长方形环，系先铸，铃内有长方形的环，也系先铸，环下再悬坠形铃舌，铃体两侧有阳线的兽面纹（见图十一）。容器带铃是晚商西周时期不多见的地域文化风格，随枣走廊的噩、曾国青铜器均有带铃的习俗。

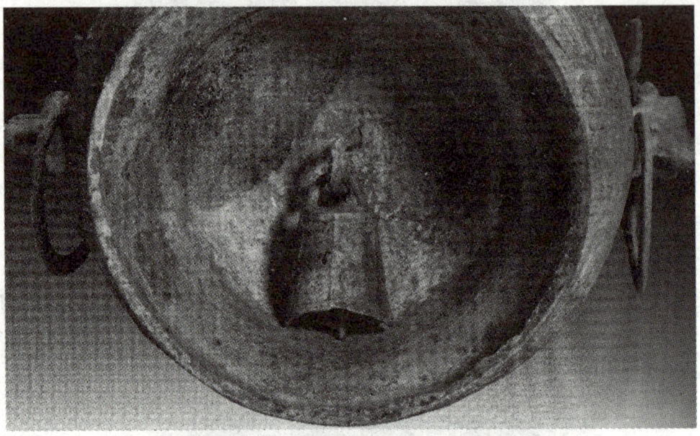

图十一　兽首铜罍外底悬铃

西周早中期之际，作为方国或地名的噩、曾频繁出现在一些青铜器铭文中，这些青铜器有中甗、静方鼎、易鼎等。中甗（《殷周金文集成》949）：“王令中先省南国，贯行，设居，在曾。……令汝使大小邦……中省自方、邓、洀、□邦。在噩师次，伯买父迺以厥人成汉中州。”中甗北宋末年出土于现湖北孝感，是著名的“安州六器”之一。与中甗同出的方鼎、中觯，铭文也有“虎方”“厉”等相关的名称，它们与中甗中的“噩”“邓”等地，都是在周之“南国”。

西周早中期之际的静方鼎[①]，其铭文是这样记载的：“王在成周大室，命静曰：俾汝□司在曾、噩师”，即说明了周人对南国地区的交往和经略。同时，静方鼎铭文中的人物、事件又与中甗相关联。但静方鼎中的最后一句铭文“在曾、噩师”会产生歧义。因为它既可以理解为“在曾噩师”，即在曾这个地方的噩师，曾作为地名；也可以理解为“在曾、噩师”，曾、噩并列，均作为国名。

① 徐天进：《日本出光美术馆收藏的静方鼎》，《文物》1998年第5期。

以上情况表明，噩国在西周时期确实是南方的一个侯国，地位是很显赫的，并在一定的历史时期可以与西周王朝分庭抗礼。加强对古噩国的历史研究，其意义是十分重大的。

（8）河南南阳夏响铺噩国贵族墓地20座西周晚期至春秋早期墓葬的发掘及出土的噩国青铜器等文物。

2012年4、5月份，河南南阳市新区新店乡夏响铺因工程建设，发现、发掘噩国贵族墓葬20座，出土了一大批青铜器、陶器、玉器、漆木器等珍贵文物。这批墓葬可分为大、中、小三种类型：大型墓2座，编号为M1、M6，规格在长5米、宽4米以上，棺椁保存较好，椁板上有0.8～1.0米厚的青膏泥，其四周有二层台，墓口距墓底8米多深；中型墓8座，编号为M2、M3、M4、M5、M7、M16、M19、M20，发现有木质棺椁朽痕，长、宽在4米左右，亦有青膏泥、二层台等；小型墓10座，长、宽在2米以下，葬具不明显，随葬品无或一件陶器。

这批墓葬，通过综合分析、比较，具有如下几个特点。

第一，等级清楚，墓主人身份明确，随葬品丰富、齐全。

M1，墓口南北长6.40米、东西宽5.30米、距地表8米多深。虽然被盗，但通过清理，发现有青铜鼎9件，7件鼎形制、纹饰相同，应为列鼎中的7件，其中6件有“噩侯夫人”铭文，发现的2件铜簋盖、3件铜鬲，在盖及鬲口沿上亦见铸有“噩侯夫人”铭文，铜方壶盖2件，形制、纹饰、大小一样，上有“养伯”铭文，铜盘匜一套，三足铜器2件，铜簋2件。另外还发现一批铜车马器。玉器有玉璧、戈、璜、玦、琥等。

M6与M5并列，应为夫妻异穴合葬墓。M6墓口南北长6.0米、东西宽5米多，墓底距墓口深8.50米。该墓历史上虽被盗掘，但随葬品仍然丰富，计有铜器鼎1、尊1、方彝1、簋2、觯1、熏炉盖1、鹤首1、铜编钟一套6件，上铸有“噩侯”铭文，铜铃钟一套5件、铜铃一套9件、还有车马饰等。玉器有戈、玦、珠等。

M5为中型竖穴土坑墓，一棺一椁，出土有铜鼎2、鬲2、簠2、簋2、盘1、盉1；玉器有戈、璜、串饰等。其中铜簠、鬲上均有“噩姜”铭文。

M19、M20亦为并列异穴合墓葬。M19出土有铜鼎、簋、盘匜、壶、铃、车马器等，其中簋、匜上均有“噩侯”铭文。M20出土有铜鼎、簋、盘、簠、盉；玉器有璜、戈、条形玉饰、鱼、珠等，其中簠上有“噩姜”铭文。

第二，这批墓葬的发现与发掘出土的文物，特别是标明了“噩侯夫人”“噩侯”“噩姜”铭文的青铜器，改变了人们对噩国及噩国历史的传统认识。

M1、M5、M6、M16、M19、M20 等出土的青铜器上有“噩侯”“噩侯夫人”“噩姜”的铭文，同时，从墓葬规模、结构、间距等方面看，M1 为噩侯夫人墓，M5、M6、M7、M16、M19、M20 为夫妻异穴合葬墓，从这种情况来看，夏响铺噩国贵族墓地至少有四代噩侯在此埋葬，这对研究西周晚期至春秋早期的噩国历史地望以及噩、养、郡等古国之间的关系等学术问题提供了十分难得的实物资料。

第三，对西周晚期至春秋早期的噩国研究将会是一个重大的突破。

从出土的噩侯驭方鼎、禹鼎、中甗、静方鼎等青铜器及铭文内容分析，噩国于西周中晚期被西周王朝灭掉。从有关历史文献记载得知，为填补噩被灭后周王朝屏藩南土的需要，周王封他的两个舅父在南阳为申、吕之国。从夏响铺发掘的这批贵族墓地的情况来看，西周晚期到春秋早期噩国仍然在现在的河南南阳一带生存，但史实说明这种状况应该是周王朝灭噩国后，将噩国的王公贵族置于周王朝的统治范围之内。综合这批墓葬的结构、出土文物的时代特点进行比较、研究，初步推断 M5、M6 的时代为西周晚期晚段。因为噩国在西周中晚期被周灭掉，到 M5、M6 这个时期中间有缺环，我们相信，随着夏响铺下一期的考古发掘或出土文物，这个方面的问题可能会得到解决。

（原载《鄂州大学学报》2016 年第 3 期）

从曾、鄂考古新发现谈周昭王伐楚路线

高崇文

一、问题的提出

《史记·楚世家》记："周成王之时，举文武勤劳之后嗣，而封熊绎于楚蛮，封以子男之田，姓芈氏，居丹阳。"清华简《楚居》记载，从熊绎到熊渠凡六代尽居夷屯，夷屯又与鄀邻近[①]。据《左传》僖公二十五年杜预注，鄀旧都本在商密，即汉晋时期的南乡丹水县，亦即今河南淅川县境。由此可知，熊绎到熊渠时期的楚国地域应在鄀之西部的丹江流域，所居夷屯应位于丹水之阳，故《楚世家》记载熊绎居丹阳。

文献记载，周昭王伐楚均是在汉水流域。《竹书纪年》载，周昭王"十六年，伐楚，涉汉，遇大兕。"周昭王"十九年春，有星孛于紫微，祭公、辛伯从王伐楚，天大曀，雉兔皆震，丧六师于汉。"[②]李学勤先生根据昭王时器京师畯尊铭文有"王涉汉伐楚"内容，认为"楚应当在汉水的南面，从而昭王必须渡过汉水，才能攻击楚人。因此，不管成王时所封熊绎的丹阳是不是在丹淅一带，昭王时的楚

① 清华大学出土文献研究与保护中心：《清华简研究》第一辑，上海：中西书局，2012年。

② 王国维：《今本竹书纪年疏证》（古本竹书纪年附录四），济南：齐鲁书社，2000年。

都只能是在汉南了。”[①]

这些记载似乎带来了一个不好理解的问题，从周成王时期的熊绎到周夷王时期的熊渠凡六代均居丹水之阳的夷屯，而周昭王则是在丹江之南的汉水“涉汉伐楚”，这就涉及周昭王伐楚路线的问题。笔者曾认为，楚为了躲避周的攻伐而转移至汉水之南，所以才有周昭王“涉汉伐楚”之举[②]。现在看来，这种解释的确有些牵强。目前，由于曾、鄂考古的重大发现，则可对周昭王伐楚路线问题重新进行分析了。

二、周昭王所省“南国”地域分布

昭王时期的中甗铭文记载：“王令中先省南国贯行，埶居（或释“位”）在曾，史儿至，以王命曰：‘余命汝使大小邦，……’，中省自方、邓，洀□邦，在鄂师次，伯买父乃以厥人戍汉中州，……厥贮粦言曰：‘宾□贝，日传肆王□休……。’”（《集成》949）[③]这是说周昭王命“中”巡视南国，先后至曾抵鄂，巡视方、邓、洀等大小邦国，并遣人戍守汉水中州之地。静方鼎铭文也记载了周王派“中”和“静”“省南国”到了曾和鄂：“唯十月甲子，王在宗周，令师中眔静省南国，相埶居。八月初吉庚申至，告于成周。月既望丁丑，王在成周大室，令静曰：‘俾汝□，司在曾、鄂师。’王曰：‘静，赐汝鬯、旂、市、采网每，日用事。’静扬天子休，作父丁宝尊彝。”[④]长期以来学术界对西周时期曾、鄂的地望有着不同的见解，近些年随着曾、鄂考古的重大发现，此问题终于得以解决。2010年，随州叶家山西周早期墓地的发现[⑤]，特别是一批带有曾侯铭文铜器的出土，表明这是一处西周早期三代或四代曾侯家族墓地，从而证明西周时期曾国就位于随州东部一带，是西周王朝分封到南土的重要诸侯国。目前，西周中期的曾国考古

① 李学勤：《由新见青铜器看西周早期的鄂、曾、楚》，《文物》2010年第1期。

② 高崇文：《清华简〈楚居〉所载楚早期居地辨析》，《江汉考古》2011年第4期。

③ 中国社会科学院考古研究所：《殷周金文集成释文》949号器，香港：香港中文大学中国文化研究所，2001年。文中凡引此书均简称《集成》。

④ 徐天进：《日本出光美术馆收藏的静方鼎》，《文物》1998年第5期。

⑤ 湖北省博物馆、湖北省文物考古研究所、随州市博物馆：《随州叶家山西周早期曾国墓地》，北京：文物出版社，2013年。

还没发现，但枣阳郭家庙、曹门湾墓地的发现[①]，说明至迟在西周晚期曾国已经控制了随州至枣阳的广大地区。京山苏家垄曾国墓地的发现[②]，又说明春秋初期曾国势力也已扩展到大洪山之南。

2007年，在随州安居羊子山发现西周早期的鄂侯墓[③]，联系1975年也曾在此地发现"鄂侯弟历季"青铜器[④]，从而证明西周早期的鄂国在今随州西部的安居一带。可以看出，西周早期曾、鄂是相邻的诸侯国，两国的中心位置均在今随州境。2012年，在南阳夏响铺发现的西周晚期至春秋早期的鄂国贵族墓地[⑤]，出土青铜器上有"鄂侯""鄂侯夫人""鄂"的铭文。禹鼎记载："……鄂侯驭方率南淮夷、东夷广伐南国、东国，至于历寒。王乃命西六师、殷八师曰：裂伐鄂侯驭方，无遗寿幼。……雩禹以武公徒御至于鄂，敦伐鄂，休获厥君驭方……。"（《集成》2832）此铭文表明，西周中期鄂侯驭方率南淮夷反叛，周王派禹伐鄂，并擒获鄂侯驭方，此时所伐的鄂应是在随州之鄂。根据夏响铺发现鄂国贵族墓地的情况看，随州之鄂被灭后可能被周王迁于南阳地，而曾国遂占据了随州以西至枣阳一带。

关于邓国的地望，石泉先生曾作详尽考证，认为其应在襄樊（今襄阳）北部至新野、邓州一带，其都城即襄樊西北部的邓城遗址[⑥]。关于方的地望，唐兰认为，"方"即"方城"，在今河南方城境[⑦]。中甗铭所记的"㴴"，同属昭王时期的启尊也有记录："启从王南征，逥山谷，在㴴水，启作祖丁旅宝彝。"[⑧]启随从昭王南征曾路过㴴水，"㴴"应在"㴴水"附近。唐兰认为中甗所记之"㴴"

---

① 襄樊市考古队、湖北省文物考古研究所等：《枣阳郭家庙曾国墓地》，北京：科学出版社，2005年；方勤、胡刚：《枣阳郭家庙曾国墓地曹门湾墓区考古主要收获》，《江汉考古》2015年第3期。

② 湖北省博物馆：《湖北京山发现曾国铜器》，《文物》1972年第2期。

③ 随州市博物馆：《随州出土文物精粹》，北京：文物出版社，2009年。

④ 随州市博物馆：《湖北随县发现商周青铜器》，《考古》1984年第6期。

⑤ 崔本信、王伟：《南水北调中线工程南阳夏响铺鄂国贵族墓地发掘成果》，《中国文物报》2013年1月4日8版。

⑥ 石泉：《古邓国、邓县考》，载石泉：《古代荆楚地理新探》，武汉：武汉大学出版社，1988年；王先福：《襄阳邓文化遗存的楚文化因素考察》，载楚文化研究会：《楚文化研究论集》第十集，武汉：湖北美术出版社，2011年。

⑦ 唐兰：《西周青铜器铭文分代史徵》，北京：中华书局，1986年，第287页。

⑧ 吴镇烽：《商周青铜器铭文暨图像集成》11778器，上海：上海古籍出版社，2012年。

即为“朝”。《汉书·地理志》记载南阳郡有朝阳县，应劭注曰：“在朝水之阳”，即在今河南邓州东南。

昭王时器中觯铭还记载周王所巡南国有厉国和唐国，“王大省公族于庚，振旅，王赐中马自历侯四乘……。”[①]江鸿先生认为“庚”即唐国，“厉”即厉国[②]。为周王南巡时于庚（唐）地检阅公族，并将厉侯所献的马转赐予大臣中。石泉先生考证，唐国地望当在南阳盆地东南部今唐河县境[③]。徐少华先生考证，厉国在今随州市东北百余里的殷店一带[④]。

共王时期的士山盘铭还记载周王命士山巡南国之事，“唯王十又六年九月既生霸，甲申，王在周新宫。……王乎作册尹册命山曰：于入䒼侯，出，徵鄀、刑（荆）、方服，暨大籍服，履服，六孳服。䒼侯、鄀、方宾贝、金。山拜稽首……。”[⑤]士山所巡视之国有“䒼侯”“鄀”“荆”“方”等。鄀的地望很明确，在今南阳盆地西部的淅川境。荆即楚，楚熊绎到熊渠时期的楚国地域应在鄀之西部的丹江流域。䒼侯也应与鄀邻近，大概也在南阳盆地或邻近地域。

综上所述，周昭王所省“南国”主要是分布在南阳盆地到随枣走廊区域内。

三、周昭王伐楚路线辨析

周昭王所巡南国地望得以确认，就可以探讨昭王南巡及伐楚的具体路线了。中甗铭文记“王令中先省南国贯行”，即昭王先令中巡视南国所经行的道路[⑥]。许多昭王时铜器铭文又记载，昭王是在成周（今洛阳）派员巡南国的。如前引静方鼎铭文记载，昭王是在宗周命中和静省南国，巡视完成后，于是回到成周

① 郭沫若：《两周金文辞大系图录考释》录7、考18，北京：科学出版社，1957年。

② 江鸿：《盘龙城与商朝的南土》，《文物》1976年第2期。

③ 石泉：《从春秋吴师入郢之役看古代荆楚地理》，载石泉：《古代荆楚地理新探》，武汉：武汉大学出版社，1988年。

④ 徐少华：《古厉国历史地理考异》，载徐少华：《荆楚历史地理与考古探研》，北京：商务印书馆，2010年。

⑤ 朱凤瀚：《士山盘铭文初释》，《中国历史文物》2002年第1期；黄锡全：《士山盘铭文别议》，《中国历史文物》2003年第2期；晁福林：《从士山盘看周代“服”制》，《中国历史文物》2004年第6期。

⑥ 唐兰：《西周青铜器铭文分代史徵》，北京：中华书局，1986年。

向昭王汇报。这条道路便是从成周出发，南经南阳盆地，到达随枣走廊的曾、鄂之地。鸿叔簋铭文明确记载，鸿叔是从成周出发跟随周王伐荆楚的："唯九月，鸿叔从王员征楚荆，在成周，诲作宝簋。"[①]又小臣凌鼎铭文记载昭王在成周命小臣凌"先省楚居"："正月，王在成周，王迖于楚麓，命小臣凌先省楚居。王至，于迖居，无讃。"（《集成》2775）关于"楚居"之"居"字，金文中常见，唐兰又将其释为"位"，认为是临时所建之行宫[②]，临时行宫之说多为学者所认同。此铭文应是说，周昭王为准备伐楚在成周命小臣凌先行打前站，先在"楚麓"建临时行宫。"楚麓"即楚山之麓，石泉先生考证，古代丹江流域就有楚山、楚水之名[③]。小臣凌既然是从成周出发至"楚麓"建"楚居"，此"楚居"必然是在南阳盆地之西的山地边沿一带，此正是古代楚山之麓，也应是周王派员南巡的邓、鄀等国的势力范围。很有可能在西周时期，周人将南阳盆地至襄樊之西的今伏牛山、武当山统称为楚山，在这一带建临时行宫，为西向伐楚作准备。

《楚居》所载熊绎所居的夷屯，应是楚国正式建国立都之所在，位于鄀国之西的丹水之阳，这只是楚国早期都城的位置。但周成王封熊绎于"楚蛮"之地，则该地就不仅仅是都城的范围，而应更为广阔，其势力范围应包括鄀之西部丹江至汉水两岸地区。《楚居》记载，从熊绎到熊渠凡六代尽居夷屯，熊渠开始徙居发渐，熊挚时徙居旁岍，熊延时徙居乔多，至"若敖熊仪徙居鄀"。发渐、旁岍、乔多之地望不会在鄀之东部的南阳盆地，因这一带已为邓、鄀等国所据，只能是在其西部的山地区域内。《史记·楚世家》载："熊渠甚得江汉间民和，乃兴兵伐庸、杨越，至于鄂。"庸的位置较明确，在今竹山县境。周夷王时期的鄂还应在随州西部一带，那么杨越只能在鄂之西部、庸之东部的今鄂西北山地一带。这说明，在"若敖熊仪徙居鄀"之前，楚人不仅控制着丹江流域，实际上也控制着鄂西北汉水两岸的山区，此地域正是楚所控制的群蛮所在之地。《括地志》云："房州竹山县，本汉上庸县，古之庸国，昔周武王伐纣，庸蛮在焉。"[④]《左传》文公十六年记载，"庸人帅群蛮以叛楚，麇人率百濮聚于选，将伐楚。"杜预注：

---

① 陕西省文物管理委员会：《西周镐京附近部分墓葬发掘简报》，《文物》1986年第1期。
② 唐兰：《西周铜器断代中的"康宫"问题》，《考古学报》1962年第1期。
③ 石泉：《楚都丹阳地望新探》，载石泉：《古代荆楚地理新探》，武汉：武汉大学出版社，1988年。
④《史记正义·楚世家》引《括地志》。

“庸，今上庸县，属楚之小国。选，楚地。”笪浩波先生考证，麇国在陕西白河至湖北郧县之间，位于武当山的北麓，百濮居于武当山山区中[①]。此虽是记载的春秋时期之事，估计西周时期庸、麇、百濮等群蛮的地望不会变化太大，均是分布在汉水两岸的鄂西山地一带。“庸人帅群蛮以叛楚”，说明群蛮原来是附属于楚的，是楚的管控范围，只是到春秋时期反叛了。由此可以判断，周成王封熊绎于“楚蛮”，应当包括汉水中游一带的“群蛮”之地。熊渠自己也号称“我蛮夷也，不与中国之号谥。”[②]《国语·晋语》载：“昔成王盟诸侯于岐阳，楚为荆蛮，置茆蕝，设望表，与鲜卑守燎。”《国语·郑语》载，周幽王时期的史官史伯对郑桓公曰：“当成周者，南有荆蛮、申、吕、应、邓、陈、蔡、随、唐。”可见，周人对楚也称之为“荆蛮”，是“群蛮”之一。由此观之，丹江至汉水两岸的山地是“群蛮”所居之地，这一带有楚山、楚水之名，故周王称之为“楚蛮”而分封于楚，均是楚国受封的势力范围。如以汉水的走向来看，西周时期的“汉东”是曾、鄂等国之地[③]，那么“汉西”山地中的“群蛮”则是楚国的势力范围了。

周昭王伐楚可能是调用驻守在曾、鄂的王师。前引中甗铭文记载，王令中先省南国，除了巡视大小邦国外，还到“鄂师”视察，并遣人戍守汉水中州之地。静方鼎铭文也记载静视察了“曾鄂师”。李学勤先生认为，此“曾鄂师”是王师，即驻守在曾、鄂之地的王师[④]。曾、鄂是周王朝镇守“南国”的主要力量。据随州文峰塔曾侯舆墓所出编钟铭文可知，曾与周同为姬姓，曾之先公南宫括曾辅佐文王、武王伐殷之命，因此，周王封南宫“君此淮夷，临有江夏”，让同姓之曾来镇守、管控淮夷和江夏地区[⑤]。鄂虽是姞姓，然鄂侯簋铭文记有“鄂侯作王姞媵簋，王姞其万年子子孙永宝。”（《集成》3928～3930），由此可知，鄂侯曾与周王室通婚，属于联姻关系。虽然鄂侯驭方曾率南淮夷、东夷反叛，但鄂侯驭方鼎铭文还记载，在驭方反叛之前，周厉王南征淮夷后返师时，鄂侯驭方

---

① 笪浩波：《从近年出土新材料看楚国早期中心区域》，载楚文化研究会：《楚文化研究论集》第十集，武汉：湖北美术出版社，2011年。

②《史记·楚世家》。

③《左传》桓公六年载：“斗伯比言于楚子曰：‘吾不得志于汉东也，……汉东之国随为大……。’”

④ 李学勤：《论周初的鄂国》，《中华文史论丛》2008年第4期。

⑤ 湖北省文物考古研究所、随州市博物馆：《随州文峰塔M1（曾侯舆墓）、M2发掘简报》，《江汉考古》2014年第4期；李学勤：《曾侯（月舆）（舆）编钟铭文前半释读》，《江汉考古》2014年第4期。

还曾“纳豊（醴）于王”“驭方侑王”，并与王行射礼，而受到周王的赏赐。(《集成》2810）由此可以看出，周王朝最初主要是依靠曾、鄂的力量来镇守和管控“南国”地区的。从中甗、静方鼎铭文着重记载周王特使中和静视察“曾鄂师”来看，周王朝在曾、鄂应驻有重兵，在这些特使视察“曾鄂师”之后，又专门记载遣兵戍守“汉中州”之地，这一切活动都应是为昭王“涉汉伐楚”作准备。

如上述分析不误的话，就可以解释为什么昭王“涉汉伐楚”了，那就是昭王从成周出发，经南阳盆地各国而到达汉东的曾、鄂之地，亲率驻守在曾、鄂的王师，由“汉东”向“汉西”进发“涉汉伐楚”。结果“丧六师于汉”，全军覆没，昭王自己也淹死在汉水之中，“南巡狩不返，卒于江上”[①]。

（原载《江汉考古》2017 年第 4 期）

①《史记·周本纪》。

文献所见“鄂王城”

吴成国

1982年，大冶县博物馆对县城西南西畈乡胡彦贵村附近的岗陵上一座东周楚城进行了发掘，当地百姓呼之为“鄂王城”，该城以“鄂王城城址”一名于2001年获批全国重点文物保护单位。该城平面形状不规则，面积不大，约112 500平方米，地面至今可见土筑城垣、护城河及部分建筑基址；城内文化堆积较薄，出土有东周时期的陶器、铜兵器和铁器等遗物，时代则以战国时期为主[①]。

但是，截止到目前，关于该城的性质，学术界依然众说纷纭。主要观点有五:①熊渠所封“中子红为鄂王”[②]之鄂,即学术界所谓的“东鄂”;②《鄂君启节》启之封邑；③楚之别都；④楚国的军事城堡；⑤战国时期楚国的铜矿管理中心[③]。而且,第①②③种观点互相联系紧密,均涉及文献中的“西鄂”与“东鄂”之争。即使是我们认定“鄂王城”在“东鄂”而不在“西鄂”，又出现了今鄂州与大冶两地对“鄂王城”之争，类似的问题，从古至今在全国各地都有存在，例如，河南南阳与湖北襄阳对“诸葛亮躬耕之地古隆中”之争，河南鹿邑与安

① 大冶县博物馆：《鄂王城遗址调查简报》，《江汉考古》1983年第3期。

② （汉）司马迁：《史记·楚世家》，北京：中华书局，1959年，第1692页。

③ 朱继平：《“鄂王城”考》，《中国历史文物》2006年第5期。关于第2至第4种观点的学术回顾，可参考朱继平文尾注释之②③④。

徽涡阳对“老子故里”之争,“炎帝神农故里”全国有六地相争，仅湖南省就有炎陵县和会同县相争。

上述纷争有的或许一个相当长时期内尚无法得到解决，但有的问题的解决仍然还得回到陈寅恪先生概括王国维先生治史方法的“二重证据法”上来，“取地下之实物与纸上之遗文互相释证”，通过认真、深入、细致的研究，逐渐形成共识。笔者是从事文献研究的，这篇小文只是作了一点文献梳理的工作，认为：自北宋乐史《太平寰宇记》首次明确记载“鄂王城”,并将其位置与“故鄂县城”置于相邻之地,此后宋元明清地志类典籍和个人诗文中所言“鄂王城”均指“鄂县故城”,在今鄂州；而据《水经注》《太平寰宇记》《舆地纪胜》可知,最早将“鄂县故城”与“鄂王城”相联系的当属魏晋南北朝地志《九州记》；而指向马迹乡“鄂王城”（今大冶市金牛镇鄂王城村）的文献记载均属晚出，如光绪十一年（1885 年）重修的《武昌县志》、民国十年（1921 年）的《湖北通志》。

一、《太平寰宇记》关于“鄂王城”与“故鄂县城”的记载

《太平寰宇记》卷 112“江南西道十鄂州武昌县”云：

> 鄂王城在州西北百八十里。楚子熊渠封中子红于鄂，僭称王，居此城。《九州记》曰:“今武昌”是也。《九州记》略同。今鄂人事鄂王神，即遗像也。[①]

紧接此条后,《太平寰宇记》又记：

> 故鄂县城，在州西北百八十三里。《舆地志》云:“汉旧鄂县，属江夏，吴之武昌。晋太康年复立鄂州，此县废矣。”[②]

后世研究者对乐史这部地理总志的评价甚高。“知识渊博，著述丰硕”的乐史“擅长地理之学”,《太平寰宇记》克服了唐贾耽《十道志》、李吉甫《元

---

①（宋）乐史撰、王文楚等点校：《太平寰宇记》卷 112，北京：中华书局，2007 年，第 2283 页。
②（宋）乐史撰、王文楚等点校：《太平寰宇记》卷 112，北京：中华书局，2007 年，第 2284 页。

和郡国志》的不足,“《太平寰宇记》是一部承先启后、继往开来的划时代巨著,在我国地理学发展史上,占有特殊的地位,成为现今研究历史地理的珍贵文献。乐史以一人之力完成这部巨著,实是一项卓越的贡献”[①]。

具体到乐史对“鄂王城”与“故鄂县城”的记载,“鄂王城在州西北百八十里”“故鄂县城,在州西北百八十三里”,说两城位置几乎一致,相距就是3里,且在武昌县即今鄂州。后世关于《太平寰宇记》的不同校本(例如万廷兰本、中山大学藏本、文渊阁《四库全书》本、傅增湘校本,等等)均未见对这两条记载有一字关于“四至八到”“方位”“里数”等的质疑与校勘。

二、把“鄂王城”与“故鄂县城”连在一起的当属《九州记》

《九州记》是魏晋南北朝地志作品,已亡佚。《水经注》已见有对其援引。关于“鄂县故城”,《江水三》“鄂县北”下,注云:

> 江水右得樊口……江之右岸有鄂县故城,旧樊楚地。《世本》称熊渠封其中子红为鄂王。晋《太康地记》以为东鄂矣。《九州记》曰:“鄂,今武昌也。”孙权以魏黄初元年,自公安徙此,改曰武昌县。[②]

很显然,《水经注》引《九州记》将“鄂县故城”置于武昌县即今鄂州。《太平寰宇记》卷112“江南西道十鄂州武昌县”已见前引,所谓“《九州记》曰:‘今武昌’是也。《九州记》略同”。南宋王象之《舆地纪胜》卷81“寿昌军”“古迹”下载:

> 鄂王城:《寰宇记》云:“在鄂州东一百八十里”,楚子熊渠封中子红于鄂,居此城。《九州记》曰:“今武昌是也。”
>
> 吴王城:在武昌东,周四百八十步。又,鄂王城及楚封子红处,在县西南二里,东西九十里,南北百步。[③]

---

①(宋)乐史撰、王文楚等点校:《太平寰宇记·前言》,北京:中华书局,2007年,第4页。

②(北魏)郦道元著、陈桥驿校证:《水经注校证》,北京:中华书局,2013年,第772页。

③(宋)王象之:《舆地纪胜》,北京:中华书局影印,1992年,第2628页。

“军”是宋朝的行政区划。宋宁宗嘉定十五年（1222年），升鄂州武昌县为寿昌军使，续升寿昌军。宋理宗端平元年（1234年），以武昌县还隶鄂州。这里，舆地纪胜引用了《九州记》《太平寰宇记》对“鄂王城”的记载，将《太平寰宇记》“鄂王城在州西北百八十里”改为“在鄂州东一百八十里”，不知所本为何？且将“鄂王城”与“吴王城”相连，又记鄂王城“在县西南二里”，并为明李贤等撰《明一统志》、清修《湖北通志》的同样记载所张本。《明一统志》卷59：“鄂王城，在武昌县西南二里，即楚熊渠子红封国城。”[①]《湖广通志》卷77“武昌县”：“鄂王城，在县西南二里。《史记·楚世家》熊渠封中子红于鄂，即此城。”[②]

三、宋元明清诗文所见“鄂王城”

宋薛季宣《浪语集》卷10有《陪刘提点游西山》诗：“我家西山下，早晚空翠滴。漫仕鄂王城，西山怅难觅。不知寒溪上，好景天意锡。举趾异川陆，千里共岑寂。丘原动归念，魂梦时历历。东吴赛瓯粤，信美心愈戚。古见似人喜，乡闻今有觌。且作西山游，笑颜忻自赦。”[③]薛季宣，南宋哲学家，永嘉学派创始人，少时随伯父薛弼宦游各地。《陪刘提点游西山》全诗紧紧围绕武昌西山和周边景点、古迹而写，鄂王城自然不可能有他指。薛季宣另撰有《鄂城篇》，中有“袁山野火春风吹，惊飙万马争奔驰。……武昌佐史皆好古，点茗联镳访城府。……鄂王城阙烟苍苍，鄂王宫殿波茫茫”句[④]。

明代王廷陈撰《梦泽集》卷4有《楚岸吟寄牟子》诗。王廷陈（1493—1550，今武汉新洲人）诗句曰：“楚岸长杨垂至地，百鸟娇啼春自醉。晴丝冉

① （明）李贤等：《明一统志》卷59，见《影印文渊阁四库全书》第473册，台北：台湾商务印书馆，1986年，第207页。

② （清）迈柱等监修，夏力恕等编纂：《湖广通志》卷77，见《影印文渊阁四库全书》第534册，台北：台湾商务印书馆，1986年，第14页。

③ （宋）薛季宣：《浪语集》卷10，见《影印文渊阁四库全书》第1159册，台北：台湾商务印书馆，1986年，第216页。

④ （宋）薛季宣：《浪语集》卷10，见《影印文渊阁四库全书》第1159册，台北：台湾商务印书馆，1986年，第223页。

冉堕碧空，风光颇为游人媚。我家黄子国，君住鄂王城。大江东下云雾接，滔滔应泻故人情。”[①]无疑写的是今鄂州鄂王城。李攀龙（1514—1570年），明代著名文学家，“后七子”的领袖人物，被尊为“宗工巨匠”，主盟文坛20余年，其影响及于清初。其《沧溟集》卷12《寄顺甫》诗云：“江汉秋风万里生，浮云不见鄂王城。于今楚调无人和，忆尔还高白雪情。”[②]

清户部侍郎田雯《古欢堂集》，卷12有《量移北上留别沈范先、龚千谷、成伸谦诸同人》诗云：“半季手板鄂王城，此日萧萧班马鸣。西塞山头留客驾，郎官湖上送人行。从前枉费怀中刺，向后还兼吏隐名。沅芷湘兰皆可赠，不须折柳倍含情。”[③]该诗写到今鄂州上下沿江的鄂王城、郎官湖（湖名，在今武汉汉阳地面，“官湖月夜”为著名的“汉阳十景”之一）、今黄石西塞山等。清乾隆朝著名诗人张九钺（1721—1803年），湖南湘潭人，先世居湖北襄阳。张九钺《乘雪渡江中流作》有“云气全荒子敬营，涛头直压鄂王城。中流漭漭舟盘势，千里萧萧雪打声”句[④]，首句中的“子敬”即三国孙吴水军都督鲁肃鲁子敬，其军营在夏口（今武汉汉口），“涛头直压鄂王城”只能是地处夏口下游的武昌“鄂王城”。清代还有位女诗人陈慧姝（1755—1783年），浙江海宁人，在湖北汉阳与举人张问安结婚，成为张问陶的嫂子，其《春日病中》诗“鄂王城畔草纤纤，细柳浓春拂画檐。江乡风物坐惆怅，落尽山梅不卷帘”[⑤]，以女性的眼光写出了春日下的鄂王城与江乡风物。清代杰出诗人、诗论家、著名书画家张问陶(1764—1814年)《寓目》诗云：“寓目沧江上，天光属晓晴。草根春露湿，云际塞鸿惊。竹乱疑无路，松高时有声。微风起苹末，遥辨鄂王城。”[⑥]诗人许瑶光（1817—1881年），字雪门，湖南善化（今长沙）人，其《黄鹤怨》：“我思龙蟠山侧鄂王城，陶侃当年擅盛名。”[⑦]“陶侃当年擅盛名”点明了上句“鄂王城”的位置，陶侃

---

① （明）王廷陈：《梦泽集》卷4，见《影印文渊阁四库全书》第1272册，台北：台湾商务印书馆，1986年，第558页。

② （明）李攀龙著、包敬第标校：《沧溟先生集》，上海：上海古籍出版社，1992年，第309页。

③ （清）田雯：《梦泽集》卷4，见《影印文渊阁四库全书》第1324册，台北：台湾商务印书馆，1986年，第132页。

④ （清）张九钺撰、雷磊点校：《陶园诗文集》，长沙：岳麓书社，2013年，第436页。

⑤ 赵青：《嘉兴历代才女诗文徵略》（下），杭州：浙江大学出版社，2014年，第780页。

⑥ 胡传淮：《张问陶研究文集》，北京：团结出版社，2015年，第83页。

⑦ （清）龙顾山人纂，卞孝萱、姚松点校：《十朝诗乘》，福州：福建人民出版社，2000年，第704页。

（259—334），东晋名将，曾任武昌太守、荆州刺史，其治所均在武昌，并在武昌达致其事业的顶峰。

四、指向今大冶“鄂王城”的文献均属晚出

首先将“鄂王城”指向今大冶金牛镇鄂王城村“鄂王城”的是光绪十一年（1885 年）重修的《武昌县志》，其卷 9 载：

> 鄂王城在县南按当作西南一百二十里，周夷王时，楚熊渠封中子红于鄂。鄂王城即楚封子红处，在县西南二里，东西九十步，南北百步。《舆地纪胜》按：《名胜志》引《九州记》：“鄂王城在武昌县西南二里，属马迹乡。”考马迹乡在县西南一百二十里，距府治一百八十余里，与《寰宇记》所称在鄂州百八十二里正合。今遗址关门石尚存，土人呼为鄂王城，其为楚封址无疑。《舆地纪胜》《名胜志》所据里数或是误脱，今县西南二里滨湖，亦无故城址也。[①]

该《武昌县志》撰者还把“鄂王城”属马迹乡的说法提早到《九州记》，照录其整段文字于此。

第 2 条指向今大冶金牛镇鄂王城村“鄂王城”的文献材料则是民国十年（1921 年）《湖北通志》的记载，显然它是转自光绪《武昌县志》：

> 鄂王城在武昌县西南二里，属马迹乡。今马迹乡在县西南百二十里，距府治一百八十余里，有故城遗址，土人呼为鄂王城，与《寰宇记》所称西北去鄂州百八十三里正合。《名胜志》所据里数疑有脱误，《嘉庆志》谓即今县治，恐非。[②]

① 光绪《武昌县志·古迹》卷 9，鄂州市档案史志局点校重刊本，2004 年，第 279 页。

② 吕调元、刘承恩修，张仲炘等纂：《湖北通志》，见湖北省地方志编纂委员会办公室据 1921 年影印《湖北通志》卷 15，武汉：湖北人民出版社，2010 年，第 597 页。

五、余论：找准大冶文化的“源”“根”“魂”

当今时代，已经进入到一个以文化决定未来的时代。文化资源，简言之，就是可以用作资源的文化。一个地方对文化资源的重视、保护与利用，就是从文化自觉走向文化自信的开始。这让我想起了清朝时期，湖北襄阳人顾嘉蘅担任南阳太守，南阳人问他：“你认为诸葛亮躬耕之地古隆中是南阳还是襄阳的？”顾嘉蘅以一副楹联做了回答：“心在朝廷，原无论先主后主；名高天下，何须辨襄阳南阳。”

党的十八大以来，习近平总书记高度重视传承发展中华优秀传统文化，开发利用文化资源，多次作出重要指示。2013年12月30日，在主持中共中央政治局第十二次集体学习时，习近平总书记指出：“要系统梳理传统文化资源，让收藏在禁宫里的文物、陈列在广阔大地上的遗产、书写在古籍里的文字都活起来。”2015年春节前在陕西省考察时，习总书记讲道：“对历史文化，要注重发掘和利用，溯到源、找到根、寻到魂，找准历史和现实的结合点。”众所周知，大冶青铜冶炼历史长达3000余年，铜绿山矿冶文化遗址名扬天下。宋乾德五年（967年）划武昌三乡与之合并始建大冶县，县名取“大兴炉冶”之意。窃以为，把铜绿山、五里界城、鄂王城、草王嘴城串联考察，是一定能让大冶文化“溯到源、找到根、寻到魂”的！

（原载《楚学论丛》第七辑，湖北人民出版社，2018年）

鄂与鄂州论著索引

一、论文与简报

［1］柴中庆：《南阳鄂国地望考》，载楚文化研究会：《楚文化研究论集》第七集，长沙：岳麓书社，2007年。

［2］蔡靖泉：《鄂国史迹与楚人至鄂》，《湖北社会科学》2017年第10期。

［3］曹淑琴：《噩器初探》，《江汉考古》1993年第2期。

［4］陈东阳：《鄂国地望变迁新考》，《南都学坛》2017年第3期。

［5］陈佩芬：《上海博物馆新收集的西周青铜器》，《文物》1981年第9期。

［6］陈荣军：《新出金文与鄂国历史地理问题探析》，《中华文化论坛》2016年第4期。

［7］陈伟：《〈鄂君启节〉之"鄂"地探讨》，《江汉考古》1986年第2期。

［8］崔本信、王伟：《南水北调中线工程南阳夏响铺鄂国贵族墓地发掘成果》，《中国文物报》2013年1月4日第8版。

［9］崔本信：《寻找消失的古鄂国》，《光明日报》2015年8月4日第7版。

［10］丁堂华、方文：《楚国与鄂国及古越族》，《鄂州大学学报》2010年第1期。

［11］丁堂华、秦昌林、方文：《试论古噩国及"鄂"文化的相关问题——兼论鄂国与商周王朝、楚国、曾国的历史渊源》，《鄂州大学学报》2016年第3期。

［12］董珊：《疑尊、疑卣考释》，《中国国家博物馆馆刊》2012年第9期。

［13］杜勇：《新出金文与鄂国史地问题考辨》，《宝鸡文理学院学报》（社会科学版）2018年第2期。

［14］樊森：《西周早期周王室对"南国"的战略部署初探》，《中州学刊》2015年第8期。

［15］冯天瑜、罗运环：《湖北简称鄂研究》，载胡国铭：《吴楚文化研究》，武汉：湖北人民出版社，2015年。

［16］傅玥、高旭旌：《从羊子山M4青铜器群看西周鄂国的地望》，载楚文化研究会：《楚文化研究论集》第九集，上海：上海古籍出版社，2011年。

［17］傅玥：《湖北西周青铜礼乐器分群研究》，《江汉考古》2013年第2期。

［18］高崇文：《从曾、鄂考古新发现谈周昭王伐楚路线》，《江汉考古》2017年第4期。

[19] 何光岳:《扬子鳄的分布与鄂国的迁移》,《江汉考古》1986年第3期。

[20] 黄凤春、陈树祥、凡国栋:《湖北随州叶家山新出西周曾国铜器及相关问题》,《文物》2011年第11期。

[21] 黄尚明:《从考古新材料看鄂国的历史变迁》,《华中师范大学学报(人文社会科学版)》2015年第1期。

[22] 黄盛璋:《朴君述鼎国别、年代及其相关问题》,《江汉考古》1987年第1期。

[23] 黄盛璋:《再论鄂君启节交通路线复原与地理问题》,《安徽史学》1988年第2期。

[24] 江鸿:《盘龙城与商朝的南土》,《文物》1976年第2期。

[25] 李学勤:《湖北随州叶家山西周墓地笔谈》,《文物》2011年第11期。

[26] 李学勤:《静方鼎与周昭王历日》,《光明日报》1997年12月23日。

[27] 李学勤:《论汉淮间的春秋青铜器》,《文物》1980年第1期。

[28] 李学勤:《论周初的鄂国》,《中华文史论丛》2008年第4期。

[29] 李学勤:《由新见青铜器看西周早期的鄂、曾、楚》,《文物》2010年第1期。

[30] 刘和惠:《鄂地再探讨》,载《楚学论丛》第一辑,武汉:湖北人民出版社,2011年。

[31] 刘翔:《周夷王经营南淮夷及其与鄂之关系》,《江汉考古》1983年第3期。

[32] 刘启益:《静方鼎等三器是西周昭王十六年铜器》,《中国历史文物》2009年第4期。

[33] 罗运环:《甲骨文金文"鄂"字考辨》,载《古文字研究》第二十八辑,北京:中华书局,2010年。

[34] 罗运环:《湖北简称"鄂"研究》,载《人文论丛》2010卷,北京:中国社会科学出版社,2011年。

[35] 罗运环:《安居新出鄂侯诸器与楚熊渠所伐之鄂》,载罗运环:《出土文献与楚史研究》,北京:商务印书馆,2011年。

[36] 马承源:《记上海博物馆新收集的青铜器》,《文物》1964年第7期。

[37] 沈长云:《静方鼎的年代及相关历史问题》,《中国国家博物馆馆刊》

2013 年第 7 期。

［38］石泉：《楚都丹阳地望新探》，《江汉论坛》1982 年第 3 期。

［39］石泉：《古代曾国—随国地望初探》，《武汉大学学报（哲学社会科学版）》1979 年第 1 期。

［40］宋焕文：《安州六器辨正》，《江汉考古》1989 年第 2 期。

［41］宋镇豪：《商代的王畿、四土与四至》，《南方文物》1994 年第 1 期。

［42］随州市博物馆：《湖北随县安居出土青铜器》，《文物》1982 年第 12 期。

［43］随州市博物馆：《湖北随县发现商周青铜器》，《文物》1984 年第 6 期。

［44］唐兰：《论周昭王时代的青铜器铭刻》，载《古文字研究》第二辑，北京：中华书局，1981 年。

［45］田率：《新见鄂监簋与西周监国制度》，《江汉考古》2015 年第 1 期。

［46］童力群：《诸“鄂”之辨新探》，《湖北成人教育学院学报》2015 年第 3 期。

［47］王冠英：《殷周的外服及其演变》，《历史研究》1984 年第 5 期。

［48］王占奎：《关于静方鼎的几点看法》，《文物》1998 年第 5 期。

［49］王长丰：《“静方鼎”的时代、铭文书写者及其相关联的地理、历史》，《华夏考古》2006 年第 1 期。

［50］王震中：《商代的王畿与四土》，《殷都学刊》2007 年第 4 期。

［51］武汉大学荆楚史地与考古研究室：《随州安居遗址初次调查报告》，《江汉考古》1984 年第 4 期。

［52］吴成国：《文献所见“鄂王城”》，载《楚学论丛》第七辑，武汉：湖北人民出版社，2018 年。

［53］肖洋：《西周时期鄂国地望考证》，载《楚学论丛》第三辑，武汉：湖北人民出版社，2014 年。

［54］徐峰：《西周鄂国地望略论》，载《三代考古》（五），北京：科学出版社，2013 年。

［55］徐少华：《鄂国铜器及其历史地理综考》，《考古与文物》1994 年第 2 期。

［56］徐少华：《论随州文峰塔一号墓的年代及其学术价值》，《江汉考古》2014 年第 4 期。

［57］徐天进：《日本出光美术馆收藏的静方鼎》，《文物》1998 年第 5 期。

［58］徐中舒：《禹鼎的年代及其相关问题》，《考古学报》1959 年第 3 期。

［59］晏昌贵、郭涛：《〈鄂君启节〉铭文地理研究二题》，《华北水利水电学院学报（社会科学版）》2012 年第 5 期。

［60］杨宝成：《鄂器与鄂国》，载《洛阳考古四十年——一九九二年洛阳考古学术研讨会论文集》，北京：科学出版社，1996 年。

［61］杨采华：《两个荆楚方国与三个鄂国探微》，《荆楚学刊》2013 年第 6 期。

［62］杨宽：《西周初期东都成周的建设及其政治作用》，《历史教学问题》1983 年第 4 期。

［63］殷崇浩：《楚都鄂补》，《江汉考古》1984 年第 1 期。

［64］于豪亮：《为什么随县出土曾侯墓》，载《古文字研究》第一辑，北京：中华书局，1979 年。

［65］于凯：《西周金文中的“𠂤”和西周的军事功能区》，《史学集刊》2004 年第 3 期。

［66］于省吾：《略论西周金文中的“六𠂤”和“八𠂤”及其屯田制》，《考古》1964 年第 3 期。

［67］于延亮：《鄂国历史概述——兼及鄂君》，《长江文明》2016 年第 3 期。

［68］岳明：《古代鄂国南迁与扬子鳄分布的关系》，《民族论坛》1985 年第 3 期。

［69］张昌平：《曾国青铜器的发现与曾国地域》，《文物》2008 年第 2 期。

［70］张昌平：《𬯀国与𬯀国铜器》，《华夏考古》1995 年第 1 期。

［71］张昌平：《论随州羊子山新出𬯀国青铜器》，《文物》2011 年第 11 期。

［72］张昌平：《叶家山墓地相关问题研究》，载《随州叶家山——西周早期曾国墓地》，北京：文物出版社，2013 年。

［73］张后铨：《鄂君启节价值与东鄂地望考略》，载《鄂州大学学报》2005 年第 2 期。

［74］张剑：《洛阳市博物馆馆藏的几件青铜器》，载《文物资料丛刊》第 3 辑，北京：文物出版社，1980 年。

［75］张懋镕：《静方鼎小考》，《文物》1998 年第 5 期。

［76］张硕：《早期楚文化的民族环境》，《江汉论坛》2010 年第 12 期。

[77]赵东升:《论鄂东南地区西周时期的考古学文化格局及政治势力变迁》,《华夏考古》2013年第2期。

[78]赵世纲:《鄘子受钟与鄂国史迹》,《江汉考古》1995年第1期。

[79]朱继平:《“鄂王城”考》,《中国历史文物》2006年第5期。

[80]朱继平:《考古所见楚对鄂东铜矿的争夺与控制》,《中国历史文物》2010年第6期。

二、著作

[1]陈梦家:《西周铜器断代》,北京:中华书局,2004年。

[2]郭沫若:《两周金文辞大系》,北京:科学出版社,1957年。

[3]黄锡全:《湖北出土商周文字辑证》,武汉:武汉大学出版社,1992年。

[4]李峰:《西周的灭亡——中国早期国家的地理和政治危机》,上海:上海古籍出版社,2007年。

[5]李学勤:《殷代地理简论》,北京:科学出版社,1959年。

[6]罗运环:《楚国八百年》,武汉:武汉大学出版社,1992年。

[7]任伟:《西周封国考疑》,北京:社会科学文献出版社,2004年。

[8]石泉:《楚国历史文化辞典》,武汉:武汉大学出版社,1997年。

[9]随州市博物馆:《随州出土文物精粹》,北京:文物出版社,2009年。

[10]唐兰:《西周青铜器铭文分代史徵》,北京:中华书局,1986年。

[11]王国维:《观堂集林》,北京:中华书局,1959年。

[12]徐少华:《周代南土历史地理与文化》,武汉:武汉大学出版社,1994年。

[13]许倬云:《西周史》,北京:生活·读书·新知三联书店,1994年。

[14]杨宝成:《湖北考古发现与研究》,武汉:武汉大学出版社,1995年。

[15]杨宽:《西周史》,上海:上海人民出版社,2003年。

[16]张正明:《楚史》,武汉:湖北教育出版社,1995年。

[17]郑威:《楚国封君研究》,武汉:湖北教育出版社,2012年。

[18]中国社会科学院考古研究所:《殷周金文集成》(修订增补本),北京:中华书局,2007年。

[19]周书灿:《西周王朝经营四土研究》,郑州:中州古籍出版社,2000年。

三、学位论文

[1] 白晨辰:《从文献及考古资料看殷周鄂国的历史变迁》，河南大学硕士学位论文，2016 年 6 月。

[2] 刘亚星:《鄂国历史地理研究》，郑州大学专业硕士学位论文，2015 年 5 月。

下编 楚与鄂州

楚与鄂州概述

王 准

楚国是先秦时期的大国，在文献中简称楚，或称为荆、荆楚。据《史记·楚世家》等记载，楚人先祖出自颛顼高阳氏。屈原在《离骚》中追述家族世系时，亦自称“帝高阳之苗裔兮”。颛顼后裔传至老童，老童成为可以确定的时代最早的楚先祖。老童之后传至祝融，传说祝融担任过炎帝之佐。祝融部落延续至陆终之时，发生了大裂变，分为己、董、彭、秃、妘、曹、斟、芈等八个支系，史称“祝融八姓”或“陆终六子”。其中的芈姓后裔的鬻熊部落在商朝末期服事周文王，在西周早期附属于周朝，故后世楚族皆为芈姓。周成王封鬻熊之孙熊绎于楚蛮之地，居于丹阳，楚人从此得以立为诸侯。周夷王时，王室衰微，楚君熊渠乘机兴兵伐庸、扬越，至于鄂，并且封三子为王。后来即位的周厉王暴虐无道，熊渠遂避其锋芒去掉三子的王号。到春秋早期时，熊通又自立为武王。武王、文王时期，楚国征服了汉水中游的诸多小国，一直抵达淮水上游地区，逐渐向中原发展。春秋中晚期，楚国实力迅速上升，先后与齐、晋争霸，楚成王、庄王均为一时之霸主，国境也东扩至淮水中上游一带，西面抵达汉水上游。到春秋晚期，吴国兴起于东方，吴、楚之间进行了长达百年的征战，吴师一度攻入楚国郢都，幸得秦国相助才得以光复。战国初年，越王勾践卧薪尝胆灭掉吴国，楚国趁机进入淮水下游。战国时期各国纷纷变法，楚悼王任用吴起主持变法，南平百越，加强对长江中游以南地区的控制。楚怀王后期直至顷襄王时，楚国接连遭遇军事挫折，从汉水上游、南阳盆地直至江汉地区逐步失陷。白起拔郢之后，楚国被迫迁都陈城。考烈王时期，楚国一度复兴，灭鲁、越等国，在东北、东南两个方向都有进展，并且迁都于寿春。楚王负刍四年（公元前 224 年），王翦率秦军攻楚，次年俘获楚王，楚从此灭国。从西周熊绎受封算起，楚立国共约 800 年，故有“楚国八百年”之称。

楚与鄂州有着相当密切的联系，两者最早产生关联，要从熊渠兴兵至于鄂、封中子红为鄂王说起。有学者认为此“鄂”即在今鄂州附近。考古工作者在鄂州南边大冶胡彦贵村发现了鄂王城遗址，它与熊渠时代的“鄂”有何种关系，其修筑年代与城市性质都值得探讨。刘向的《说苑》中记载楚国曾有一位鄂君子晰，其封地“鄂”据传说也与今鄂州有关。另外战国中期的鄂君启，楚王为其铸造的车节与舟节作为当时鄂君商队的免税凭证，他的身份与封地是否与今鄂州有关也值得深究。以上这些问题我们将依次展开，以厘清与鄂州的历史与传说。

一、西周时代的熊渠与鄂

熊渠是楚国早期相当有作为的一位国君，他在位之时，楚人首次占领鄂。据《史记·楚世家》载：

> 熊渠甚得江汉间民和，乃兴兵伐庸、杨粤，至于鄂。熊渠曰：“我蛮夷也，不与中国之号谥。”乃立其长子康为句亶王，中子红为鄂王，少子执疵为越章王，皆在江上楚蛮之地。……熊渠卒，子熊挚红立。

关于此处鄂之地望，自古以来有两种说法：一说为东鄂，即今鄂州；一说为西鄂，在河南邓县附近，汉代曾在南阳郡下设西鄂县。裴骃《史记集解》引《九州记》曰：“鄂，今武昌。”张守节《史记正义》引《括地志》云：“武昌县，鄂王旧都。今鄂王神即熊渠子之神也。”又引刘伯庄曰：“（鄂）地名，在楚之西，后徙楚，今东鄂州是也。”两种注疏都引用了熊挚红封鄂王故城在当时武昌县（东鄂）的说法，此说大概较为流行。日本学者泷川资言也认为“今湖北武昌府武昌县有鄂城”[①]。

对于传统文献记载之史料，学者们开始对其性质进行探讨与批判。王国维在《古诸侯称王说》中指出，古诸侯在境内称王，与称公、称君无异，只是一种称王习俗的传承，不应视作僭越[②]。日本学者藤田胜久认为《楚世家》对熊渠

---

①（汉）司马迁撰、［日］泷川资言考证：《史记会注考证》，北京：文学古籍刊行社，1955年，第2479页。

② 王国维：《古诸侯称王说》，载王国维：《观堂集林（外二种）》，石家庄：河北教育出版社，2003年，第623页。

三子世系的记载，前半部分可能引用楚世系材料，带有传说色彩，所称之“鄂王”不一定与后来熊通所称之“王”相同,也与太史公的理解方式存在一定关系。吉本道雅引用熊渠子传说与“鄂王神”记载，认为“鄂王”的“王”原本可能是作为神号的“王”，熊渠子传说可能大多形成于战国后期，经过《帝系》整理后将孤立的神话、祭祀体系化并入一个系统中。郑威赞同以上说法，认为熊渠封三子为王记载的形成有着一定过程：先有分散的熊渠子、鄂王的传说，“王”仅作为神号出现；而经过《帝系》与太史公整理之后，形成熊渠三子皆封王的记载。三子称王的传说可能反映西周封建制在楚国的发展[①]。

除了传统注疏外，新出金文也成为讨论的热点。王国维《夜雨楚公钟跋》中写道，楚公钟作器者为楚公豖，正是《楚世家》中所说的熊咢，咢本从豖，二字形声相近。赵明诚《金石录》记载此楚公钟出自鄂州嘉鱼县，王厚之《钟鼎款识》又说是宋政和三年（1113年）武昌太平湖进献。因嘉鱼、武昌两县接壤，故而推断出土地当在两县之间。熊渠去世后，熊挚红继位，经六世传于熊咢，而熊咢之钟又出土于武昌，故王国维认为当时的武昌即为熊挚红所封之鄂[②]。王国维使用了新的金文史料，在传统注疏基础上更进一步，他的看法影响到了许多学者。冯永轩[③]、殷崇浩[④]皆赞同其说。张正明认为鄂便是金文中的“噩”，鄂国东迁后尽得长江中游铜矿之利，西周噩侯驭方鼎铭文记录了鄂侯受到周王恩宠的历史，但此后鄂侯驭方与淮夷结盟，周厉王又派兵攻灭鄂国，熊渠趁机袭取鄂都，即在今鄂州市[⑤]。杨宽认可鄂州为熊挚红封地，但认为熊挚红至熊咢六世皆建都于鄂并不合理，仅在鄂地保留宗庙祭祀而已，故而当地出土有楚公逆钟[⑥]。李学勤据宋代出土“安州六器”与日本出光美术馆藏《静方鼎》铭文，推测西周的鄂国在汉水当地，符合扼居江汉会合处的湖北鄂州地望[⑦]。徐中舒在研

① 郑威：《〈史记·楚世家〉熊渠封三子史料性质小考》，《江汉考古》2011年第1期。

② 王国维：《夜雨楚公钟跋》，载王国维：《观堂集林》（下册），北京：中华书局，1959年，第890-891页。

③ 冯永轩：《说楚都》，《江汉考古》1980年第2期。

④ 殷崇浩：《楚都鄂补》，《江汉考古》1984年第1期。

⑤ 张正明：《楚史》，武汉：湖北教育出版社，1995年，第45页。

⑥ 杨宽：《西周史》，上海：上海人民出版社，2003年，第640页。

⑦ 李学勤：《论周初的鄂国》，《中华文史论丛》2008年第4期。

究禹鼎铭文时，认为西周鄂国位于南阳盆地的西鄂故城[①]。唐兰、马承源等也持此说[②]。“东鄂”说与“西鄂”说并行,未能得出结论。自从大冶铜绿山矿冶遗址被发现后，有学者根据古矿井遗址的分期数据推测熊渠时代这一地区已经被控制,促进古铜矿开采业的大幅度发展[③]。这种说法也遭到质疑。尹弘兵认为西周时期并无东鄂，只有西鄂，从考古学角度来看，西周时期今鄂东南地区没有楚文化遗存，反映熊渠足迹并未达到江南铜矿区[④]。

近十年来西周时期鄂国公族墓地的发现，为相关讨论增加了新的变数。2007年湖北随州安居羊子山M4出土西周早期青铜器27件，大部分器物上有“鄂”或“鄂侯”铭文[⑤]。羊子山被认为是西周早期鄂国公族墓地[⑥],鄂国应该距离公族墓地不远，就在随州安居附近。2012年南阳夏响铺鄂侯墓地发掘出土了多件有“鄂侯”“鄂侯夫人”“鄂”铭文的铜器[⑦]，时代约为西周晚期晚段至春秋早期，显示鄂国当时已经迁徙至南阳盆地。由羊子山与夏响铺鄂侯墓地发现可知，西周早期到晚期的鄂国虽然有所迁徙，但大致范围可能不超过随枣走廊至南阳盆地间，那么熊渠时代的鄂国是否会远至江汉之会的鄂州地区？现在看来可能性是比较小的。这即是说，假如熊渠所占领之“鄂”是在今鄂州地区（东鄂），当地也不太可能是鄂国所在。

在西周鄂侯墓地被发现后，学界意见仍然存在分歧，主要可分为两个方向。部分学者仍坚持熊渠所伐之鄂为鄂国，位于随枣走廊地区。陈树祥、黄凤春认为熊渠兴兵“至于鄂”，即兵至鄂国境内，禹鼎记载周王师讨伐鄂侯，楚师也曾合力攻鄂并占领了鄂侯的部分地盘，并封中子红为鄂王。但尽管熊渠经营江汉有方，但实力尚不足以到达梁子湖东岸大冶一带，所封中子红之鄂地也并非在鄂州，而

---

① 徐中舒：《禹鼎的年代及其相关问题》，《考古学报》1959年第3期。

② 唐兰：《西周青铜器铭文分代史徵》，北京：中华书局，1986年，第287页；马承源：《记上海博物馆新收集的青铜器》，《文物》1964年第7期。

③ 李天元：《楚的东进与鄂东古铜矿的开发》，《江汉考古》1988年第2期。

④ 尹弘兵：《西周春秋时期的楚国与江南铜矿》，载《湖南省博物馆馆刊》第七辑，长沙：岳麓书社，2011年。

⑤ 随州市博物馆：《随州出土文物精粹》，北京：文物出版社，2009年。

⑥ 李学勤：《由新见青铜器看西周早期的鄂、曾、楚》，《文物》2010年第1期。

⑦ 崔本信、王伟：《南水北调中线工程南阳夏响铺鄂国贵族墓地发掘成果》，《中国文物报》2013年1月4日第8版。

是随枣走廊西侧[①]。黄尚明认为熊渠所伐的鄂即随州之鄂国，所封中子红的鄂国也可能在随州附近，只不过后来迫于周厉王的压力，迁徙至今鄂州[②]。

另外一个方向则否定鄂国与熊渠的联系，转而认为“鄂”是独立于鄂国之外的另一地域。丁堂华从“鄂”的字义出发，认为其所指是鳄鱼，在古代称为“蛟”，是龙类的一种。长江流域有扬子鳄，吴越民族断发文身，像蛟龙之形，越人正是崇拜扬子鳄的族群。《楚世家》记载熊渠伐扬越至于鄂，显示鄂应该在扬越的范围之内，而并非与扬越并列。所以今鄂州的东鄂是古越族中扬越人所建的方国[③]。蔡靖泉针对熊渠所伐的鄂是否鄂国接连提出了七问，从而基本否定鄂国之说，主张今鄂州一带的“东鄂”为扬越世代居住之地，熊渠占领之后仍维持群居聚落而未曾筑城。熊渠时代楚国青铜器突然增多，其铜料来源便是“东鄂”周围的多处铜矿[④]。

二、战国楚城鄂王城的性质

鄂王城遗址位于大冶市西南边陲金牛镇高河管理区鄂王村 8 组胡彦贵自然村。城址于 1981 年普查时被发现，确认为东周古城，根据地方流传称呼，定名为“鄂王城”。1982 年开始，考古人员对该城址进行了多次调查，并对周围墓葬进行了勘探。2001 年该城址被国务院列为第五批全国重点文物保护单位。2013 年以来，湖北省文物考古研究所根据国家文物局的批复，与大冶市博物馆组成“鄂王城考古队”，对城址及周边遗址、墓群进行考古调查、勘探和抢救发掘。通过此次发掘，初步确认鄂王城的使用年代，基本理清了鄂王城周边遗址布局、规模等情况[⑤]。

---

① 陈树祥、黄凤春：《楚封鄂王、鄂君与鄂王城之地望辨析》，载《楚学论丛》第二辑，武汉：湖北人民出版社，2012 年。

② 黄尚明：《从考古新材料看鄂国的历史变迁》，《华中师范大学学报（人文社会科学版）》2015 年第 1 期。

③ 丁堂华、方文：《楚国与鄂国及古越族》，《鄂州大学学报》2010 年第 1 期。

④ 蔡靖泉：《鄂国史迹与楚人至鄂》，《湖北社会科学》2017 年第 10 期。

⑤ 参看湖北省文物考古研究所：《2013 年湖北省文物考古研究所考古工作主要收获》，《江汉考古》2014 年第 1 期。

鄂王城坐西向东，西面环绕着海拔 40 ～ 50 米的丘岗，东面为宽阔的平畈。平畈北边通往梁子湖。城址东约 80 米为高河港，自南向北流经鄂王城东，注入梁子湖，再从樊口注入长江。鄂王城故城高出附近地面 5 ～ 10 米，地面至今可见土筑城垣，四周有护城河遗迹。城址平面呈不规则长方形，东西长 187 ～ 225 米，南北宽 125 ～ 225 米，面积约 5.4 万平方米。东垣、西垣尚存于地面，由红褐土夹黄斑土夯筑而成，夯层约 10 厘米。城垣的东垣有 3 处缺口，南端缺口应该是当时的城门，城垣北部与西部有明显城壕遗迹。

城内文化堆积大致可分为 2 层，即地表土和战国时代文化堆积层，再无其他时代的堆积。战国文化层包含物多为板瓦、筒瓦残片，也有鬲、罐、豆等陶质生活器残片。城内发现 2 座窑址，窑底堆积厚厚的筒瓦，均为战国时代遗迹。城内发现有斧、镬、刀等铁质工具，筒瓦、板瓦、瓦当、地砖等建筑材料，鬲、豆、罐等生活用具，一块印有“陈爰”字样的金质称量货币，以及戈、箭簇等兵器。[①] 高一致、张璐赟对鄂王城遗址的出土与研究情况做了很好的综述[②]。

鄂王城遗址究竟是何种性质，学界目前主要有 5 种看法：① 熊渠所至之“鄂”；② 曾做过楚之别都；③ 鄂君启之封地；④ 楚国军事城堡；⑤ 楚国管理铜矿开采与冶炼的城堡。

第一种意见，与前文述及的主张熊渠所至之“鄂”为“东鄂”一派大部分重合，不再赘述。冯永轩、殷崇浩推测鄂王城在熊渠之后曾做过楚国的都城[③]。值得一提的是，相当部分的学者只是认为附近地域便是“东鄂”，并未明确指认考古发现的鄂王城便是熊红受封之城。虽然鄂王城中没有西周与春秋时期的遗存，蔡靖泉认为史籍记载楚国直至春秋晚期才在国都筑城郭，显示春秋晚期以前楚人没有筑城传统，西周时代鄂王熊红也应该不会筑城，仅有居邑而已[④]。

---

① 大冶县博物馆：《鄂王城遗址调查简报》，《江汉考古》1983 年第 3 期；熊北生、朱俊英：《鄂王城调查》，载《大冶五里界 —— 春秋城址与周围遗址考古报告》，北京：科学出版社，2006 年。

② 高一致、张璐赟：《大冶鄂王城研究综述》，载《楚学论丛》第七辑，武汉：湖北人民出版社，2018 年。

③ 冯永轩：《说楚都》，《江汉考古》1980 年第 2 期；殷崇浩：《楚都鄂补》，《江汉考古》1984 年第 1 期。

④ 蔡靖泉：《鄂国史迹与楚人至鄂》，《湖北社会科学》2017 年第 10 期。

第二种意见，所谓别都是指首都之外的大都。顾栋高《春秋列国疆域表》指出："熊渠封中子红为鄂王，后为楚别都。"[①] 马世之认为鄂王城在春秋时期正居于长江以南水陆交通要冲，溯汉水上可进攻汉阳诸姬，沿长江下能直捣吴越诸国，凭借长江天堑可攻可守，是郢都东面的门户别都[②]。王崇礼也持此意见[③]。

第三种意见，战国时代楚国封君鄂君启的封地。郭沫若认为《鄂君启舟节》中的"自鄂往"之"鄂"便指鄂城，是鄂君启的封地[④]。谭其骧也认为鄂就是湖北鄂城县（今鄂州市），《水经注》中武昌县、鄂县、"城东故城"三城，武昌县就是"鄂县故城"（汉代），也就是楚鄂王城[⑤]。黄盛璋认为鄂城县西南二里鄂王城，其地确有战国墓葬，出土战国铜镜等，如据出土遗物，战国之鄂在此地[⑥]。刘和惠也认为鄂位于长江中游南岸，鄂州市郊之鄂王城遗址可能性较大[⑦]。陈树祥、黄凤春也同意它是鄂君启的封地，并且解释了为何该城仅为5万平方米的小城的原因：① 政治上楚国对地方城邑尤其封邑规模进行了控制，防止尾大不掉；② 封君之城内部仅供封君家族居住，百姓居住城外；③ 经济上楚国在战国中晚期已经衰弱，小城易于修筑维护[⑧]。

第四种意见，陈振裕认为鄂王城具有与其他军事城堡类似的特点：面积较小，地理上占据交通要道，因而划归楚国的军事城堡[⑨]。许宏也将它归类为"军事堡垒"[⑩]。

第五种意见，用于铜铁矿的开采、冶炼管理。朱继平考虑到鄂王城周围发现大量商代至东周的矿冶遗址，不远处是著名的铜绿山古矿冶遗址，鄂王城经

---

① （清）顾栋高：《春秋大事年表》，北京：中华书局，1993年，第518页。

② 马世之：《关于楚之别都》，《江汉考古》1985年第2期。

③ 王崇礼：《楚国土木工程研究》，武汉：湖北科学技术出版社，1995年，第59页。

④ 郭沫若：《关于鄂君启节的研究》，《文物参考资料》1958年第4期。又载《郭沫若全集·考古编》第6卷，北京：科学出版社，2002年，第184页。

⑤ 谭其骧：《鄂君启节铭文释地》，载《中华文史论丛》第二辑，北京：中华书局，1962年；谭其骧：《再论鄂君启节地理答黄盛璋同志》，载《中华文史论丛》第五辑，北京：中华书局，1964年。

⑥ 黄盛璋：《再论鄂君启节交通路线复原与地理问题》，《安徽史学》1988年第2期。

⑦ 刘和惠：《楚文化的东渐》，武汉：湖北教育出版社，1995年，第141页。

⑧ 陈树祥、黄凤春：《楚封鄂王、鄂君与鄂王城之地望辨析》，载《楚学论丛》第二辑，武汉：湖北人民出版社，2012年。

⑨ 陈振裕：《东周楚城的类型初析》，《江汉考古》1992年第1期。

⑩ 许宏：《先秦城市考古研究》，北京：北京燕山出版社，2000年，第119页。

水路可进入梁子湖、大冶湖再入长江，水运交通便利，可能是楚人在鄂东南地区的铜矿管理中心。可与鄂王城比较的是大冶五里界古城，年代为春秋时期，虽然地层堆积也较为单薄，但被认为是春秋时期扬越族人进行铜矿生产过程中的仓储、转运、管理场所。鄂王城性质与之类似，只是时代较晚，归楚人所有[①]。朱俊英将鄂王城与五里界城、草王嘴城三座大冶境内不同时代的古城联系起来，总结三座城的共同点：面积都不大，文化层都很薄、使用年代短，距离河湖较近、水运便利，周围都有密集的铜矿与冶炼遗址，认为三城具有早晚相随的纵向联系。春秋时代修筑五里界城对大冶地区铜矿开采、冶炼进行管理。战国时代随着采矿冶炼中心区转移到鄂王城附近，继五里界城之后又新建鄂王城管理铜矿开采与冶炼。汉代以后再转移到铜绿山周围，于是修筑了草王嘴城[②]。

三、《越人歌》与鄂君子晰

传世文献记载有鄂君子晰（或作“子晳”），为他划船的越女作歌抒情告白，其事见于《说苑》卷 11《善说》：[③]

> 襄成君始封之日，……襄成君忿然作色而不言。庄辛迁延盥手而称曰：“君独不闻夫鄂君子晳之泛舟于新波之中也？乘青翰之舟，……榜枻越人拥楫而歌，歌辞曰：“滥兮抃草滥予？昌枑泽予？昌州州𩜱。州焉乎秦胥胥。缦予乎昭澶秦踰渗。惿随河湖。”鄂君子晳曰：“吾不知越歌，子试为我楚说之。”于是乃召越译，乃楚说之曰：“今夕何夕兮？搴舟中流。今日何日兮？得与王子同舟。蒙羞被好兮，不訾诟耻。心几顽而不绝兮，得知王子。山有木兮木有枝，心说君兮君不知。”于是鄂君子晳乃揄修袂，行而拥之，举绣被而覆之。鄂君子晳亲楚王母弟也，官为令尹，爵为执圭。

---

① 朱继平：《“鄂王城”考》，《中国历史文物》2006 年第 5 期。

② 朱俊英：《大冶三座古城址文化属性与铜矿采冶之关系》，载《中国矿冶考古——铜绿山古铜矿遗址考古发现与研究（二）》，北京：科学出版社，2014 年。

③（汉）刘向撰、向宗鲁校证：《说苑校证》，北京：中华书局，1987 年，第 278 页。

庄辛所称引的鄂君子晰，其身份有三种不同的说法。第一种，鄂君子晰便是《楚世家》记载的春秋时期楚共王之子、楚灵王之弟公子黑肱。此说作为传统观点被普遍接受。比如卢元骏《说苑今注今译》注："鄂君子晳，楚共王之子，曾为令尹，封于鄂。"[①]欧阳若修、陆干波也认为子晰任令尹是公元前529年即春秋时期事，文中的"榜枻越人"便是楚境内的"扬越"，正好对应熊渠所伐之"扬越"[②]。罗运环根据文中出现的"榜枻越人""越歌""越译""泛舟新波"等概念，推断鄂君子晰的所封地鄂邑生活的越人比较多且拥有发达的水系，从而否定鄂君子晰封地在南阳西鄂的可能，认为在梁子湖边的鄂王城的可能性较大[③]。第二种说法，有学者认为他就是战国中期的著名封君鄂君启。殷涤非、罗长铭怀疑鄂君子晰与鄂君启系一人，启为王子之名，子晰（晳）为字，即楚怀王之子，正如庄辛所言"鄂君子晳亲楚王母弟也"，庄辛是楚襄王时人，子晰正好是楚襄王的亲母弟[④]。杨宽也赞同此说[⑤]。第三种，鄂君子晰既非公子黑肱也不是鄂君启。郑威认为公子黑肱担任令尹时间很短，仅十余日，死后其令尹的地位恐不被承认，且楚国封君之制出现不早于春秋晚期，所以鄂君子晰不是公子黑肱，而是与庄辛、襄成君同时代或稍早时代的人。鄂君子晰有可能是鄂君启，或者是鄂君启的先祖，鄂君家族在垂沙之战后迁邑至今鄂州一带[⑥]。

《越人歌》原本是一位越族的榜枻之人为鄂君唱的歌谣，经人从越语翻译为通行之夏言，最珍贵的是翻译前后的两个版本都流传后世，被部分学者称作是中国最早的文学翻译作品[⑦]。因为越族是古代南方的古老民族，而传世文献中关于越族的资料并不多，关于越人的文学作品资料则更少，至于越人的语言资料

---

① 卢元骏：《说苑今注今译》，台北：台湾商务印书馆，1985年，第367页。

② 欧阳若修、陆干波：《关于〈越人歌〉研究的几个问题》，《广西师范大学学报（哲学社会科学版）》1987年第4期。

③ 罗运环：《论鄂君子晳之鄂》，《鄂州大学学报》2009年第3期。

④ 殷涤非、罗长铭：《寿县出土的"鄂君启金节"》，《文物参考资料》1958年第4期；罗长铭：《鄂君启节新探》，载安徽省博物馆：《安徽省博物馆四十年论文选集》，合肥：黄山书社，1996年。

⑤ 杨宽：《西周史》，上海：上海人民出版社，2003年，第265页。

⑥ 郑威：《楚"鄂君"、"鄂县"综考》，载楚文化研究会：《楚文化研究论集》第九集，上海：上海古籍出版社，2011年。

⑦ 钱玉趾：《中国最早的文学翻译作品〈越人歌〉》，《中国文化》2002年第Z1期。

则几乎没有，所以《越人歌》具有非常珍贵的史料价值。《说苑》中记载的《越人歌》其实有原歌和译歌两个版本。原歌以古越语发音，又用当时古汉语同音字记录下来。古越语经历两千多年的演变，已经分化为今天的壮侗语族的各族语言，相互间有较大差异，语音方面表现尤甚。古汉语的情况也是如此，带来了很多不确定的影响。尽管有这些困难，语言学者仍尝试从古越语发音重新翻译诗歌，取得不少成果。韦庆稳根据音韵学家对汉字上古音的研究，把原歌中每个汉字音节标记下来，与壮族语言词汇对照，认为《越人歌》与壮语有关[①]。后来白耀天用壮语[②]，林河、张民用侗语[③]，对《越人歌》进行试译，结果虽有不同，仍显示出《越人歌》与壮语、侗语都有密切联系，它是先秦时期壮侗语族先民的作品。《越人歌》在当时就被翻译为汉语，表现了越人与楚人杂居相处的亲密关系，成就两族之间的一段佳话。

四、战国时代的鄂君启

同样是鄂君，鄂君子晰尚可见于传世文献记载，另外一位鄂君启则是因20世纪50年代的考古发现方为人所知。1957年安徽寿县城东丘家花园出土了《鄂君启节》，立刻引起轰动。当时出土了三枚车节和一枚舟节，1960年又出土了一枚舟节，共五枚金节，今分别收藏于中国历史博物馆和安徽省博物馆。

鄂君启舟节与车节铭文如下：

大司马昭阳败晋师于襄陵之岁，夏层之月，乙亥之日，王凥於莪郢之游宫。大工尹脽以王命命集尹悼糌、裁尹逆、裁令阢为鄂君启之府赋铸金节。屯三舟为一舿，五十舿，岁罷返。自鄂市，逾油，上汉，就屑，就芸阳。逾汉，就邽。逾夏，入邔，逾江，就彭射，就松阳。入泸江，就爰陵。上江，入湘，就䐑，就郷阳，入灅，就鄗，入资、沅、澧、

① 韦庆稳：《“越人歌”与壮语的关系试探》，载《民族语文论集》，北京：中国社会科学出版社，1981年。

② 白耀天：《榜枻越人歌的译读及有关问题》，《广西民族研究》1985年第1期。

③ 林河：《侗族民歌与“越人歌”的比较研究》，《贵州民族研究》1985年第4期；张民：《试探越人歌与侗歌》，《贵州民族研究》1986年第1期。

灏。上江，就木关，就郢。得其金节则毋征。毋舍传飤。不得其金节则征。如载马、牛、羊台出内关，则征于大府，毋征于关。

大司马昭阳败晋师于襄陵之岁，夏层之月，乙亥之日，王凥于戚郢之游宫。大工尹脽以王命命集尹悼糌、穀尹逆、穀令阢，为鄂君启之府赋铸金节。车五十乘，岁罷返。毋载金、革、龟、箭。如马、如牛、如德，屯十以当一车；如檐徒，屯二十檐以当一车；以毁于五十乘之中。自鄂市，就阳丘，就方城，就象禾，就柳焚，就繁阳，就高丘，就下蔡，就居鄵，就郢。见其金节则毋征，毋舍传飤。不见其金节则征。

根据铭文记载，金节乃是为楚王命令大工尹专门为鄂君启铸造，用作鄂君商队的通关凭证。金节形似剖开的竹节，铭刻了楚王对鄂君启商队进行水路运输的种种规定，包括车船数量、通行路线、装运货物及关税征收方式，等等。鄂君启节不仅是我国目前最早的免税通关凭证实物，为先秦税收与商业制度提供了宝贵资料，而且铭文中记载了鄂君商队的交通路线，提及多处楚地名、水名，成为研究楚国水陆交通与城邑的第一手资料。同时，鄂君启金节还为先秦符节制度和封君制度提供了宝贵的实物。

最早对鄂君启节进行研究的，是郭沫若与殷涤非、罗长铭等学者。他们对金节的形制、文字、地理与制度等方面进行了探讨，奠定了后来研究的基础①。金节是为鄂君启铸造的，按照战国封君的惯例，鄂君的封地应该位于鄂。然而围绕着鄂君启的封地“鄂”应在何处，学界有三种不同看法。第一种，郭沫若与谭其骧都主张“东鄂说”②，即在今鄂州，后来的学者多从此说。此说之发端或多或少受到王国维对鄂国地望结论的影响。王国维曾依据楚公逆钟推断今鄂州一带是熊渠所封鄂王之地。第二种，徐中舒研究禹鼎时认为西周鄂国在南阳盆地西鄂故城③。鄂国被灭或迁徙后，土地落入楚国之手，或许楚人沿用原来鄂之地名并封赏给鄂君启或其先祖。学者们因此倾向于认为战国鄂君之封地应该也位

---

① 郭沫若：《关于鄂君启节的研究》，《文物参考资料》1958 年第 4 期；殷涤非、罗长铭：《寿县出土的鄂君启金节》，《文物参考资料》1958 年第 4 期。

② 郭沫若：《关于鄂君启节的研究》，《文物参考资料》1958 年第 4 期。谭其骧：《鄂君启节铭文释地》，载《中华文史论丛》第二辑，北京：中华书局，1962 年；又载谭其骧：《长水集·下》，北京：人民出版社，1987 年）。

③ 徐中舒：《禹鼎的年代及其相关问题》，《考古学报》1959 年第 3 期。

于原鄂国境内。日本学者船越昭生主张“西鄂说”，认为鄂君封地在河南邓县附近[①]。陈伟、汤余惠也都支持西鄂南阳说[②]。第三种,认为鄂君启封地既不在东鄂，也不在西鄂，而是在两地之间汉水支流的某处。日本学者谷口满根据包山楚简76号简记载“鄂君之司败”第一受期日与第二受期日相隔为7日，试图以此推测鄂地距离郢都的距离，时间越长则距离郢都越遥远。从战国交通状况来看，郢都与西鄂之间要在7日间往返是不可能的，所以推测鄂应该位于汉水中游更近的一条支流附近。这便是“中鄂说”[③]。“中鄂说”并非是调和“东鄂说”与“西鄂说”的产物，而是有着确实的若干线索进行推论的结果，可惜当时并未有实质性证据，仅凭借受期日的间接证据并不足以坐实鄂的地望。随州羊子山西周鄂侯墓地发现之后，使得“中鄂说”转向柳暗花明。随枣走廊西部的羊子山附近应是西周早期鄂国所在，正好处于东鄂与西鄂之间，距离郢都不算太远，有关鄂君启之封地问题或许能从此处找到新的证据。

关于鄂君启的身份，前文论及鄂君子晰时也曾涉及。殷涤非、罗长铭认为，鄂君启便是《说苑·善说》中提到的鄂君子晰，“启”是名，“子晰”是字[④]。杨宽赞同此说，认为两者时代相当，“启”与“晰”字义又正好相通，古人常常用字义相通之字作为名或字[⑤]。黄盛璋也表示赞同,认为“其说颇为近理”[⑥]。以上是认为鄂君启与鄂君子晰同为一人的观点。

宋公文不同意上述说法。鄂君启节铭文开头提到的大司马昭阳败晋师于襄陵之岁即为楚怀王六年，楚国已经有令尹昭鱼，昭鱼之后历任令尹的还有昭阳、唐昧、景翠，中间令尹职位没有缺环，所以鄂君启并未任令尹之官。但从鄂君受到王室的优待来看，鄂君启可能是鄂君子晰的儿子[⑦]。郑威也认为鄂君启有可

---

① ［日］船越昭生：《关于鄂君启节》，［日］《东方学报》1972年第43册。

② 陈伟：《〈鄂君启节〉之“鄂”地探讨》，《江汉考古》1986年第2期；汤余惠：《鄂君启节》，载《战国铭文选》，长春：吉林大学出版社，1993年。

③［日］谷口满：《再论楚郢都的地望问题——纪南城是否春秋时期的郢都？》，载楚文化研究会：《楚文化研究论集》第六集，武汉：湖北教育出版社，2005年。

④ 殷涤非、罗长铭：《寿县出土的“鄂君启金节”》，《文物参考资料》1958年第4期；罗长铭：《鄂君启节新探》，载安徽省博物馆：《安徽省博物馆四十年论文选集》，合肥：黄山书社，1996年。

⑤ 杨宽：《西周史》，上海：上海人民出版社，2003年，第265页。

⑥ 黄盛璋：《再论鄂君启节交通路线复原与地理问题》，《安徽史学》1988年第2期。

⑦ 宋公文：《战国时期楚令尹序列考述》，载宋公文：《楚史新探》，开封：河南大学出版社，1988年。

能是鄂君子晰的儿子，或者是鄂君子晰的后代，鄂君家族在垂沙之战后迁邑至今鄂州一带①。

五、楚文化在鄂州的发展

春秋中期以来，楚国北上中原的努力遇到挫折，改为东略淮水流域，从此楚人开始大规模进入包括今鄂州在内的鄂东地区。楚成王挥师北上，与当时齐桓公的霸业产生冲突，齐国联合盟国共同限制楚国的北上扩张，迫使楚国定盟于召陵。于是楚成王转而向东，灭弦、黄、英等国，将势力扩张到淮河中游以南地区。楚穆王灭江、六、蓼等国，使淮水上游两岸境土连成一片。淮河流域的经略，对楚人在春秋中期进入鄂东地区提供了条件。春秋晚期楚国与吴国为争夺淮域发生激烈争夺。楚人遭遇了吴师入郢的重大挫败，但后来还是利用吴越相争的机会，联越抗吴，重夺淮域控制权，并开始南下开发江南地区。

鄂州周家垴墓地发掘了24座东周墓，其中M8为春秋中期楚墓。周家垴M8为长方形土坑竖穴墓，方向101°，墓口长、宽分别为330cm、(284～290) cm，墓底长、宽、深分别为266cm、(220～222) cm、160cm。棺椁已朽，仅存棺痕。椁分两室，随葬品全置于边箱内，有陶鬲、盂、绳纹双耳罐、铜剑、矛各一件。另有M1为春秋晚期楚墓。M1也是长方形土坑竖穴墓，方向80°，墓口长、宽分别为260cm、156cm，墓底长、宽、深分别为184cm、(63～70) cm、135cm，有生土二层台。棺椁已朽，存棺痕，应为一棺一椁。随葬品包括鬲、盂、罐、豆②。

战国时期楚文化在今鄂州地区得到进一步发展。越王勾践灭吴国之后，楚国趁机沿着淮水东进。楚悼王任用吴起变法，“令贵人往实虚广之地”，“南平百越”，令楚人对今鄂州地区的开发进入新时代，包括了向该地与周边进行大规模移民等，推动当地楚文化与地域传统文化的交流融合。战国中期楚宣王、威王直至怀王前期时，楚国实力逐渐增强，楚人对今鄂州的开发向纵深发展，考古发现的楚文化因素已经居于主导地位。怀王时楚国接连遭遇丹阳之战、垂

① 郑威：《楚“鄂君”、“鄂县”综考》，载楚文化研究会：《楚文化研究论集》第九集，上海：上海古籍出版社，2011年。

② 朱继平：《鄂东楚文化的历史进程与特征》，武汉大学硕士学位论文，2005年5月。

沙之战的沉重打击，西部南阳盆地尽失。顷襄王即位后，白起拔郢，楚都东迁陈郢，后又迁于寿春。楚国政治中心东迁，今鄂州地区成为沟通江南地区与郢都的重要通道，楚人的开发活动进入高潮。直到楚灭国之后，该地终于被秦人占领。

1958年至1978年，原鄂城县博物馆配合基本建设，先后在县城东南郊的百子畈、七里界大队、洋澜湖电排站、西南郊鄂城钢铁厂范围内、五里墩等工地发掘墓葬三十座。其中百子畈3—6号墓属于战国中期，五里墩（鄂钢）的2、18、53、79、80、90—92、95、106号墓与洋澜湖1号墓属于战国晚期墓葬[①]。

鄂钢五十三号楚墓规模较大，时代为战国中期，长方形土坑竖穴墓，有墓道。墓道在墓坑北边正中，呈斜坡形。墓口长、宽为515cm、429cm，墓底长、宽、深分别为336cm、250cm、575cm。从墓口至椁顶处有二层台。葬具为一棺一椁，保存完好。椁室用隔板分隔成放置棺木的棺室和东、西、南、北四个边箱。随葬器物大多分布于椁室四周的边箱内，有铜器8件，主要是鼎、敦、壶、勺和带钩等，器形与江陵望山一号楚墓类似；漆木器共21件，有6件漆耳杯，2件木梳，器形类似江陵太晖观楚墓，还有木俑和木盘等；兵器共8件，有铜剑、戈、箭簇、戈鐏与竹弓等；玉器有玉璧1件；陶器仅出土陶豆2件，形制与长沙识字岭战国墓相似。另外棺外有锡环140件[②]。

结语

楚与鄂州最早的联系，发端于楚先君熊渠时代。熊渠曾经兴兵伐庸、扬越，“至于鄂”，被认为是楚人早期对外扩张的重要活动。围绕熊渠所伐的“鄂”，学界早期都理所当然地将其当作西周鄂国，根据各自的讨论分为“东鄂”说与“西鄂”说两种意见。早期在东鄂附近发现的楚公熊逆的青铜器也让相关讨论稍稍偏向“东鄂”说。西周羊子山与夏响铺鄂侯墓地被发现之后，西周鄂国地望的疑惑基本可以得到解答，西周早期鄂国位于随枣走廊西侧也得到承认，故“西

① 湖北省鄂城县博物馆：《鄂城楚墓》，《考古学报》1983年第2期。

② 鄂钢基建指挥部文物小组、湖北省鄂城县博物馆：《湖北鄂城鄂钢五十三号墓发掘简报》，《考古》1978年第4期。

鄂”说也将地望从南阳盆地修正为随州附近。然而《楚世家》记载的熊渠抵达的“鄂”究竟是不是鄂国，文献并未明言。而楚国从熊渠时代开始铜料供应量猛增，显示出与东鄂附近铜矿的密切联系，当地铜矿多为越人开采，楚人也是伐扬越“至于鄂”，这就为将“鄂”解释为鄂州附近的鄂地提供了一定的论据支撑。

鄂王城是鄂州附近重要的战国城址。目前对鄂王城的性质存在5种不同的意见。综合这5种意见，虽然不能直接得出结论，但我们可以将相关讨论的范围逐渐缩小：鄂王城内、城墙只有战国文化遗存，则熊渠时代还没有修筑鄂王城，鄂王城不可能作为楚之都城。如果再作进一步的推测，还能形成一些倾向性的意见。比如鄂王城面积仅有5万平方米，在战国时代属于小城，实难担当别都的重任，相比之下军事城堡的可能性更高。城内采集到的兵器数量并不多，还有一些生产工具，考虑到周围大量的铜矿开采冶炼遗址，鄂王城用于铜矿管理，并且存在有限度的自我防卫力量（表现为城墙设施与少量兵器遗存）应该是更为合理的解释。

关于鄂君子晰的记载仅见于刘向的《说苑》。《说苑》严格来说并非专门的史书，带有诸子论著常见的夸张描述，同时也有着较为浓厚的文学色彩，它的记载未必全能当作信史。鄂君子晰曾“官为令尹”之事，曾是研究者判断其身处时代的重要依据，然而从上下文来看，这似乎是为了凸显鄂君子晰身份尊贵的用语，与“亲楚王母弟”“爵为执圭”保持并列，可能带有夸张成分。《越人歌》的文句也可能经过后世文人的修饰润色，仅以歌中词句判断其产生时代，结论也不太可靠。关于鄂君子晰的身份（身处春秋还是战国，是否曾任令尹）缺少确定无疑的信息，所以目前还无法形成具体结论。但是鄂君子晰遇见“榜枻越人”，有“越歌”“越译”，又是发生在水上的故事，不论是南阳西鄂还是随州鄂国，都罕见越人活动的遗迹，所以将鄂君子晰封地与东鄂联系起来，应该是较为合理的解释。

鄂君启经历了60多年的研究探讨，现今在文字上基本可以做到通篇释读，对于铭文内容的研究，围绕交通路线、商业贸易、封君制度、关卡税收、符节制度等多方面的研究也已产生相当丰富的成果。关于鄂君启节铭文记录的交通路线，核心问题是出发地“鄂”的地望。鄂位于何处，学界有三种不同看法。其中西鄂南阳说在进行路线复原时较为顺畅，原本被认为可能性较大，但随着西周早期鄂国墓地被发现，“中鄂说”又迎来柳暗花明。鄂君启的身份也有两种不同观点，学界关注他与鄂君子晰的关系，同时也认为鄂君封地在垂沙之战后可能迁于今鄂州。若要解开鄂君启身份与封地的疑问，仍有待于进一步的考古发现。

从考古发现来看，楚人大规模进入今鄂州应当在春秋中期以后，该地开始出现春秋中期的楚墓。这一现象与楚人北上中原受挫、转而经略淮域的战略有直接关联。战国时代吴起变法将贵族迁往虚广之地的政策，对于当地开发起到了重要作用，楚文化因素已经占据主导地位。白起拔郢之后，楚都东迁，鄂州地区显得更为重要，楚人的开发进入高潮。最后楚国被秦所灭，该地也归入秦人统治之下。

楚与鄂州论文选辑

“鄂王城”考

朱继平

近年在湖北省大冶县（今大冶市）城关西南约58公里的西畈乡胡彦贵村发现了一座东周楚城，被当地百姓呼之为“鄂王城”。该城平面形状不规则，面积较小，约112 500平方米，城内文化堆积较薄，出土有东周时期的陶器、铜兵器和铁器等遗物，时代以战国时期为主①。关于该城的性质，学术界主要有以下几种观点：一、西周时期熊渠所至之“鄂”，即学术界所谓的“东鄂”；二、《鄂君启节》中启之封邑②；三、一度作为楚之别都③；四、楚之军事城堡④。

① 大冶县博物馆：《鄂王城遗址调查简报》，《江汉考古》1983年第3期。2003年湖北省文物考古研究所在对大冶五里界古城进行发掘的同时，对“鄂王城”亦作了较为详细的调查，资料待刊。

② 郭沫若：《关于鄂君启节的研究》，《文物参考资料》1958年第4期；谭其骧：《鄂君启节铭文释地》，载《中华文史论丛》第二辑，北京：中华书局，1962年；又谭其骧：《再论鄂君启节地理答黄盛璋同志》，载《中华文史论丛》第五辑，北京：中华书局，1964年；黄盛璋：《关于鄂君启节交通路线的复原问题》，载《中华文史论丛》第五辑，北京：中华书局，1964年；于省吾：《“鄂君启节”考释》，《考古》1963年第8期；刘和惠：《鄂君启节新探》，《考古与文物》1982年第5期。

③（清）顾栋高：《春秋大事表·春秋列国疆域表》，北京：中华书局，1993年；王国维：《观堂集林》卷18《夜雨楚公钟跋》，北京：中华书局，1959年；殷崇浩：《楚都鄂补》，《江汉考古》1984年第1期；马世之：《关于楚之别都》，《江汉考古》1985年第2期。

④ 陈振裕：《东周楚城的类型初析》，《江汉考古》1992年第1期。该文据文献认为“鄂王城”是楚之别都，又根据考古材料认为它亦是楚国的军事城堡。

第一、二、三种观点之间联系密切，均涉及文献中的“西鄂”与“东鄂”之争（见图一）。石泉先生利用文献材料，以充分的论据论证西周中晚期熊渠所伐“鄂”地当在位于南阳盆地的“西鄂”[①]，考古材料也证实西周中晚期楚人并无能力深入到位于长江南岸今鄂州附近的“东鄂”[②]。然直到近年，还有许多学者认为熊渠所伐之“鄂”为“东鄂”，如张正明先生在《楚史》中尚认为受江南铜

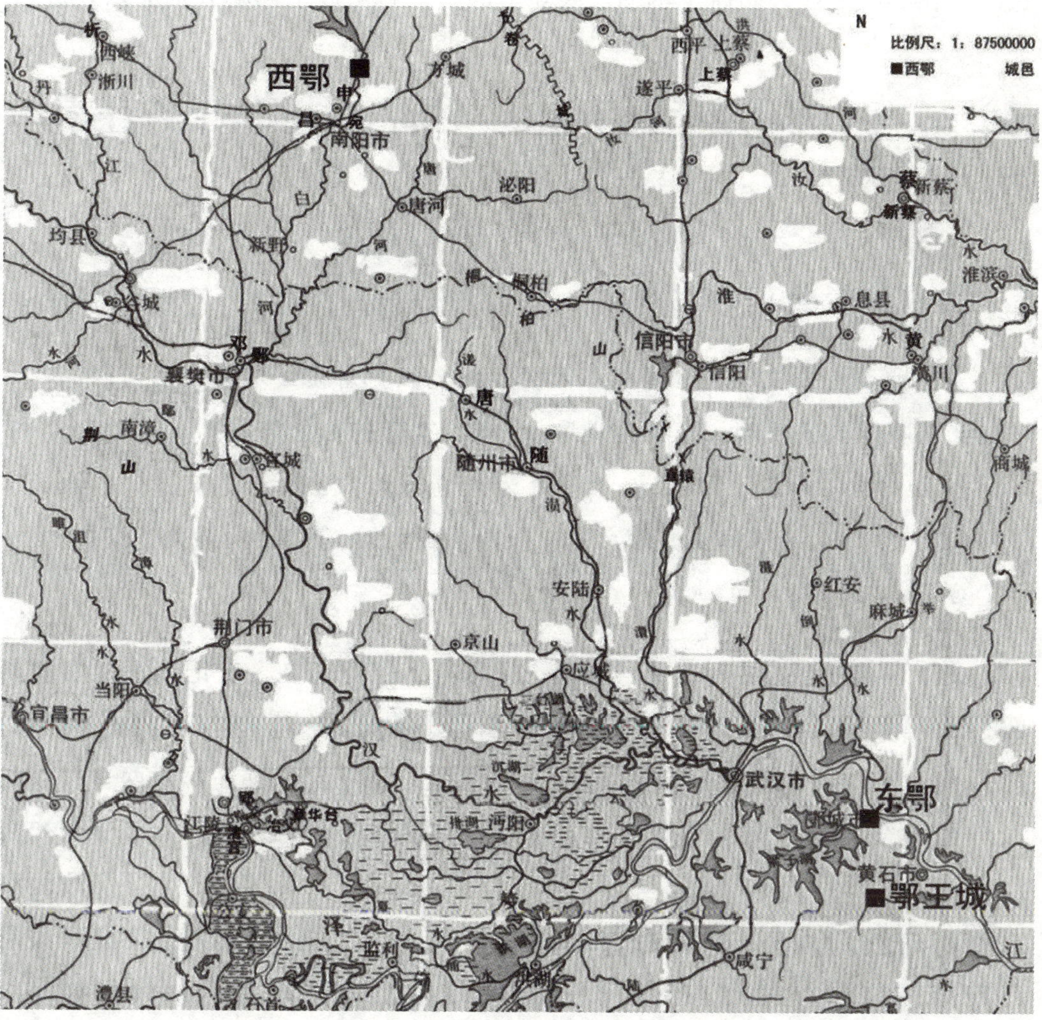

图一　西鄂、东鄂与鄂王城位置示意图

① 石泉：《楚都丹阳地望新探》，载石泉：《古代荆楚地理新探》，武汉：武汉大学出版社，1988年，第190-191页。

② 龚长根：《鄂王城略考——兼谈鄂君故城》，载《湖北省考古学会论文选集》（一），武汉：武汉大学学报编辑部，1987年。

矿资源的吸引，西周中晚期楚人的势力已经深入长江南岸地区[①]；杨宽先生在《西周史》一书中亦有类似的观点[②]。至于第四种观点，在我们看来，过于笼统，没有完整揭示“鄂王城”的性质和功能及其存在的特殊性。因此，有必要重新对“鄂王城”的性质作细致考察，否则不仅不能完整解释该城的性质和功能，更严重的是“东鄂”说与“西鄂”说并立，西周中晚期楚人疆域扩展进程长期存在不确定性，妨碍学术的发展。下面我们就对以上问题分别加以分析。

一、西周时期熊渠所至之“鄂”并非位于长江南岸的“东鄂”

《史记》（卷40）《楚世家》载：

> 熊渠生子三人。当周夷王之时，王室微，诸侯或不朝，相伐。熊渠甚得江汉间民和，乃兴兵伐庸、杨粤，至于鄂。熊渠曰：“我蛮夷也，不与中国之号谥。”乃立其长子康为句亶王，中子红为鄂王，少子执疵为越章王，皆在江上楚蛮之地。及周厉王之时，暴虐，熊渠畏其伐楚，亦去其王。

关于熊渠所伐、后封中子红为王之“鄂”，张守节在《史记》正义中引刘伯庄云：“地名，在楚之西，后徙楚，今东鄂州是也。”言辞模糊。裴骃《集解》则引《九州记》曰：“鄂，今武昌县。”认为楚之鄂王封地在三国至西晋时期的武昌县。《史记》正义又引《括地志》云：“武昌县，鄂王旧都。”直言唐初之武昌县即楚鄂王旧都。按三国、西晋与唐初之武昌县一脉相承，为孙吴改两汉江夏郡“鄂”县而来，即今湖北鄂州市一带[③]。据此，则西周中晚之际楚熊渠所至与所封之“鄂”地就已在今鄂州一带了。《水经·江水注》（卷35）引《世本》《太

---

① 张正明：《楚史》第二章第四节“熊渠开拓‘江上楚蛮之地’”，武汉：湖北教育出版社，1995年，第45-46页。

② 杨宽：《西周史》第五编第一章“二、楚和周的关系及其艰苦创业过程”，上海：上海人民出版社，1999年，第637页。

③《嘉庆重修一统志》卷336，武昌府古迹“古鄂城”条。

康地记》等亦有同样的观点。近世学者也多认为西周中、晚期楚人南下进入江汉平原西部的今当阳、江陵、荆门一带，再向东经过楚蛮和巴人错居之地，受铜矿资源的诱惑，到达“鄂”地，即今湖北鄂州市附近，学术界称之为“东鄂”说[①]。

今按，鄂为一古老部族，《战国策·赵策三》“秦围赵之邯郸”章载鲁仲连曰：“昔者，鬼侯、鄂侯、文王，纣之三公也”（亦见《史记·殷本纪》），表明至迟在商代末期鄂已称“侯”，在商王朝中颇具声望与实力。商代之鄂在今沁阳县城或略偏南一带[②]。西周时期，鄂南迁至南阳盆地的今河南南阳市北四十余里、白河（古淯水）西岸一带[③]，即两汉南阳郡所辖的“西鄂”所在。石泉先生在《楚都丹阳地望新探》一文中，从分析庸、扬越与鄂三者地望及相互关系着手，指出“熊渠三子所据之地盖不出南阳盆地与汉水中游的襄宜平原”，熊渠所至之鄂应在“西鄂”[④]。西周时期，楚都丹阳，近年来学术界大多认为其地在今河南淅川县境的丹淅之会。汉水上游的丹阳与江汉平原东部的鄂州相距甚远，要越过汉水中游诸多部族与方国，并沿长江到达今鄂州一带，以当时楚之国力，恐非易事。目前在鄂州一带亦未发现早于春秋中期的楚文化遗存。由此可见西周中晚期熊渠所至之“鄂”当不在今湖北鄂州市一带的“东鄂”。

二十世纪五十年代发现的《鄂君启节》，是战国中期楚怀王颁发给其弟鄂君启的免税凭证，舟节和车节铭文记载了水、陆由鄂地至郢都所经过的城邑，为研究战国时期楚国历史地理、经济贸易、关税和符节制度提供了珍贵资料[⑤]。关于铭文所反映的商队运输路线问题，学术界至今分歧较大。陈伟先生《〈鄂君启节〉之“鄂”地探讨》一文对“鄂”之地望进行了深入探讨，以可信的论

---

① 杨宽：《西周史》第五编第一章“二、楚和周的关系及其艰苦创业过程”，上海：上海人民出版社，1999 年，第 637 页；张正明：《楚史》第二章第四节“熊渠开拓‘江上楚蛮之地’”，武汉：湖北教育出版社，1995 年，第 45-46 页。

② 李学勤：《殷代地理简论》第一章第五节、第二章第六节，北京：科学出版社，1959 年；徐少华：《鄂国铜器及其历史地理综考》，《考古与文物》1994 年第 2 期。

③ 徐少华：《鄂国铜器及其历史地理综考》，《考古与文物》1994 年第 2 期。

④ 石泉：《楚都丹阳地望新探》，载石泉：《古代荆楚地理新探》，武汉：武汉大学出版社，1988 年，第 190-191 页。

⑤ 殷涤非、罗长铭：《寿县出土的“鄂君启金节”》，《文物参考资料》1958 年第 4 期；《安徽日报》1962 年 2 月 23 日还有关于发现一枚舟节的简讯。

据论证了舟节铭文“自鄂市,逾由”一句中“由”即“育”,“油水”即“淯水”,即今天南阳盆地的白河,并进而论定《鄂君启节》中的“鄂”为南阳盆地的“西鄂”[①],这一观点已得到学术界认可。作为楚国重要封邑之一的“鄂”,战国中期仍在位于今南阳盆地的“西鄂”一带,很可能是在西周中晚期熊渠所封中子红之“鄂”的基础上改封而来的。

二、“东鄂”说之“鄂”并非指今“鄂王城”

既然西周鄂国故地在南阳盆地之“西鄂”,楚熊渠所至与鄂君封邑之“鄂”亦在鄂国故地之“西鄂”,然东鄂之“鄂”又从何而来?上引《史记》正义引刘伯庄说“鄂”是“地名,在楚之西,后徙楚,今东鄂州是也。”认为“东鄂”是由“楚之西”迁徙过来而得名的。对于“楚之西”的“鄂”之故地,刘伯庄未能明言。从文中的“东”“西”对应之语及历史地理形势分析,所指应是南阳盆地的“西鄂”。至于“鄂”之由西东迁的时间,刘伯庄亦未明言。从楚怀王六年(公元前 323 年)前后,鄂君启之封邑仍在鄂之故地 —— 西鄂的史实来看,鄂之由西东迁应在此后。丹阳、蓝田之败后,楚国西北防线部分崩溃。楚怀王二十八年(公元前 301 年),秦与齐、韩、魏四国联合伐楚,在垂沙又大败楚师,长期以来一直作为楚之战略要地的南阳盆地和方城一并失于韩、魏,楚国北部防线全面丧失[②]。原居“西鄂”一带的楚人及鄂君族人或在故地失于韩后,部分沿汉水而下,迁居于江南的今鄂州一带,地随人迁,从而形成后世的“东鄂”之地。其实,先秦史籍中屡见诸侯国、部族、封邑等因政局动荡、战争威胁等原因而改封他地的记载,如《史记》(卷 42)《郑世家》有西周末年周幽王无道,郑桓公因由关中迁至新郑史实;《史记》(卷 78)《春申君列传》亦记载楚考烈王时,春申君初封于淮北,后因地近齐楚边界,战事频仍,局势动荡,遂将淮北封地交还楚王以为郡,而改封江东。由此可见,“西鄂”东迁是有可能的,

---

① 陈伟:《〈鄂君启节〉之“鄂”地探讨》,《江汉考古》1986 年第 2 期;刘和惠:《楚文化的东渐》;武汉:湖北教育出版社,1995 年,其中第四章“楚文化中心的东移”第 141 页注①中还提到日本学者船越昭生在《关于鄂君启节》一文中也认为《鄂君启节》中的鄂在西鄂。

② 徐少华:《周代南土历史地理与文化》,武汉:武汉大学出版社,1994 年,第 346 页。

东迁的时间可能在公元前323至公元前301年之间或垂沙之战稍后。《楚辞·九章·涉江》屈原述其流放途中曾沿江“乘鄂渚而反顾兮”，洪兴祖《补注》：“鄂州，武昌县地是也。”[①]即今鄂州一带。这是文献中所见最早且确切的“东鄂”之地，出现在楚怀王之后的顷襄王之时，与上述垂沙之战前后“鄂”地迁徙的形势相吻合。

那么，“东鄂说”是何时产生的？文献中的“东鄂说”与现今流行的“东鄂说”所指鄂地是否一致？北魏郦道元《水经·江水注》（卷35）记载：“江之右岸有鄂县故城，《世本》称熊渠封其中子红为鄂王，晋《太康地记》以为东鄂矣。”从《太康地记》的记载可见，至迟在西晋时期，“东鄂说”已出现了。《史记·楚世家》刘宋裴骃《集解》引《九州记》、唐代张守节《正义》引《括地志》又都说“鄂”在南朝刘宋至唐初的武昌县治。成书于清初的《读史方舆纪要》（卷76）“武昌县”条载：“春秋时楚封鄂王于此。”又于“鄂城”条曰：“县西南二里。本楚邑。《史记》：熊渠当周夷王时兴兵伐庸、扬、粤至于鄂（按：中华书局点校本《史记》作‘乃兴兵伐庸、扬粤，至于鄂。’当是。），又封中子红为鄂王。”[②]按唐至清武昌县一脉相承，并在一地。则文献中“东鄂说”所指“鄂”地当在今鄂州市附近[③]，亦不应是位于大冶县城关西南约58公里的西畈乡胡彦贵村的“鄂王城”。

考古调查资料表明，“鄂王城”城内文化堆积十分稀薄，且以战国遗存为主[④]，不见西周文化遗物[⑤]，显然不是熊渠所至之“鄂”。单薄的地层堆积意味着居住在城内的人口较少，且使用的时间也相对较短。按“东鄂说”的观点，楚人自西周晚期开始，直至战国中晚期一直在此活动，这显然与“鄂王城”的考古材料相矛盾。清嘉庆时成书的《重修一统志》（卷336）武昌府“古迹”之“古鄂城”条将《史记》和《水经注》的记载并列，未加辨析。光绪十九年（1893年）

---

①（宋）洪兴祖撰、白化文等点校：《楚辞补注》，北京：中华书局，1983年。

②（清）顾祖禹撰，贺次君、施和金点校：《读史方舆纪要》卷76，湖广二，武昌府“武昌县”及下“鄂城”条，北京：中华书局，2005年，第3526-3527页。

③刘和惠在《楚文化东渐》（武汉：湖北教育出版社，1995年）一书第四章“楚文化中心的东移”中认为《鄂君启节》铭文中的“鄂”之地望应在鄂州市西南二里的“鄂王城”遗址，结论虽有待商榷，但也注意到了文献中所指的位于鄂州市西南二里的“鄂”故城。

④湖北省文物研究所等：《大冶五里界：春秋城址与周围遗址考古报告》，待刊。

⑤大冶县博物馆：《鄂王城遗址调查简报》，《江汉考古》1983年第3期。

重修《武昌县志》及更晚的《湖北通志》认为大冶县“鄂王城”为熊渠所伐并封中子红为鄂王之“鄂”，皆与当时的史实相矛盾，亦与新出的考古材料不合，当是出于后人的误解与附会，并不可信。

既然“鄂王城”并非“东鄂说”所指“鄂”地，那么今鄂州市及其周边地区是否存在一座城址与“东鄂说”对应呢？除“鄂王城”，鄂东南地区另发现有大冶五里界古城①、草王嘴城②、蕲春罗州城③、赤壁土城④等四座规模较大的城址，其中草王嘴城和蕲春罗州城据调查、发掘为汉代城址，与“东鄂说”时代不符；五里界城和赤壁土城时代虽相符，但均与“江之右岸”相距甚远，显然与“东鄂说”地望不符，均不是“东鄂说”所指鄂县故城。而位于长江右岸的今鄂州市城区及周围的百子畈、钢铁厂、七里界、洋澜湖⑤、扫帚山、菜园头、赵家卯、张思湾⑥等地近年来陆续发现有较多数量的东周楚墓，其中不乏规模较大、随葬品较丰富的墓葬。从楚文化考古资料来看，大批楚墓附近往往存在同时期的楚城，如纪南城、季家湖古城等楚城周围均发现有相当数量的楚墓。因此鄂州市城区及周边地区很可能存在一座东周楚城，其位置、时代恰与“东鄂说”所指鄂县故城相合。有关该城的具体情况，有待进一步考古资料的印证⑦。

---

① 冯少龙：《大冶县新发现一处古城遗址》，《江汉考古》1983年第4期；朱俊英、黎泽高：《大冶五里界春秋城址及周围遗址考古的主要收获》，《江汉考古》2005年第1期。

② 大冶县博物馆：《大冶县发现草王嘴古城遗址》，《江汉考古》1984年4期。最近湖北省文物考古研究所对该城重新进行了调查，从城内出土遗物判定该城年代已到汉代。

③ 黄冈市博物馆、湖北省文物考古研究所等：《罗州城与汉墓》，北京：科学出版社，2000年。

④ 湖北省文物考古研究所、咸宁市博物馆、赤壁市博物馆：《赤壁土城——战国西汉城址墓地调查勘探发掘报告》，北京：科学出版社，2004年。

⑤ 湖北省鄂城县博物馆：《鄂城楚墓》，《考古学报》1983年第2期。近年在距鄂城楚墓发掘地点不远的周家垴墓地又发现了二十四座东周楚墓，出土了较多遗物，资料尚未发表。

⑥ 赵家卯曾清理出一座战国土坑墓，张思湾曾清理出多座战国土坑墓，资料见国家文物局：《中国文物地图集·湖北分册(下)》，西安：西安地图出版社，2002年，第412页。

⑦ 至今未见关于鄂州市及其周边地区发现早于三国的先秦古城址的考古报道，但这并不能说明当时这里不存在城址。这或许是因为考古工作还有待进一步深入，也可能是由于古代“在无需防卫的地方可能不必修筑城墙，或者可以栅栏代之”（参看张光直：《美术、神话与祭祀》，沈阳：辽宁教育出版社，2002年，第12页）。

三、“鄂王城”亦非楚之陪都

顾栋高于《春秋大事表》之《春秋列国疆域表》中认为“熊渠封中子红为鄂王，后为楚别都。”[①] 后王国维在《观堂集林》(卷 18)《夜雨楚公钟跋》中依楚公逆钟出土位置认为“盖熊渠之卒，熊挚红虽嗣父位，仍居所封之鄂，不居丹阳,越六世至熊咢犹居于此,故有其遗器。”[②] 后世学者又根据他们的见解对“别都”说加以发挥[③]。然顾、王二者所依据的仍是“东鄂说”。前面我们已分析熊渠并未到达今鄂州一带,“鄂王城”亦非“东鄂说”所指鄂之故城,这样,“别都说”不仅没有了赖以存在的文献基础，而且也失去了考古材料的印证。

王国维仅据一件铜器出于今鄂州一带，便认为楚在其地建都是欠妥当的。诸侯王之铜器或因礼仪赠送、婚丧嫁娶、战争流失，出于异地是极为常见的，如越王勾践剑出于江陵，楚公逆编钟亦出于山西侯马晋侯墓[④] 等，所以我们不能单凭楚王铜器出土地点来断定其地为楚之国都或陪都。其实就是王国维本人，也找不到更多史料来证明该说的可信性，唯在跋尾写道“楚之中叶曾居武昌，于史无闻，惟赖是器所出地知之耳。”

四、“鄂王城”与鄂东南铜矿生产、管理和运输有密切关系

要正确认识“鄂王城”的性质，除了要注意其规模、地层堆积及其年代等因素外，还必须考虑该城所处的地理位置，及其与周边自然资源的关系等诸方面因素。考古资料表明，“鄂王城”规模较小，地层堆积较薄，周围发现有大量商至东周时期的矿冶遗址,东北不远处即为著名的铜绿山古矿冶遗址。“鄂王城”

① (清)顾栋高:《春秋大事表·春秋列国疆域表》，北京：中华书局，1999 年。

② 王国维:《观堂集林(外二种)》，石家庄：河北教育出版社，2003 年，第 552 页。

③ 殷崇浩:《楚都鄂补》,《江汉考古》1984 年第 1 期；马世之:《关于楚之别都》,《江汉考古》1985 年第 2 期。

④ 山西省考古研究所等:《天马－曲村遗址北赵晋侯墓地第四次发掘》,《文物》1994 年第 8 期。

外的高河港西北流可进入梁子湖，然后从樊口直通长江，东北面亦可通过大冶湖进入长江，水运条件十分便利。是否如有些学者分析该城为楚人的军事城堡，抑或还担负着其他的职责？

近年来在“鄂王城”附近发现了一座五里界古城，2003年对该城的发掘，为探寻“鄂王城”的性质与功用提供了重要参考材料。“鄂王城”虽然与五里界古城的时代不同，文化面貌亦有差异，但在地理位置、自然资源以及水陆运输条件等方面均具有较强的一致性，以现有考古材料为前提，我们可将二者进行对比，参照五里界古城的情况分析“鄂王城”的性质与功能。五里界古城城内文化堆积稀薄，出土遗物较破碎，以刻槽鬲足、灰陶豆柄等扬越文化遗存为代表，城内发现了面积较大的房基、灰沟等遗迹，城外护城河可与长江相通，并发现了许多同时期冶炼遗址和居住遗址。发掘者根据地层堆积的厚度、内容、城内遗迹分析，认为该城年代约为春秋早中期，单薄的地层堆积使该城缺乏作为当地政治文化中心城邑的条件；城内宽大的房基和灰沟可能与周围丰富的铜矿资源有着密切关联，该城当是春秋时期铜矿生产过程中的一处仓储、转运、管理场所，属于本地扬越人所有。

因此，我们认为“鄂王城”可能与五里界古城一样，是战国时期楚人在鄂东南地区的铜矿管理中心。楚人进入鄂东南地区后，从越人手中夺得当地铜矿资源的控制权，废弃了曾为越人占据的五里界古城，并利用越人先进的铜矿生产技术[①]，在今“鄂王城”建立了新的铜矿生产、管理中心，负责铜矿的开采、冶炼和仓储、转运等。“鄂王城”的城墙、护城河、铜兵器等设施和遗物有可能是为维护铜矿的管理、运输而设置的，该城并不仅仅是单纯的军事城堡。

（原载《中国历史文物》2006年第5期）

① 舒之梅：《试论越文化对楚文化的影响》，《民族研究》1986年第4期。

西周春秋时期的楚国与江南铜矿

尹弘兵

人类文明的发展与对金属的利用密切相关，由铜、锡、铅合金而来的青铜是在人类文明发展中起到重大作用的第一种金属，由此形成了人类文明的青铜时代和青铜文化。在青铜时代，冶炼青铜的铜、锡、铅矿产是战略资源，对国家和文明具有极端重要的意义，其地位类似于工业时代的煤、铁、石油。中国青铜文化在世界文明史上占有非常突出的地位，商周时期，青铜器的制造达到了巅峰。对青铜矿产与商周文明之间的关系一向为学者所关注。张光直指出，青铜器在三代的政治斗争中具有中心地位，“对三代王室而言，青铜器不是宫廷中的奢侈品或点缀品，而是政治权力斗争上的必要手段。没有青铜器，三代的朝廷就打不到天下。没有铜锡矿，三代的朝廷就没有青铜器”。张光直甚至认为，三代都城之迁移皆与追求铜锡矿有关，是对铜锡这一主要政治资源的战略性追求①。而随着著名的大冶铜绿山古矿冶遗址和其他江南铜矿遗址的发掘，探讨青铜器的矿料来源，也成了中国考古学新开辟的一个重要领域②。

从现代地质资料可知，地跨湖南、湖北、江西、安徽的长江中下游沿江及其以南地带是我国铜矿资源的重要分布地区，而且矿石品位高，有利于古代技术

① 张光直：《中国青铜时代》，北京：生活·读书·新知三联书店，1999年，第36、55页。
② 夏鼐、殷玮璋：《湖北铜绿山古铜矿》，《考古学报》1982年第1期。

水平的开采和冶铸。另据考古资料，湖南、湖北、江西、安徽等地的铜矿，先秦时期就已得到了开发。从大冶铜绿山遗址的发掘情形来看，鄂东南矿区的开采是从商代晚期开始，经西周、春秋、战国，至于西汉，不间断的开采持续了千余年的时间，隋唐时期又在原有遗址上继续开采[①]。而相距不远的江西瑞昌铜岭古矿冶遗址，其开采年代始于商代前期，发展于西周，盛采于春秋，延及于战国，是目前中国最早开采的一处矿山[②]。学者由此开始探讨长江中下游铜矿与中国青铜文明的关系，推测江南地区是商周时期最主要的铜料供应基地[③]，其后，刘诗中先生的《中国先秦铜矿》[④]、裘士京先生的《江南铜研究》[⑤]，均对先秦时期长江中下游铜矿的开发等问题作了专门研究。

楚国为先秦时期的大国，崛起于南方，在铜锡资源的获取方面有近水楼台之利。楚国的兴盛与其拥有丰富的青铜资源有密切的关系。而楚国与江南铜矿区的关系也一直为学者所关注。张正明、刘玉堂[⑥]、李天元[⑦]、万全文[⑧]等先生均撰文探讨了楚国与江南铜矿区特别是鄂东南矿区的关系问题，获得了重要成果，奠定了这一领域研究的基础。本文拟在前辈学者研究的基础上，结合近年来学术界在楚国历史地理和楚文化考古上的新认识与新成果，对西周春秋时期的楚国与江南铜矿区的关系作一些探讨，希望能在前人研究的基础上有所推进。

---

① 黄石市博物馆：《铜绿山古矿冶遗址》，北京：文物出版社，1999年。

② 江西省文物考古研究所铜岭商周矿冶遗址发掘队：《江西瑞昌铜岭商周矿冶遗址第一期发掘简报》，《江西文物》1990年第3期。

③ 华觉明、卢本珊：《长江中下游铜矿带的早期开发和中国青铜文明》，《自然科学史研究》1996年第15卷第1期。

④ 刘诗中：《中国先秦铜矿》，南昌：江西人民出版社，2003年。

⑤ 裘士京：《江南铜研究》，合肥：黄山书社，2004年。

⑥ 张正明、刘玉堂：《大冶铜绿山古铜矿的国属》，载张正明：《楚史论丛》初集，武汉：湖北人民出版社，1984年。

⑦ 李天元：《楚的东进与鄂东古铜矿的开发》，《江汉考古》1988年第2期。

⑧ 万全文：《先秦时期的铜料及其获取方式研究》，载楚文化研究会：《楚文化研究论集》第五集，合肥：黄山书社，2003年。

一、西周时期的楚国与江南铜矿区

楚国的历史最早可追溯到商末周文王时期鬻熊的活动。商末之时，商朝的统治危机四伏，渭水流域的周族势力却乘机强大起来，其君西伯昌（即周文王）广纳贤士，团结诸侯。季连后裔、芈姓部族首领鬻熊把握此一时机，审时度势，投奔周文王，与周人建立了政治联系，从而奠定了芈姓建国的基础。至周成王时，乃封鬻熊曾孙熊绎为诸侯。

商末周初时，鬻熊和熊绎都"居丹阳"。丹阳所在，先秦史籍无载，但既名丹阳，则当与丹山或丹水有关。按：与楚丹阳有关的丹山或丹水有二处。一处就是今之丹江，古称丹水，发源于秦岭地区的凤凰山南麓，今陕西商洛市商州区西北地区，东南流，在湖北境内入汉水，为汉水最长支流。二为今巴东县的丹山，又鄂西长阳县境亦有丹水，为清江支流。从商末周初时楚人的活动来看，鬻熊的主要活动是与周人建立了密切的联系，《楚世家》记载鬻熊曾与太颠、闳夭、散宜生、辛甲大夫等周初重臣投奔周文王，并曾为文王师，鬻熊事周，当是以其人生经验和政治智慧辅佐周文王，鬻熊的子孙也因此得以服事周室①。成、康时期，熊绎曾与鲁公伯禽、卫康叔子牟、晋侯燮、齐太公子吕伋俱供职周室（事见《楚世家》及《左传》昭公十二年楚灵王语）。周成王举行岐阳之会，熊绎亦曾参与，并在会中负责守燎（事见《国语·晋语八》），这可能是其父（熊狂）、祖（熊丽）所留之职。周原甲骨文亦记载周初时楚与周的关系："曰今秋楚子来告父后哉"；"其微、楚□氒燢，师氏受燢。"②这些资料表明，商末周初时，鬻熊及其子孙与周室保持着密切的关系，楚君不仅前往关中拜会周王，而且曾参与周室的燎祭，并在周室的重大盟会中任守燎之职。由此推断，商末周初之时，楚国居地应靠近关中。石泉先生认为，"丹江流域与关中平原联系最为近便的地带，是位于今陕南商县（旧称商州）附近的丹江上游河谷平原，由这里往西北，溯丹江上源，经蓝关，越过秦岭（这一带山势较平缓，是古来交通要道之一），就到达关中平原的蓝田县境；更往西北不远就是西周初年的都城丰、镐（在今

① 尹弘兵：《鬻熊史事解析》，《江汉论坛》2008年第5期。

② 陕西周原考古队：《陕西岐山凤雏村发现周初甲骨文》，《文物》1979年第10期；陈全方、侯志义、陈敏：《西周甲文注》，上海：学林出版社，2003年。

西安市西)。”不仅如此，在丹江上游的西面，今商县西北、西南以至东南的商洛镇一带，有多处的楚山、楚水，在楚山、楚水的东北方丹江上流北部(偏东)，还有荆水。荆、楚二水入丹江处，相去不过25里，商州城位于这一段丹江的河湾之中。正在“丹水之阳”，在考古方面，此地分布着大量的古遗址，有较发达的古代文化，考古学文化面貌与关中平原有密切的联系，自然条件也较为优良，是丹江上游河谷平原中面积较大、生产条件较好的地方，最早的丹阳当在此地①。由此可知，商末周初时的楚国在地理上与江南铜矿区毫无关系。而且此时的楚国极为贫弱，按楚人自述，熊绎之时，楚国尚是“筚路蓝缕，以处草莽，跋涉山林，以事天子。唯是桃弧、棘矢，以共御王事”②。可见初期的楚国极其缺乏铜料。

西周早期时，发生了周昭王南征不返的大事，见于《左传》《吕氏春秋》《楚辞》《竹书纪年》等文献。出土金文中亦屡见昭王南征楚荆并“俘金”。可知昭王南征与“楚荆”及江南铜矿均有关系。昭王南征的对象“楚”或“荆”，其所指，一般认为是指楚国。然检索文献，“楚”字大抵有四义。一是特指某种野生林木。《诗经》卷1之《汉广》：“翘翘错薪，言刈其楚。”郑笺：“楚者，杂薪之中尤翘翘者。”类似用法在《诗经》中多见，从《诗经》所述来看，楚是一种分布很广的野生林木，不仅南方，北方地区亦多见。二是指中原某些地区。《左传》隐公七年：“戎伐凡伯于楚丘以归”，僖公二年：“诸侯城楚丘而封卫焉”，襄公十年：“宋公享晋侯于楚丘”，昭公二十二年：“王师军于京楚”。这些楚丘、京楚，皆在中原，而这些地方以楚为名，可能与楚木有关，为中原地区的楚木丛生之地③。三是指楚蛮，《史记》卷40《楚世家》：“封熊绎于楚蛮”，《楚世家》又记楚熊渠称雄江汉，封其三子为王，“皆在江上楚蛮之地”。可知楚蛮为商周时代的一大部族，其历史早于芈姓楚国，而楚国则是在楚蛮之地发展起来的，后来楚通荆，故楚蛮又称荆蛮，但文献中一般多见荆蛮而少见楚蛮，如《诗经》中屡有“荆”和“蛮荆”之称，《国语》《吴世家》《齐世家》《汉书》《竹书纪年》等均称荆蛮。四是指楚国。周成王之时，始封熊绎为诸侯，

---

① 石泉：《楚都丹阳地望新探》，《江汉论坛》1982年第3期，又载石泉：《古代荆楚地理新探》，武汉：武汉大学出版社，1988年，第186-190页。

②《左传》昭公十二年。

③ 王光镐：《商代无楚》，《江汉论坛》1984年第1期。

自此始有芈姓楚国，而芈姓与“楚”发生交集，亦当自熊绎受封始，此前芈姓一族无楚人、楚族之称。

可见在人文地理的意义上，“楚”有二义，一是指芈姓楚国，二是指南方楚蛮。由于后来楚蛮完全融入楚国，于是楚国与楚蛮二者，便不大分得清楚。按西周及东周早期时，尚是楚国与楚蛮并立的局面，此时楚国小而楚蛮大，楚国在楚蛮之内。到了东周时，楚蛮尽为楚国所并，不再见于史籍。由于东周时楚蛮消失，只有楚国而无楚蛮，于是人们便不免下意识地认为文献中的“楚”必是楚国。其实西周时期，楚蛮与楚国并存于世，而且此时的楚蛮要比楚国大得多。周初的楚国，位卑国小，爵称是周爵中最低的子男，封地仅五十里，昭王之时去周初未久，此时的楚国无论如何不足以成为昭王大举南征的对手。另据过伯簋等铭文记载，此次昭王南征，掳获颇丰，大小贵族均兴高采烈地作器铭功，可是西周初年的楚国贫弱之极，能拿出手的只有“桃弧、棘矢”，恐怕连金属工具、武器也没有多少。按：昭王之时去周初未远，此时的楚国也不可能有多少贵金属来供昭王掠夺，因此周昭王南征之“楚”，不可能是楚国，只能是楚蛮。文献记载亦表明周昭王南征的对象是楚蛮而非楚国。《吕氏春秋》卷6《季夏纪》之《音初》云：“周昭王亲将征荆蛮，辛余靡长且多力，为王右。还反涉汉，梁败，王及祭公抎于汉中。”[①]后世楚通荆，荆蛮即楚蛮[②]。可见西周早期时的楚国与江南铜矿区及其所产铜料全无关系。

至西周晚期时，熊渠统治下的楚国强盛起来，熊渠的活动，《史记》卷40《楚世家》记载较详：

> 当周夷王之时，王室微，诸侯或不朝，相伐。熊渠甚得江汉间民和，乃兴兵伐庸、杨粤，至于鄂。熊渠曰：“我蛮夷也，不与中国之号谥。”乃立其长子康为句亶王，中子红为鄂王，少子执疵为越章王，皆在江上楚蛮之地。及周厉王之时，暴虐，熊渠畏其伐楚，亦去其王。

鄂，是熊渠征伐所及的最远点。鄂地自古有东鄂和西鄂两说，东鄂在今鄂州，西鄂在今南阳北。熊渠所伐之鄂，是东鄂还是西鄂，学术界有不同看法。对鄂

---

① 按今本《吕氏春秋》“荆”下无“蛮”字，据《左传》僖公四年《正义》引补。

② 尹弘兵：《周昭王南征对象考》，《人文杂志》2008年第2期。

地的不同看法牵涉到楚国与江南铜矿区的关系问题。如是南阳之西鄂，则西周晚期时楚国与江南铜矿区仍无直接关系；如是鄂州之东鄂，则西周晚期时楚国势力已进入江南铜矿区。张正明先生即认为楚人因受江南铜矿吸引，西周中晚期时楚国势力即已进入长江南岸[①]，杨宽先生也认为熊渠所伐之鄂在湖北鄂城[②]，李学勤先生也曾认为鄂国应在鄂城[③]，因此熊渠所征之鄂，需详加考辨。

从鄂的起源来看，西鄂起源甚早，商代时已有鄂侯，商末鄂侯与西伯昌、九侯并称三公[④]。据徐少华考订，商代鄂国原在黄河以北的沁水流域，其地望大致不出今沁阳县城或略偏南一带，西周时迁至南阳盆地，鄂国进入南阳盆地的时间，上限在成王初年，不迟于西周早中期的昭穆之际，鄂已立国于南阳盆地[⑤]。而东鄂之名，最早见于屈原《九章·涉江》:“乘鄂渚而反顾兮”，王逸注:“鄂渚，地名。”洪兴祖补注:“鄂州，武昌县地是也。”渚为水中的小块陆地，罗运环亦认为:“鄂渚因鄂地而得名。鄂渚的鄂当即东鄂。”[⑥]由此看来，东鄂之名出现甚晚，有可能迟至战国晚期。张正明先生虽主东鄂说，但亦认为“东鄂和西鄂不是并世共存而是异时相承的”[⑦]，此言颇有见地。又鄂地见于二十世纪五十年代出土的《鄂君启节》,陈伟认为舟节铭文“自鄂市,逾由”一句中“由”即“育”,“油水”即“淯水”,即今天南阳盆地的白河,并进而论定《鄂君启节》中的“鄂”为南阳盆地的“西鄂”[⑧]。此说已得到学术界认可。朱继平则认为,东鄂是由南阳盆地的西鄂迁过来的，公元前301年的垂沙之役，楚国惨败，尽失南阳盆地和方城之地，原居“西鄂”的楚人及鄂君族人或在故地失于韩后，迁居于江南的今鄂州一带,因地随人迁之故,形成后世的“东鄂”[⑨]。从目前材料来看，西周时期，只有西鄂而无东鄂。另从考古学的角度考察，今鄂东南一带的

① 张正明:《楚史》，武汉:湖北教育出版社，1995年，第45-46页。

② 杨宽:《西周史》，上海:上海人民出版社，1999年，第637页。

③ 李学勤:《论周初的鄂国》，《中华文史论丛》2008年第4期。

④ 见《史记》卷3《殷本纪》，卷83《鲁仲连邹阳列传》及《战国策》卷20《赵策三》“秦围赵之邯郸”章。

⑤ 徐少华:《周代南土历史地理与文化》第二章第二节“鄂国”，武汉:武汉大学出版社，1994年。

⑥ 罗运环:《楚国八百年》，武汉:武汉大学出版社，1992年，第105页。

⑦ 张正明:《楚史》，武汉:湖北教育出版社，1995年，第45页。

⑧ 陈伟:《〈鄂君启节〉之“鄂”地探讨》，《江汉考古》1986年第2期。

⑨ 朱继平:《“鄂王城”考》，《中国历史文物》2006年第5期。

西周时期考古学文化面貌，迥异于以鬲、盂、豆、罐为主要特征的西周时期的早期楚文化遗存，据今人分析，此类遗存可能与扬越有关[①]，因此西周时期，鄂东南铜矿区应为越人所居，此地未见有与楚文化或早期楚文化相关的考古学遗存。故现在看来，熊渠足迹应未至江南，直到春秋中期以后，楚人才开始进入鄂东地区[②]。

因此，就以往的资料而论，鄂国应是西鄂而非东鄂。但2007—2009年随州安居羊子山又陆续发现了西周康昭时期的鄂国墓葬，出土了一批精美的鄂国铜器，其中M4出土的一批鄂侯之器，造型精美，并保留有浓厚的晚商铜器装饰风格[③]。此外，1975年湖北随州安居羊子山曾出土一件西周早中期之际的鄂侯弟历季铜尊[④]，与上海博物馆收集的一件铜卣为同一人所作[⑤]。由于随州一带屡次发现西周早期的鄂国铜器，因此学者对西周时期的鄂国地望有了新的看法，现一般据随州所出西周早期鄂侯墓及鄂国铜器，认为西周时期的鄂国应在汉东随州一带，鄂国后于西周晚期因鄂侯驭方叛乱而被周朝扑灭，而现在所出土的曾国铜器其上限皆不超出西周晚期，这也暗示随州地区的曾国是在鄂国已被攻灭之后才建立的，铭文中称“曾”是沿用都邑原有的地名[⑥]。此说依据最新考古发现，且能与曾国铜器所反映的曾国地理相吻合。但在鄂国地望问题上，我们还需考虑随州之鄂与南阳之鄂的关系，南阳之西鄂当有来历，其与鄂国的关系，我们必须加以考虑，不能忽视。据鄂侯驭方鼎铭文记载，周王南征淮夷之角、鄱后还在坯地，鄂侯驭方纳献于天子，并与周王同宴、会射，周王赏赐鄂侯工、马、矢等物，鄂侯为感谢天子之赐，而作鼎铭载[⑦]。从鼎铭内容分析，周王是在南征淮夷后回师的路上受到鄂侯朝见，并与之共宴、会射，说明此时鄂国当在

---

① 刘玉堂：《扬越与楚国》，载《江汉论坛》专刊：《楚学论丛》，1990年9月。

② 朱继平：《鄂东楚文化的历史进程与特征》，武汉大学硕士学位论文，2005年5月。

③ 随州市博物馆：《随州出土文物精粹》前言部分，北京：文物出版社，2009年，第3页。该书发表了2007年随州安居羊子山M4出土的多件青铜器，其中包括噩侯提梁卣、噩侯方彝、鄂侯罍、鄂侯盘等，时代均在西周早期康、昭之世。

④ 随州市博物馆：《湖北随县发现商周青铜器》，《考古》1984年第6期。

⑤ 马承源：《记上海博物馆新收集的青铜器》，《文物》1964年第7期。

⑥ 李学勤：《由新见青铜器看西周早期的鄂、曾、楚》，《文物》2010年第1期。

⑦ 郭沫若：《两周金文辞大系图录考释》录90，考107“鄂侯鼎”，北京：科学出版社，1957年；徐少华：《周代南土历史地理与文化》，武汉：武汉大学出版社，1994年，第23页。

周王出师征伐淮夷后回师时所经之地。按之地理，淮夷在淮水流域，而随州位于江汉地区，其北面为桐柏山，桐柏山绵延往东为大别山，在地理上统称为淮阳丘陵，为江淮分水岭，周王征淮夷之后越过桐柏山与大别山交界处的低山地带，绕道南方，深入江汉地区再经随枣走廊返回关中，转一个大圈子，虽然并非不可能，但总归是一件难以讲通的事。但如果此时的鄂国在南阳西鄂，周王南征淮夷之后经南阳盆地返回关中，在地理上就较为通顺。又据禹鼎铭文所载鄂侯驭方叛乱事可知，鄂侯驭方是率南淮夷、东夷广伐南国、东国，给周朝造成极大威胁①，如此时的鄂国还在淮阳丘陵以南的随枣走廊，这里传统上是楚蛮的分布范围②，西周晚期的鄂国如在此地，似难与淮夷建立密切的联系，也难以对周朝构成巨大威胁；如此时的鄂国在南阳盆地，则鄂侯驭方率南淮夷、东夷叛乱就较易理解，自南阳盆地出发也能对西周政治核心区构成致命威胁。因此我们初步的看法，西周早期时鄂国固应在随州一带，但西周中晚期的鄂国恐仍应如前所述在南阳西鄂。

又熊渠的活动区域是在“江汉”或“江上”，所谓江汉间，当非指今长江与汉水之间地，应是专指汉水，石泉先生曾详细考证，古代文献中的“江”不是长江的专称，汉水亦有江名③。又据学者对“江”之词源的研究，早期的“江”实际上是南方语言中河流的共名，所谓“南江北河”④。陈立柱进而指出，《史记》卷40《楚世家》所记“是时越已灭吴，而不能正江淮北”，卷41《越王勾践世家》所记“越兵横行江淮东”之“江淮”，应为“淮江”的倒语，古语中大共名往往前置，“淮江”即“淮河”⑤。准此，则“江汉”可解为“汉江”，即“汉水”，所谓江汉间，当指汉水两岸地区，亦即后文所谓“江上”之地。则“江上楚蛮之地”，应是指汉水流域楚蛮聚居地，“江上”未可解为长江。分析可见，西周晚期时熊渠的活动范围，不出今汉水中游地区，不可能远至江南铜矿区。

---

① 禹鼎铭文及鄂侯驭方叛乱事，参看徐中舒：《禹鼎的年代及其相关问题》，载《徐中舒历史论文选辑》，北京：中华书局，1998年；徐少华：《周代南土历史地理与文化》第二章第二节“鄂国”，武汉：武汉大学出版社，1994年。

② 关于楚蛮的分布，参看刘玉堂、尹弘兵：《楚蛮与早期楚文化》，《湖北大学学报》2010年第1期。

③ 石泉：《古文献中的“江”不是长江的专称》《关于“江”和“长江”在历史上名称与地望的变化问题》，均载石泉：《古代荆楚地理新探》，武汉：武汉大学出版社，1988年，第57-72页。

④（美）张洪明著，颜洽茂、邓风平译：《汉语“江”词源考》，《浙江大学学报（人文社会科学版）》2005年第1期。

⑤ 陈立柱：《楚淮古地三题》，《江汉考古》2010年第1期。

二、春秋时期的楚国与江南铜矿区

西周晚期，楚国自丹淅流域进入江汉地区。春秋时期，楚国在长期经营的基础上迅速强大起来，很快就从“土不过同”发展到“今土数圻”[①]。关于春秋时的楚郢都及楚国核心区，童书业先生和石泉先生根据《左传》所记春秋时代的楚国政治、军事活动及地理形势，提出春秋时楚郢都当不在今江陵地区，而在偏北的汉水中游一带。童书业先生认为春秋时郢都当在“淅川之南、宜城之北、荆山之东、汉水之西，今湖北省西北部”[②]。石泉先生则有更详细的论证，认为春秋时楚郢都当在今宜城县南部的楚皇城[③]。张正明同意早期郢都在宜城南部[④]。郭德维亦认为“最初所都之郢，当即宜城楚皇城”[⑤]，亦认为楚始都之郢应在今宜城一带。徐少华根据楚皇城以西的南漳县武东乡安乐堰出土的蔡侯朱之缶、宜城朱市乡出土的蔡大膳夫簠和鼎，结合史籍所载蔡侯朱奔楚和蔡哀侯客死于楚的史实，认为春秋楚郢都可能就在附近[⑥]。王红星则认为宜城平原上的东周聚落群是目前已知探索楚郢都所在最重要的聚落群[⑦]。张昌平、王力之从早期楚文化的角度，亦得出类似结论，张昌平认为襄宜地区可能是早期楚文化的核心区[⑧]，王力之亦认为早期楚文化最早出现于鄂西北地区（含陕东南、豫西南），这一地区也就是楚始封之地[⑨]，而早期楚文化核心区就是楚国都城在考古学文化上的表现形式。

---

①《左传》昭公二十三年沈尹戌曰：“无亦监乎若敖、蚡冒至于武、文，土不过同，慎其四竟，犹不城郢。今土数圻，而郢是城，不亦难乎？”杜预注：“方千里为圻。”

②童书业：《春秋楚郢都辨疑》，载《童书业历史地理论集》，北京：中华书局，2004年，第220页。

③石泉：《古代荆楚地理新探》，武汉：武汉大学出版社，1988年。

④张正明：《楚史》，武汉：湖北教育出版社，1995年，第81页。

⑤郭德维：《楚都纪南城复原研究》，北京：文物出版社，1999年，第39页。

⑥徐少华：《从宜城、南漳出土的几批蔡器谈春秋楚郢都地望》，载楚文化研究会：《楚文化研究论集》第六集，武汉：湖北教育出版社，2005年。

⑦王红星：《楚都探索的考古学观察》，《文物》2006年第8期。

⑧张昌平：《试论真武山一类遗存》，《江汉考古》1997年第1期；张昌平：《早期楚文化中心区域的考古学观察》，载楚文化研究会：《楚文化研究论集》第六集，武汉：湖北教育出版社，2005年。

⑨王力之：《早期楚文化探索》，《江汉考古》2003年第3期。

但楚国疆域在鄂东方向的发展过程及其进入江南铜矿区的时间，文献中并无明确记载，因此我们只能从楚文化在鄂东地区的发展历程来推断楚国势力进入并统治江南铜矿区的时间。

但这里需要指出的是，文化地理与政治地理虽然有极为密切的关系，但两者并不具有同一性。一种强势文化的影响力会远远超出其政治势力的界限。因此，运用考古材料，从考古学文化的角度来探讨楚国进入鄂东的时间，需要谨慎对待。

就目前的资料而论，直至春秋早期时，鄂东南一带的铜矿区基本不见楚文化的踪影。1976 年发掘的大冶铜绿山春秋时期冶铜遗址，其第四、五、六层为西周春秋时期文化层，其中第六层出有刻槽鬲足、矮锥尖鬲足、折肩瓮等器物，年代为西周晚期至两周之际；第五层矮锥尖鬲足数量减少，多见刻槽鬲足、护耳甗和折腹深盘豆，这些器物为典型扬越文化遗存；第四层亦以刻槽鬲足为主，但同时具有了外撇的蹄形足等楚文化特征，可见第四层虽仍属扬越文化，但开始受到楚文化的影响。发掘报告将第四、五两层的年代定为春秋早、中期[①]。可见直到春秋中期，江南铜矿区也只是受到了正在兴起的楚文化的一点影响而已。

至春秋中期晚段时，鄂东南地区开始出现了楚墓。鄂州周家垴 M8，长方形竖穴土坑棺椁墓，椁分二室，随葬品置于边箱，有陶鬲、盂、绳纹双耳罐、铜剑、矛各一件[②]。此墓有棺椁，随葬品中无铜礼器，仅有日用陶器、兵器，参考当阳赵家湖楚墓的分类，则此墓的级别当与赵家湖春秋时期的乙类墓相近，墓主身份应为楚国的中、下士[③]。

春秋晚期时，鄂东南地区的楚墓仍然极为稀少，除周家垴墓地外，鄂城七里界也曾发现春秋晚期的楚墓[④]。

相对于文化因素的传播而言，楚墓是一种较为明确的、代表着政治势力进

---

① 黄石市博物馆：《湖北铜绿山春秋时期炼铜遗址发掘报告》，《文物》1981 年第 8 期。

② 周家垴墓地的资料尚未发表，本文所引见于朱继平：《鄂东楚文化的历史进程与特征》，武汉大学硕士学位论文，2005 年 5 月，第 22 页。

③ 湖北省宜昌地区博物馆、北京大学考古系：《当阳赵家湖楚墓》，北京：文物出版社，1992 年，第 218 页。

④ 楚文化研究会：《楚文化考古大事记》，北京：文物出版社，1984 年，第 27-28 页。

入的标志性因素。楚墓是楚人的墓葬，而且在新占领地区，当地民族接受楚文化当有一个过程，因此某一地区的楚墓刚开始出现时，一般应是迁徙到此的楚人所留下的墓葬。对鄂东南矿区而言，楚人墓葬的出现，也就是楚国政治势力开始进入的时间。但总的来说，春秋中晚期时，进入鄂东南地区的楚人数量很少，级别也不高。由此看来，春秋中晚期时只有少量楚人进入鄂东南地区，尚不能据此得出结论认为“春秋中晚期时鄂东南矿区已成为楚国疆域的组成部分”，这些墓葬只能表明楚势力开始进入鄂东南矿区。分析可见，整个春秋时期，楚国并未对江南铜矿区进行直接的统治，江南铜矿区尚非楚国疆域组成部分，当地居民仍然是扬越先民。

三、西周春秋时期鄂赣铜矿的生产、流通与消费

鄂东南与赣东北地区的铜矿，相距仅数十公里，属同一矿脉。在文化面貌上，鄂东南与赣北地区也具有同一性，均出有几何形印纹陶、有段石锛等古越族代表性遗物。陶器群则有刻槽足鬲、越式鼎、高粗柄长方形镂孔豆、带耳甗等，现在考古学界已得出结论，这种以刻槽足鬲为核心的陶器群是两周时期鄂东南至赣北古越族留下的文化遗存[①]。

越是我国古代长江以南地区居民的统称，其分布甚广，来源复杂，内部各有种姓，因此又称百越。张正明、刘玉堂综合分析考古与文献资料后认为，先秦时期，鄂东南至赣北地区的居民为古越族的支系扬越，大冶铜绿山古矿冶遗址的主人即为古越族中的扬越[②]。可见，先秦时期，整个的鄂赣矿区，其开采者均为扬越先民。

至于扬越先民生产出来的铜料，绝大部分当然不是自己用，毫无疑问，中原的商周王朝才是江南铜料最重要的消费者。到了西周晚期以后，随着楚国的兴起，长江中游鄂赣铜矿区所产的铜料则大部应为楚国所得，楚国代替中原王朝成为鄂赣矿区铜料的最重要消费者。

① 湖北省文物考古研究所：《大冶五里界——春秋城址与周围遗址考古报告》，北京：科学出版社，2006年，第242页。

② 张正明、刘玉堂：《大冶铜绿山古铜矿的国属》，载《楚史论丛》初集，武汉：湖北人民出版社，1984年；刘玉堂：《扬越与楚国》，载《江汉论坛》专刊：《楚学论丛》，1990年。

鄂赣矿区所产的铜主要为楚国所获，可以得到文献与考古资料的证实。1993年秋，在天马-曲村遗址北赵晋侯墓地第四次发掘所清理的M64中出土了一套“楚公逆”编钟，共8件，钲及鼓部右侧有铸铭68字：

> 隹八月甲午，楚公逆祀氒（厥）先高且（祖）考，夫壬四方圁，楚公逆出，求氒（厥）用祀。四方圁休多禽（钦）融，内享赤金九万钧。楚公逆用自作龢䜌锡钟百飤（肆）。楚公逆其万年寿，用保氒（厥）大邦，永宝。①

郭沫若《两周金文辞大系图录考释》据孙诒让考证楚公逆即熊咢②，在位时间为宣王二十九年至三十七年（公元前799—公元前791年），为西周晚期，铭文中楚公逆所祭祀“高祖”当为熊渠。该铭文明确记载“四方圁”向楚进献“九万钧”铜料，铸钟“百肆”。“九万钧”和“百肆”可能不免夸大溢美之嫌，但足以说明西周晚期时楚国拥有丰富的铜料，而楚国所拥有的这些铜料，当是来源于鄂赣矿区。

春秋时期，文献记载中亦屡见楚国铜料之丰富。《左传》僖公十八年（公元前642年，楚成王三十年）载：“郑伯始朝于楚。楚子赐之金，既而悔之，与之盟曰：‘无以铸兵！’故以铸三钟。”铜这种当时十分珍贵的战略物资，楚国却可以大量向外馈赠，用以笼络盟国，可见楚国的铜料极为丰富，在满足自身所需之外尚有大量富余。又楚庄王八年（公元前606年），楚伐陆浑之戎，观兵于周郊，周定王使王孙满劳军，庄王问鼎之轻重，对曰：“在德不在鼎。”庄王曰：“子无阻九鼎。楚国折钩之喙，足以为九鼎。”③张守节《正义》：“喙，许卫反。凡戟有钩。喙，钩口之尖也。言楚国戟之钩口尖有折者，足以为鼎，言鼎之易得也。”庄王之语，虽含有炫耀的色彩，但亦可见楚国铜料之丰。另考古资料中亦可见大量春秋时期的楚国铜器，仅下寺楚墓一地即出土青铜礼器一百六十八件，乐器五十二件，还有大量的车马器、兵器等④。以上文献资料及考古出土实物表明，

---

① 山西省考古研究所等：《天马-曲村遗址北赵晋侯墓地第四次发掘》，《文物》1994年第8期。

② 郭沫若：《两周金文辞大系图录考释》录177，考释164，上海：上海书店出版社，1999年。

③《史记》卷40《楚世家》。

④ 河南省丹江库区文物发掘队：《河南省淅川县下寺春秋楚墓》，《文物》1980年第10期。

虽然春秋时期，楚国政治势力并未深入江南矿区建立直接的统治，但可信的是，鄂赣铜矿区所产的铜，如果不是全部的话，也应是大部以某种方式流入楚国。

据前两节分析可知，西周时期的楚国，无论是政治势力还是文化影响均未能及于江南铜矿区。春秋早中期时鄂东南地区开始有了一些楚文化因素的影响。春秋中期晚段至春秋晚期时，才开始有少量楚人进入鄂东南，楚国势力才得以进入江南铜矿区，但整个春秋时期，楚国并未在江南铜矿区建立起直接的统治，鄂东南一带成为楚国疆域的组成部分已是战国时期的事。那么楚国到底是用何种方式稳定地从扬越那里获得铜料？

首先，我们可以确认的是，楚国并非是通过战争的方式从扬越手里掠夺铜料，所有的已知证据都排除这一点。如果说，西周时期的资料尚较为稀少，春秋时期的资料则相当丰富，但我们完全找不到这样的资料。

其次，很明显，楚国是有稳定的渠道，用和平的方式，可以长期稳定地从扬越获得其所生产的铜。

再次，至迟春秋中期以前，楚国与江南铜矿区的扬越先民并无直接的联系，楚国所拥有的铜，是从其他中间人那里间接得到的，不是来自于直接生产者的扬越先民。

事实上，不仅是楚国，中原商周王朝也没有和江南铜矿的直接生产者——古越先民建立起直接的联系。商周时期，铜的生产地主要在江南，综合地质资料和考古资料，先秦时期江南最重要的矿区有二：一为鄂东南至赣东北的鄂赣矿区；二为皖南矿区。这两大矿区皆在江南，商周时期均为百越民众所居，百越民众也是商周时期江南铜的生产者。中原商周王朝（包括后来的楚国）则是江南铜的主要消费者，他们对铜料有着最大的渴求。

然而，非常值得关注的是，在中原王朝和楚国与百越之间，或者说在中原与江南铜矿区之间，在铜的生产者与消费者之间并没有直接的联系。长江下游地区，横亘在中原王朝与百越之间的，是淮夷族群。长江中游地区，中原王朝及后来兴起的楚国与扬越之间，生活着楚蛮族群。可见，在中原王朝和楚国与江南铜矿区之间横亘着一个巨大的人文地理阻隔带，中原王朝和楚国并不能直接从越人手里获得铜，而必须通过楚蛮与淮夷才能获得越人所生产的铜。所以，并不令人意外的是，铜器铭文中，充斥着商周王朝在对楚蛮与淮夷的战争中大量“俘金”的记载。

由此可以知道，百越先民所生产的江南铜料，并没有直接进入中原王朝和楚国，而是落到了淮夷与楚蛮的手中。

淮夷和楚蛮族群与百越相较，其政治、文化与军事实力并不占有优势，且有大江相隔，由此看来，淮夷与楚蛮所拥有的铜，则很可能是以某种交易的形式与越人交换而来。

分析至此，我们可以有根据地推测，楚蛮拥有与扬越进行铜资源交易的稳定途径。而西周春秋时期的楚国，正与楚蛮族群有着极为密切的关系。楚国自熊渠时起，便深入江汉腹地，与楚蛮居民为伍。熊渠"甚得江汉间民和"，此"江汉间民"，当即后文所谓"江上楚蛮"。朱继平认为，当时熊渠可能与江汉地区的方国或部落建立了某种同盟关系，并拥有较高的威望①。

熊渠治下的楚国成了江汉楚蛮的首领，则楚国便能轻易地以某种方式获得楚蛮所拥有的铜料。从楚公逆钟铭文可知，楚国的铜料是"四方首"向楚进献而来，铭文所谓"四方首"，当系江汉楚蛮中的酋首。可知西周晚期时楚国的铜料来自于楚蛮。

到了春秋时期，楚蛮融入楚国，至楚成王时，"初开荆蛮有之"，此后楚蛮完全融入楚国，地为楚地、人为楚人②。而楚蛮与扬越的交易渠道，也当为楚国所全面继承，春秋时期的楚国可直接通过交易的方式直接获得扬越生产的铜料，不必再假手于楚蛮。

小结

西周晚期熊渠在楚蛮中的活动，为楚国的兴起打下了深厚的根基。楚国本为小国，熊渠与楚蛮打成一片，成为楚蛮的首领，人口众多的楚蛮民众，使得楚国的强大有了广大的人口基础，熊渠就是因为"甚得江汉间民和"，才能在江汉地区兴兵征伐，甚至公然向周天子的权威挑战。到春秋时期，楚国在长期经营的基础上，融合楚蛮民众，将楚蛮变为楚人，率先打破了西周

① 朱继平：《鄂东楚文化的历史进程与特征》，武汉大学硕士学位论文，2005 年 5 月，第 76 页。

② 关于楚国与楚蛮的关系，参看刘玉堂、尹弘兵：《楚蛮与早期楚文化》，《湖北大学学报》2010 年第 1 期。

时期的国家在血缘、宗族上的狭隘性，初步建立起了以地域行政为基础的新型国家。

而楚蛮在铜资源流动上的重要地位，亦对楚国的兴盛具有极端的重要性。由于熊渠成为楚蛮的首领，楚蛮向楚国的“贡金”使得楚国拥有丰富的铜资源，从而在青铜时代拥有了一项无可比拟的优势。至春秋时期，楚国融合楚蛮后继承了楚蛮在铜资源流动上的地位，楚国可以无须通过中间人就能直接从扬越那里获得铜料，楚国资源优势更为显著。这对楚国和楚文化的兴起，对楚国的强盛与楚文化的繁荣具有至关重要作用。

（原载《湖南省博物馆馆刊》第七辑，岳麓书社，2011 年）

楚"鄂君"、"鄂县"综考

郑 威

自鄂君启金节于1957年在安徽寿县出土以来，研究成果十分丰硕，这些成果对金节所记铭文进行了充分的分析和讨论，对鄂君身份及鄂地地望也多有研究。近年来，随着新出简牍和青铜铭文材料的陆续公布，其中新见的鄂君、鄂县等问题引起了学术界的重视，但迄今未见有关于这一问题的综合分析。因此，本文拟结合传世、出土文献和考古材料，就此略作探讨，以就正于方家。

传世文献中记载有鄂君子晰（或作皙），为楚国封君之一，其事见于《说苑》卷11《善说》：

> 襄成君始封之日，……庄辛迁延盥手而称曰："君独不闻夫鄂君子晰之泛舟于新波之中也？乘青翰之舟，……榜枻越人拥楫而歌，……鄂君子晰，亲楚王母弟也。官为令尹，爵为执圭，……"

此为顷襄王时楚大夫庄辛之语。所言之鄂君，字子晰，乃楚王之子，封于鄂。

除鄂君之外，楚共王之子、灵王之弟公子黑肱的字也是子晰，在灵王末年的军事政变中，其兄子干曾称王，子晰为令尹，旋即畏罪自杀。有些学者认为鄂君子晰即公子黑肱[①]，此说恐不当。首先，子晰（公子黑肱）为令尹时间非常短，据《史记》卷40《楚世家》："子比为王十余日，子晳不得立，又俱诛。"子晰为令尹估计仅有十余天；又，子比死后被称作"訾敖"，并无谥号，也就没有合法的地位，同样，子晰令尹的地位恐亦不合楚之礼法。其次，从现有材料看，楚封君的出现应不会早于春秋晚期，传世和出土文献也无明确能证明子晰（公子黑肱）曾受封为鄂君的证据。所以我们认为《说苑》所载的鄂君子晰与楚共王之子子晰无涉，当为楚惠王至顷襄王间某楚王之子。庄辛为顷襄王时期的老臣，在《善说》中他劝襄成君时说："君独不闻夫鄂君子晰之泛舟于新波之中也？""独不闻"三字似乎体现出鄂君子晰在当时影响颇大，他有可能和庄辛、襄成君为同时期之人，或略早一些。

出土文献方面，"鄂君启金节"的制作时间是"大司马昭阳败晋师于襄陵之岁"，该年份也见于包山楚简，一般认为指公元前322年[②]，由此可知鄂君启是楚怀王时期的封君。

包山简文也记有"鄂君"，作"噩君"、"鄂君"，相关简文如下：

简76：十月乙未之日，噩君之司败舒丹受期，爨月辛丑之日不……，阩门又败。……

简164：……鄂君之人……

简193：……噩君之人……

简文整理者说："噩，读作鄂。鄂君，楚国封君。"[③]噩、咢、鄂、鄂字均可互

---

① 如游国恩在《楚辞概论》中谈到："据《楚世家》：'（楚）康立，十五年卒，……康王宠弟公子围、子比、子晳、弃疾。'《说苑》谓鄂君子晳是楚王的母弟，官为令尹，爵为执珪，然则这楚王必是楚康王无疑。"（台北：台湾商务印书馆，1985年，第30页）；又如卢元骏注译：《说苑今注今译》卷11《善说》注："鄂君子晳，楚共王之子，曾为令尹，封于鄂。"（台北：台湾商务印书馆，1985年，第367页）

② 刘彬徽：《从包山楚简纪时材料论及楚国纪年与楚历》，载湖北省荆沙铁路考古队：《包山楚墓》，北京：文物出版社，1991年，第533-547页。

③ 刘彬徽等：《包山二号楚墓简牍释文与考释》，载湖北省荆沙铁路考古队：《包山楚简》，北京：文物出版社，1991年，第44页。

通，何浩、刘彬徽先生也有详论[①]，鄂君启和包山简所载之鄂君均为楚怀王时封君，不少学者认为可能是同一个人[②]。此说应该是可信的。

鄂君封邑“鄂”之地望，说法不一。

一、东鄂说

郭沫若先生认为“鄂即今之武昌”[③]，混淆了今古武昌的差别，谭其骧先生已予以纠正，指出“鄂是现今湖北的鄂城县”[④]，故城在鄂城县治，即今之鄂州市所在，并有详论[⑤]。黄盛璋先生认为故城在“鄂城县西南郊西山下的鄂王城”[⑥]。何浩、刘彬徽、刘和惠等先生均赞同东鄂说[⑦]。

二、西鄂说（南阳说）

日本学者船越昭生先生认为鄂指西鄂，在今河南省邓县一带[⑧]。陈伟先生将旧释“沽（湖）”字者改释作“油”，读作淯，古淯水过南阳西鄂故城，城址在

---

① 何浩、刘彬徽：《包山楚简“封君”释地》，载湖北省荆沙铁路考古队：《包山楚墓》，北京：文物出版社，1991 年，第 569-579 页。

② 何浩、刘彬徽：《包山楚简“封君”释地》，载湖北省荆沙铁路考古队：《包山楚墓》，北京：文物出版社，1991 年；颜世铉：《包山楚简地名研究》，台湾大学中国文学研究所硕士学位论文，1997 年，第 98-100 页；刘信芳：《包山楚简解诂》，台北：艺文印书馆，2003 年，第 73-74 页。

③ 郭沫若：《关于鄂君启节的研究》，《文物参考资料》1958 年第 4 期。

④ 谭其骧：《鄂君启节铭文释地》，载谭其骧：《长水集·下》，北京：人民出版社，1987 年，第 193-211 页。

⑤ 谭其骧：《再论鄂君启节地理答黄盛璋同志》，载谭其骧：《长水集·下》，北京：人民出版社，1987 年，第 212-232 页。

⑥ 黄盛璋：《再论鄂君启节交通路线复原与地理问题》，《安徽史学》1988 年第 2 期。

⑦ 何浩、刘彬徽：《包山楚简“封君”释地》，载湖北省荆沙铁路考古队：《包山楚墓》，北京：文物出版社，1991 年，第 569-579 页；刘彬徽：《楚系青铜器研究》，武汉：湖北教育出版社，1995 年，第 345-346 页；刘和惠：《楚文化的东渐》，武汉：湖北教育出版社，1995 年，第 141 页。

⑧ ［日］船越昭生：《关于鄂君启节》，［日］《东方学报》1972 年第 43 册。

今南阳市北[1]。朱德熙、汤余惠、何琳仪、颜世铉等先生赞同此说[2]。

三、中鄂说

谷口满先生对前两说作了细致的辨析，他将包山第 76 简中的“十月乙未之日”和“爨月辛丑之日”分别记为第一期日与第二期日，第一期日是左尹官署向鄂君官署发出命令的日期，第二期日是命令中规定的出廷日期，加起来共七天（间隔六天），暗示从郢都（纪南城）到鄂君封邑七天内可以往返，按每天行 30 公里计，鄂君封邑当距郢都不远，可能在 120 公里范围内，又结合鄂君启节，他提出“鄂”当在汉水中游一条支流流域的某个地方，而非远至今鄂州或南阳[3]。

四、其他说法

张中一先生认为鄂君是楚王熊渠所封中子“鄂王”红之后裔，鄂在长江、湘江汇合处的洞庭湖畔[4]。

今按，受期简两个日期的间隔对推算楚都与受期人所在地之间的大致距离有一定的帮助，可以作为考定地望的参考，但运用时需要谨慎。从包山简的相关记载来看，同一个受期人所在地，相关的时间间隔有时候差距很大。

---

① 陈伟：《〈鄂君启节〉之“鄂”地探讨》，《江汉考古》1986 年第 2 期。

② 参看朱德熙：《鄂君启节考释（八篇）》，载朱德熙：《朱德熙文集》第五卷《古文字论集》，北京：商务印书馆，1999 年，第 189-202 页；汤余惠：《战国铭文选》，长春：吉林大学出版社，1993 年，第 46 页；何琳仪：《鄂君启舟节释地三则》，《古文字研究》第二十二辑，北京：中华书局，2000 年，第 141 页；颜世铉：《包山楚简地名研究》，台湾大学中国文学研究所硕士学位论文，1997 年，第 99 页。今有学者认为位于今南阳的鄂国地望不在西鄂故城，而在南阳市区东北部的十里庙一带，参看柴中庆：《南阳鄂国地望考》，载楚文化研究会：《楚文化研究论集》第七集，长沙：岳麓书社，2007 年，第 46-50 页。可为一说。

③ ［日］谷口满：《鄂君启节鄂地探索》，［日］《历史》1997 年第 89 辑，第 158-177 页。另请参看其文《再论楚郢都的地望问题——纪南城是否春秋时期的郢都？》，载楚文化研究会：《楚文化研究论集》第六集，武汉：湖北教育出版社，2005 年，第 463-475 页。

④ 张中一：《〈鄂君启金节〉路线新探》，《求索》1989 年第 3 期。

如简59和简78，受期人所在地应该都是长沙，其地望在今湖南省长沙市一带[①]，简59记载的两个日期分别是九月戊午之日和十月壬午之日，间隔24天，而简78记载的两个日期是爨月己亥之日和甲辰之日，间隔只有五天。若当时的左尹官署在今江陵纪南城，则距今长沙直线距离约有250公里，按照谷口先生设定的每天30公里的速度，24天往返是可能的，而五天内则应该没有可能性。另外，简34和简39，受期人为同一人，所在地也一致，受期的内容也大致相同，简34记载的两个日期是八月辛巳之日和己丑之日，间隔8天，而简39记载的是八月己丑之日和九月戊申之日，间隔19天，从这两支简的内容似乎很难判断受期人所在地与左尹官署之间的距离远近[②]。

所以我们认为，依据受期简两个日期之间的间隔来推算受期人所在地与楚都之间的距离需要十分谨慎，在受期人所在地相同的情况下，至少两条简文记载的间隔时间相差不大，才可作为论证的依据。如下文谈到的受期人所在地位邸阳君之州的情况，根据简27和简32的记载，两个日期间隔分别是两天和三天，相差不大，是可以作为判断距离楚都远近的论据的。受期地为鄂君封地的记载仅见于简76，包括两个日期的话共计七日，正如不宜认为从楚都至长沙只需要五天一样，似乎不宜据此认为从楚都至鄂君封地往返只需要七日。所以对于中鄂说，我们认为论据还比较薄弱。

综合比较其他说法，不少学者认为依据西鄂说，可以对鄂君启节记载的地名和交通路线图有一个比较恰当的解释，本文也认为此说有较强的可信性，可以将鄂君启，可能也是包山简所见的鄂君的封邑定于此。此处原为西周鄂国都城所在，在今南阳市北40余里，白河（古淯水）西岸一带[③]。鄂曾联合夷人伐周，周夷王灭之。楚兴之后，据有鄂地。怀王晚期垂沙之战后，宛、叶之地先属韩，后入秦，位于宛、叶之西的鄂地也当不复属楚，鄂君启可能因此丧失位于今南阳北的封邑。

---

① 徐少华：《包山楚简释地八则》，《中国历史地理论丛》1996年第4期；颜世铉：《包山楚简地名研究》，台湾大学中国文学研究所硕士学位论文，1997年，第146-149页。

② 按，藤田胜久先生谈到除了距离远近外，处理案件时间的长短对间隔的天数也有影响。参看［日］藤田胜久：《包山楚简及其传递的楚国信息——纪年与社会体系》，载卜宪群、杨振红：《简帛研究二〇〇四》，桂林：广西师范大学出版社，2006年，第13-34页。

③ 徐少华：《周代南土历史地理与文化》，武汉：武汉大学出版社，1994年，第25-26页。

另外，关于鄂君启和子晰之间的关系，殷涤非先生从《说苑》所载《越人歌》的歌词内容分析，认为当为楚怀王时作品，并说："疑鄂君子皙与鄂君启当系一人，或启为王子之名，子皙为王子之字，……大约启即楚怀王的儿子。"[①] 杨宽先生赞同这一说法，说："鄂君子晰和鄂君启可能是一人，启是名，子晰是字，'启'和'晰'的字义相通，时代又相当。"[②] 何浩先生则推测鄂君启可能是子晰之子[③]。

今按，《说苑·善说》中庄辛说鄂君子晰曾"泛舟于新波之中"，"越人拥楫而歌"，这段描述很有可能发生在鄂君子晰的封地之内，若然，则表明其封地附近水域不少，且有大量越人杂居其间。从战国中后期的民族文化状况来看，南阳附近不可能有大量的越人，而东鄂所在的今鄂州一带当时河湖不少，也有越人分布[④]。今鄂州附近的大冶铜绿山古铜矿遗址，有学者认为在西周至春秋早期是由越人开采的[⑤]，而鄂州至大冶一带也有不少战国中晚期的楚墓和城址[⑥]，如大冶鄂王城遗址就可能是"战国时期楚人利用当地越人先进铜矿生产技术，所建立的铜矿生产活动的重要场所。"[⑦] 由此看来，今鄂州至大冶一带在战国中后期应该还有不少越人，楚越杂居必不少见，也许鄂君子晰的封地在此区域。

关于鄂君子晰和鄂君启的关系，估计有两种可能。其一，或许果如殷涤非、杨宽等先生所言，二者为同一人，垂沙之战前，其封地"鄂"位于今南阳市北。垂沙之战后，丧失封地的鄂君启（子晰）家族及其封地内的楚人辗转播迁，可能被重新分封在今鄂州市一带，仍称鄂君，并以地名"鄂"，其泛舟新波，邂

---

① 殷涤非、罗长铭：《寿县出土的"鄂君启金节"》，《文物参考资料》1958 年第 4 期。

② 杨宽：《战国史·附录二：战国封君表》，上海：上海人民出版社，2003 年，第 692 页；又见杨宽、吴浩坤：《战国会要》卷 66《职官十五》，上海：上海古籍出版社，2005 年，第 580 页。

③ 何浩：《战国时期楚封君初探》，《历史研究》1984 年第 5 期。

④ 参看刘玉堂：《论湖北境内古越族的若干问题》，《民族研究》1987 年第 2 期；刘玉堂：《扬越与楚国》，载《江汉论坛》专刊：《楚学论丛》，1990 年，第 203-272 页。

⑤ 参看舒之梅：《试论越文化对楚文化的影响》，《民族研究》1986 年第 4 期。

⑥ 参看湖北省鄂城县博物馆：《鄂城楚墓》，《考古学报》1983 年第 2 期；大冶县博物馆：《鄂王城遗址调查简报》，《江汉考古》1983 年第 3 期。

⑦ 朱继平：《鄂东楚文化的历史进程与特征》，武汉大学硕士学位论文，2005 年，第 41 页；另参看朱继平：《"鄂王城"考》，《中国历史文物》2006 年第 5 期。

迺越人的故事发生在迁邑后的鄂地。《史记》张守节《正义》引刘伯庄云:“(鄂,)地名,在楚之西,后徙楚,今东鄂州是也。”[①]似乎反映了鄂君迁邑的史实。秦汉统一后，为了区别，故将南阳之鄂称西鄂,《汉志》南阳郡西鄂县下应劭注曰“江夏有鄂,故加西也”反映了这一现象。其二,如果鄂君子晰和启不是同一人,那么前者可能是后者的后人，同属鄂君家族，在垂沙之战后鄂君迁邑至今鄂州一带。

此外，位于湖南省常德市德山经济开发区河家坪村的寨子岭一号楚墓曾出土一枚“噩宫大夫鉨”铜印。发掘报告称，铜印“无论从印章或印文看，制作都不规整，应为死后仓促仿铸一印用作随葬，以此证明墓主生前曾有过的身份。”“从墓室的规模、棺椁的层数及残存的仿铜陶礼器组合和其他随葬品看,均与士大夫级的墓相当。”[②]同墓还出土有针刻铭文的扣器漆盒,龙朝彬先生据此推断该墓时代应是在公元前265年之后,属战国晚期中段，并认为“噩宫大夫”当为鄂君之属官，在白起拔郢、鄂君丧失封邑后，“以其不低的爵位作为军事、行政长官留驻于常德。”[③]陈松长先生也认为该墓是战国晚期的楚墓,并说“这里所谓鄂邑,当指楚国大夫的家邑”[④]。周世荣先生说“宫”也可能是“邑”,与印文中的“噩”组成“鄙(鄂)”字[⑤]。

今按，从印文字形看，第二字释“宫”无误。出土文献和青铜铭文中多见此字,常以“地名+宫”的形式出现,当为地理单位名。关于它的具体性质,学界尚有争论。陈伟先生谈到，将“宫”“这级政区看作战国时的楚县，应该说问题不大”[⑥]。罗运环先生认为,“宫是一种比州大的食税性质的大邑(也包

---

① 司马迁:《史记》卷40《楚世家》张守节《正义》,北京:中华书局,1982年,第1692页。

② 常德市文物处:《湖南常德寨子岭一号楚墓》,载湖南省文物考古研究所、湖南省考古学会:《湖南考古2002》,长沙:岳麓书社,2004年,第402-410页。

③ 龙朝彬:《湖南常德出土“秦十七年太后”扣器漆盒及相关问题探讨》,《考古与文物》2002年第5期。

④ 陈松长:《湖南新出战国楚玺考略(四则)》,载张光裕:《第四届国际中国古文字学研讨会论文集》,香港:香港中文大学中国语言及文学系,2003年,第597-602页。

⑤ 周世荣:《〈湖南常德寨子岭一号楚墓〉几个问题补正》,载楚文化研究会:《楚文化研究论集》第七集,长沙:岳麓书社,2007年,第458-464页。

⑥ 陈伟:《包山楚简初探》,武汉:武汉大学出版社,1996年,第100页。

含中等大的邑）”[①]。朴倖柱先生认为，“‘县’和‘宫’似是同级统治组织，但因为两者的来源、内部结构、在楚国地方统治中的作用等相异，所以似按各自的性质、情况区别使用。”[②]赵平安先生将该字释为“宛”，读为“县”[③]。我们倾向于认同“宫”“县”同级、性质基本一致的观点，将其归入县一级政区，仍写作“宫”。

据此，“噩宫大夫”当非鄂君之属官，可以看作是楚鄂县县尹（大夫）。楚鄂县地望，也许在“东鄂”。从现有材料看，楚国封君的封邑与楚县重名的现象比较普遍，且大多数可能同处一地，它们名称有别，泾渭分明，当时的人应该不会混淆，故鄂县与鄂君启封邑同在今南阳市北也有一定的可能，然这种可能性并不大。垂沙之战后楚失南阳之鄂，楚鄂县若在南阳则已不复存在；公元前 278 年白起拔郢，东至竟陵，并未到达今鄂州一带，楚鄂县在此方能为楚所控。墓主“噩宫大夫”当为今常德人，死后归葬故里，故铜印出土于此。若这一推测可以成立的话，鄂君家族迁邑后的封地和楚鄂县的关系估计有两种可能：其一，二者并存于同一地域；其二，鄂君家族的封地可能后来被收回，改设鄂县。

综合以上的分析，我们认为，怀王时期的鄂君启，也即见于包山楚简的鄂君，受封时其封邑应该在西鄂，今河南南阳市以北一带。垂沙之战，鄂君家族丧失封邑后，可能又被重新封于今鄂州市一带，迁邑之后的新封地仍称鄂。鄂君子晰和鄂君启可能为同一人，或前者为后者的后人。《说苑》所载的鄂君子晰所在之地可能是家族播迁后重新受封的鄂地，即今鄂州市一带。出土铜印所见的“噩宫大夫”，指鄂县大夫，管理今鄂州至大冶一带的鄂县。

此外还有一个问题需要注意，就是东鄂说所说的东鄂的具体位置。黄盛璋先生提到在鄂州附近有两个鄂王城，都是先秦城址，其一在鄂城县（今鄂州市）西南二里，其二是马迹乡的鄂王城，即前文已经提到的位于今大冶市

① 罗运环：《释包山楚简䢵敔宫三字及其相关制度》，载《简帛研究二〇〇二、二〇〇三》，桂林：广西师范大学出版社，2005 年，第 11 页。

② 朴倖柱：《战国楚的地方统治体制》，载《简帛研究二〇〇二、二〇〇三》，桂林：广西师范大学出版社，2005 年，第 15 页。

③ 赵平安：《战国文字中的“宛”及其相关问题研究（附补记）》，“简帛网”www.bsm.org，2006 年 4 月 10 日。

高河乡胡彦贵村的鄂王城[①]。从近年来的考古调查和发掘情况来看，在鄂州市鄂城区南两公里的地方曾发掘出三十座墓葬，大部分为楚墓，其时代从战国中期一直延续到秦汉之际或西汉初，但未提及周围是否有城址[②]。如果鄂州西南二里果真存在一战国城址的话，这些墓葬安葬的应该是此城的贵族、居民。在大冶市高河乡的鄂王城，城址见存，面积约12万平方米，以战国遗存居多[③]。两处相距约40千米，并不太远，可能都是鄂地所在，或许其中之一为鄂君封邑，另一个为楚鄂县城址。

（原载《楚文化研究论集》第九集，上海古籍出版社，2011年）

① 黄盛璋：《再论鄂君启节交通路线复原与地理问题》，《安徽史学》1988年第2期。

② 参看湖北省鄂城县博物馆：《鄂城楚墓》，《考古学报》1983年第2期。

③ 参看大冶县博物馆：《鄂王城遗址调查简报》，《江汉考古》1983年第3期；国家文物局：《中国文物地图集·湖北分册》"大冶市文物图"，西安：西安地图出版社，2002年，图版第128-129页、《文物单位简介》第47页。

楚封鄂王、鄂君与鄂王城之地望辨析

陈树祥　黄凤春

鄂东南之大冶市鄂王城自调查发现以来①,学界、媒体对鄂王城属性——即鄂国地望、楚国所封鄂王及鄂君等问题的众说纷纭，莫衷一是，导致地方对鄂王城保护价值存在一些困惑，因此，有必要对诸观点及鄂王城价值进行梳理和甄别，这也是本文论析之所在。

鄂王城址距今大冶市城区西南约40公里金牛镇胡彦贵村，地处山丘与河港冲积过渡地带，西北至西南是一片连绵起伏的低矮丘岗，东南至东北则为低洼宽阔的平畈，南流而来的虬川河和高河港经古城东垣外交汇后向北注入梁子湖，经樊口入汇长江。城址东边为古河港冲积形成的广阔沃土，再往东则渐入古铜矿区，著名的铜绿山因早在商周被开采而享誉古今。城址周边一些山丘上遗存有冶炼遗址十多处②。鄂王城地理环境十分优越，水陆交通便利，西通江夏和咸宁，南达鄂州，东至大冶，不仅是统治者封君设邑理想之地，还兼具矿业管理和扼守军事要冲之功能。

结合二次专题调查已发表的资料和笔者踏勘收获，鄂王城址及以往的采集品具有几个明显特点。首先，城址建筑等级较高。城址依山临水，坐西朝东，

① 大冶县博物馆：《鄂王城遗址调查简报》，《江汉考古》1983年第3期。

② 国家文物局：《中国文物地图集·湖北分册》，西安：西安地图出版社，2002年。

随势修筑，垣高濠宽，平面呈不规则长方形，东西长 187 ～ 225 米，南北宽 125 ～ 225 米，周长 762 米，面积 53975 平方米（见图一）。东垣南端拐角缺口的断面呈梯形，上部残宽 7.4 米，底宽 27 米，残高 4.7 米。城垣为致密的夯土层，厚约 0.1 ～ 0.15 米，夯层中均无包含物。城址的东垣现存 3 个缺口，分别位于东垣南端、中段和北端。东垣南端缺口呈“八”字形，内窄外宽，面宽 14 米、底宽 43 米、高 4 米，此处缺口可能为南城门遗迹，另两处缺口可能是后来人挖毁城垣所致。城垣外有环濠（护城河），依地势而开挖，其中东护城河宽约 50 米、南护城河宽约 45 米，东、南边护城河距对应的城垣脚相距约 80 米[①]。西、北边护城河因改田筑坝被填埋，宽度不明。整个护城河内之水在城东南与高河港相连通，北流入梁子湖。城址四角呈圆弧状，如同切角，为楚人筑城之风格。

其二，建筑用材讲究。在城内南部发现一处房屋建筑基址，残存有红烧土夯筑墙基，东西长约 40 米、南北宽约 5 米，残存面积 200 平方米。房内地面用灰白色土铺筑。地面堆积层内包含有大量的陶质板瓦、筒瓦、半圆瓦当等建筑材料，城内还发现一处专门烧瓦的窑址。这些十分讲究的板瓦、筒瓦，近似潜江龙湾放鹰台等楚别宫战国中期建筑用瓦[②]，显示了鄂王城内建筑等级之高。此外，遗址上还有西汉卷云纹瓦当，铺地砖，说明城址在西汉时期被沿用，房屋用材讲究，反映统治者显贵的地位。

其三，楚文化遗物量多质高。城内仅见一层战国时期文化堆积，采集品多为陶质生活用具，少量生产工具、武器和金币等。所见陶器类皆为残器片，以泥质陶为多，少量夹砂陶；陶器中以灰陶和灰黄陶为主，褐红色陶次之；纹饰多绳纹，少量弦纹。遗物中，可见极少的春秋陶鬲足；战国晚期遗物较多，具有楚文化特征的器类有陶豆、陶罐、铁鼎足等，还采集有铁斧 1 件、铁䦆 2 件、削刀 1 件、“陈爰”1 块（见图二）、铭文铜戈 1 件（见图三）、铜镞 18 支。

---

① 湖北省文物考古研究所:《大冶五里界——春秋城址与周围遗址考古报告》，北京：科学出版社，2006 年。

② 湖北省潜江市博物馆、湖北省荆州博物馆:《潜江龙湾 ——1987—2001 年龙湾遗址发掘报告》，北京：文物出版社，2005 年。

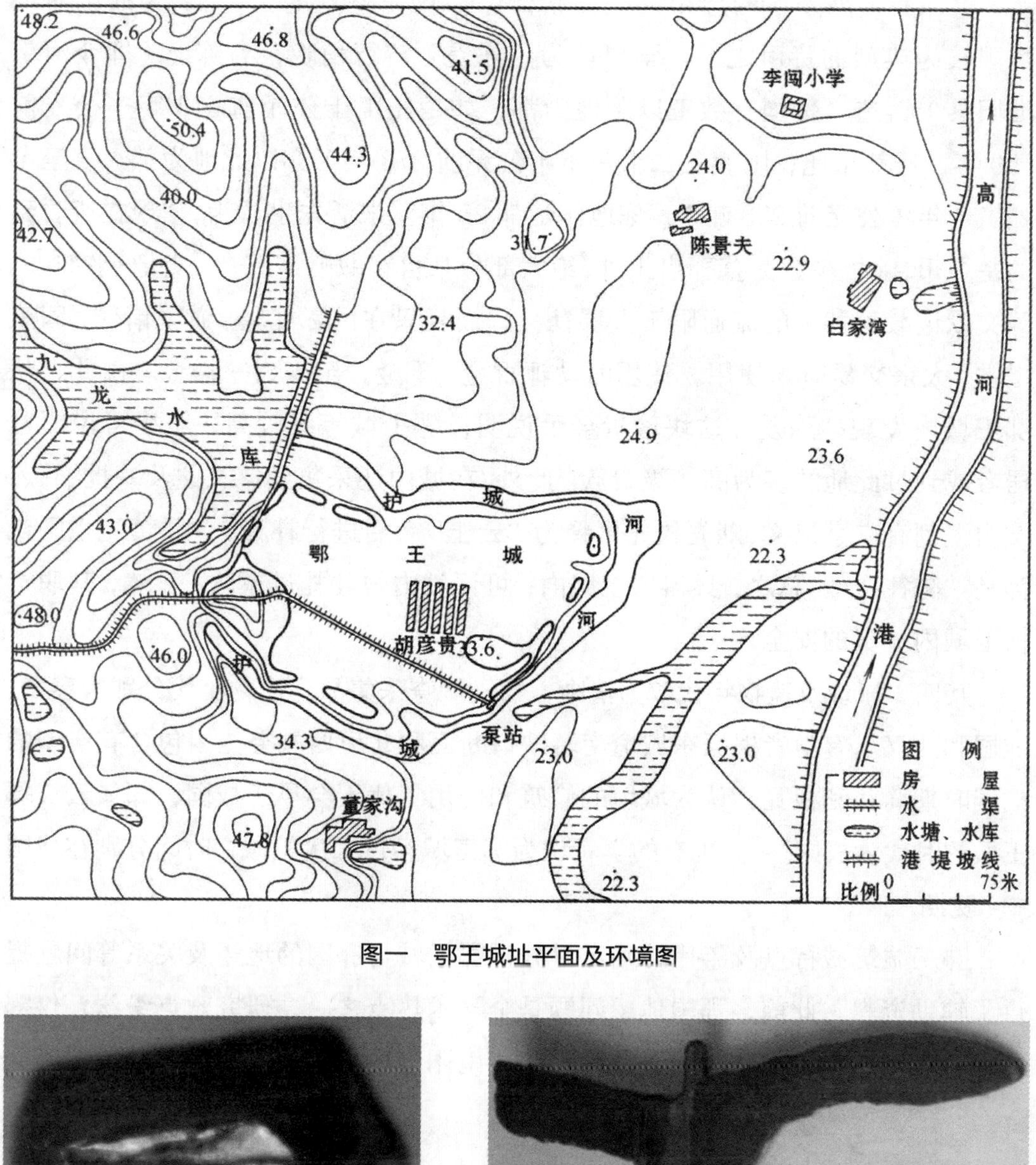

图一　鄂王城址平面及环境图

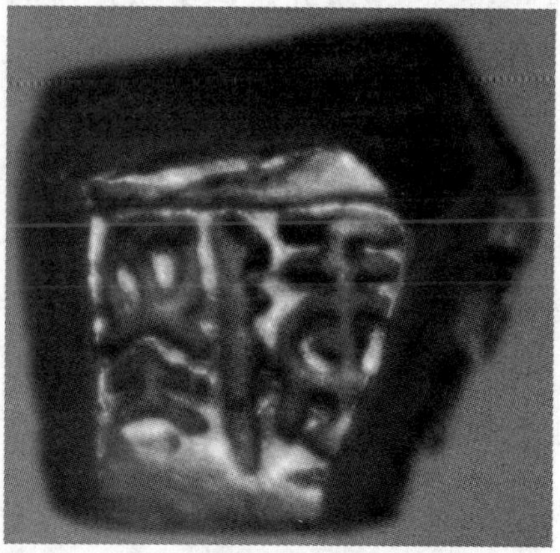

图二　陈爰

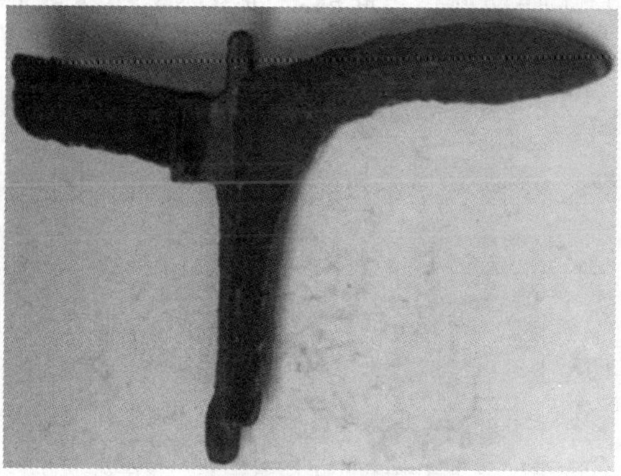

图三　铜戈

模印有“陈爰”的金币闪亮如新，保存较完整，重6.6克，为战国时期楚国较为典型的货币之一。学界认为“陈爰”铸行稍晚，为陈地（即今河南淮阳县）铸造。楚国有数王以陈地为都，如楚庄王于公元前613年—公元前590年，迁都于此；顷襄王二十一年（公元前278年）亦以此地为都，直至考烈王十年（公元前253年），陈地作楚都25年。朱活先生认为，“现在所看到的楚金币,除极少数为墓葬出土外,绝大部分来自窖藏财富。”[①]《史记·平准书》等文献记载，黄金的流通限于上层社会，而且只在国际礼聘、游说诸侯、国王赠赏、大宗交易时才使用。使用时动辄百金、千金，至少为一镒金。由此，从鄂王城内发现“陈爰”这块珍贵金币说明，鄂王城等级较高，至少可说明常居者或到过此地的多为高等级贵族。此外,在城内还采集到铭文戈及一批铜镞，戈内上刻有二字铭文,刘先枚先生释为“云土”[②],后进行补释[③]。滕黄先生则认为是“陈往”[④]。总之，兵器出土城内，可证城内曾驻扎过军队，显然，其职责保卫城内显贵的安全。

其四，城址及遗物年代较为清晰，甄别调查采集品，遗物年代分别为春秋、战国和西汉。有学者根据东城垣南端缺口断面和北垣西端夯土内包含有典型的战国时期筒瓦和板瓦，认为城垣的修筑和使用年代不会早于战国，却又云“鄂王城的时代为战国”[⑤]。也有的学者认为鄂王城经过二次筑城，时间分别在战国中、晚期[⑥]。

鄂王城筑城特点及年代的确定对分析鄂王城与鄂国的地望及关系等问题提供了辅助资料。此前，鄂国地望问题是个学术热点之一，研究观点纷纭，仅鄂的地望就有四说。徐中舒先生认为鄂国在南阳盆地内的西鄂故城，马承源等先

---

① 朱活：《楚金杂谭》，《江汉考古》1983年第3期。

② 刘先枚：《释“[illegible][illegible]”》，《江汉考古》1985年第3期。

③ 刘先枚：《鄂王城戈铭可释为陈往吗》，《江汉考古》1988年第1期。

④ 滕黄：《鄂王城戈铭应为陈往》，《江汉考古》1986年第1期。

⑤ 湖北省文物考古研究所:《大冶五里界——春秋城址与周围遗址考古报告》，北京：科学出版社，2006年。

⑥ 龚长根、胡新生：《大冶之火——铜绿山古铜矿遗址》，武汉：湖北人民出版社，2008年。

生同意此说[①]，陈佩芬先生认为在东鄂，即今鄂州[②]，重修的《武昌县志》袭之[③]，李学勤先生曾认为早期在河南沁阳[④]，还有学者认为鄂从沁阳南迁立国于南阳盆地[⑤]。究其诸观点的成因，主要是对北宋年间出土于孝感的西周昭王时期“安州六器”的中方鼎、中甗，以及收藏于日本出光美术馆的静方鼎铭文中涉及鄂、曾的地望理解出现偏差。

其实，自二十世纪七十年代以来，鄂国铭文铜器早已多次在随州市安居镇羊子山出土，但一直未引起足够的重视，如1975年和1980年就两次在羊子山出土过西周早期的鄂侯铭文青铜器[⑥]，1975年出土的铜尊铭文为“鄂侯㽙季乍旅彝”。此外，上海博物馆还收藏有三件鄂叔簋、鄂侯弟㽙季簋、鄂季尊，其中后两件鄂器也被确定出自于随州的羊子山[⑦]。2007年11月，随州市博物馆在随州安居镇羊子山抢救清理了一座盗掘未遂的西周鄂侯墓，墓内出土青铜礼器多达27件，其中大部分青铜器上有“鄂”或“鄂侯”的铭文（见图四）[⑧]，李学勤先生对上述鄂侯铭文青铜器进行研究后认为，随州羊子山当为鄂国公室墓地，此说可从。随州安居羊子山历年数墓屡出鄂侯重器并非偶然，只能理解为西周时期鄂国的政治中心可能就在今随州西部涢水或溠水流域。更值得关注的是，2011年我们在随州东部淅河镇叶家山发现了西周早期曾侯家族墓地，出土了一批曾侯铭文青铜器[⑨]，其南一公里处的庙台子遗址发现环濠等遗存，推测为曾国都城。

---

① 徐中舒：《禹鼎的年代及相关问题》，《考古学报》1959年3期；马承源：《记上海博物馆新收集的青铜器》，《文物》1964年7期；张剑：《洛阳市博物馆馆藏的几件青铜器》，载《文物资料丛刊》第3辑，北京：文物出版社，1980年；黄盛璋：《朴君述鼎国别、年代及其相关问题》，《江汉考古》1987年第1期。
② 陈佩芬：《上海博物馆新收集的西周青铜器》，《文物》1981年9期。
③ 光绪《武昌县志》，鄂州市档案史志局点校重刊本，2004年。
④ 李学勤：《殷代地理简论》，北京：科学出版社，1959年。
⑤ 徐少华：《周代南土历史地理与文化》，武汉：武汉大学出版社，1994年，第26页。
⑥ 随州市博物馆：《湖北随县发现商周青铜器》，《考古》1984年6期；随州市博物馆：《湖北随州安居出土青铜器》，《文物》1982年12期。
⑦ 李学勤：《由新见青铜器看西周早期的鄂、曾、楚》，《文物》2010年第1期。
⑧ 随州市博物馆：《随州出土文物精粹》，北京：文物出版社，2009年。
⑨ 湖北省文物考古所、随州市博物馆：《湖北随州叶家山西周墓地发掘简报》，《文物》2011年第11期；湖北省文物考古所、随州市博物馆：《湖北随州叶家山M65发掘简报》，《江汉考古》2011年第3期；黄凤春、陈树祥：《湖北随州叶家山西周墓地考古发掘获阶段性重大成果——一批出土青铜器铭文显示应为西周早期曾侯家族墓地》，《中国文物报》2011年10月12日第4版。

图四　羊子山出土鄂国铜器

以上诸多新发现，说明鄂、曾是西周时期并存于随州东、西部的两个诸侯国，这对重新诠释“安州六器”中中方鼎、中甗及日本出光美术馆收藏的静方鼎等铜器铭文中记载西周昭王南巡及伐楚“在曾”“在曾、鄂师次”涉及的国名、地望等问题具有重要的辅证作用。同时，也对我们重新判定楚国始封鄂王的地望问题提供了重要依据。

学界对鄂王城的国属、地望及始封等问题探讨也有多种观点[①]，一是认为鄂王城可能为楚熊渠所封中子红所筑之城；二是认为是鄂君子晰的封邑；三则认为是鄂君启的封邑。还有的认为，楚国的鄂邑，既作过别都，又作过封邑，也作过一般城邑。结合前述鄂王城现存地望、城址特征、采集品时代和相关文献，笔者以为大冶鄂王城内不见西周遗物，不可能是楚熊渠封中子红的城邑。如上述所证，西周鄂侯受封之地在今随州安居一带，楚国与鄂国为西周早中期发展较快的诸侯国，由中方鼎、中甗、静方鼎等铜器铭文推知，周昭王南巡伐楚，鄂侯加入了天子麾下的伐楚联军，与楚结下世仇，鄂便成了楚早期的敌对国之一。

西周夷王之世，王室衰弱，叛周事件和平叛战争接连不断。如鄂侯驭方鼎和禹鼎铭文记载，一度与周朝保持友好关系的鄂侯驭方，也突然叛乱反周，并率领南淮夷、东夷侵犯周王朝的东南部疆土，周王十分恼怒，命西六师与殷八师前往讨伐。因鄂师据守匡地，未能攻克；随后武公派遣禹率亲兵，包括兵车百乘、甲士二百、徒兵千人前往讨伐，协助西六师和殷八师作

① 罗运环：《楚国八百年》，武汉：武汉大学出版社，1992年，第104页。

战；禹经过血战，克敌立功，擒获鄂侯驭方[1]。鄂侯驭方兵败被擒以后，姞姓鄂国公族衰弱离散，无力立于诸侯之林，显赫的鄂国从此灭亡。其实，学界对禹鼎铸造年代一直存在夷王和厉王二说，以持厉王之说者众，然刘翔先生依据夷王之世的鄂侯驭方鼎等诸器及铭文进行对比，力挺禹鼎为夷王时期所铸[2]。鄂侯率南淮夷和东夷叛周，招致王师东征暴行而亡国灭族的后果，这给楚国拓疆扩土，以报鄂国加入昭王联军伐楚之仇带来时机。因此，《史记·楚世家》记载："当周夷王时，王室微，诸侯或不朝、相伐。熊渠甚得江汉民间和，乃兴兵伐庸，扬粤，至于鄂。……乃立其……中子红为鄂王。"史载周夷王执政仅八年，而《史记·楚世家》记载楚兴兵"至于鄂"，应是兵至鄂境，这恰与禹鼎所记伐鄂之事、之时相同。楚师与周王师相互呼应，合力攻伐鄂国，楚师可能占领了鄂侯的一些地盘，于是，熊渠心高气傲，便扬言"我蛮夷也，不与中国之号谥"，遂封三子为王，其中，以攻占的鄂地封中子红为鄂王，应是顺理成章之事。熊渠举兵拓疆，封王建邦，声势浩大，再次引起周室注意。《史记·楚世家》记载，周厉王为人暴虐，亲自南征，使南夷、东夷有"廿又六邦"臣服。"熊渠畏其伐楚，亦去其王"，这一反常举动，显示了其心虚力弱，尚不足以与周厉王抗衡。由此可推定，楚熊渠在周夷、厉之世，尽管经营江汉有方，国力较强，但势力尚未到达梁子湖东岸的大冶一带，亦未掌控铜绿山矿，所封鄂王中子红之地，并非大冶鄂王城，可能在今汉江中下游左岸的随枣走廊西侧。

鄂州始称鄂，可能与这里古代长江生长扬子鳄（鳄）有关。此地生活着古扬越一支，创造了地域文化，如在这里的商周遗址中，生活用器主要为陶质刻槽足鬲、护耳甗、长方形镂孔豆等，学界认为这是古扬越居民典型器物[3]，这些皆有别于汉水流域的商周遗址所出遗物。《吕氏春秋·恃君篇》："杨、汉之南，百越之际，敝凯诸夫风余靡之地，缚娄阳禺欢兜之国，多无君。"百越分布的地区应包纳今鄂州、黄石、大冶及阳新一带。因此，有学者认为，东鄂之所以称"鄂"，可能为越人所建，而越人则恰是崇拜扬子鳄（鳄）的，足见

① 郭沫若：《禹鼎跋》，《光明日报》1951年7月7日。

② 刘翔：《周夷王经营南淮夷及其与鄂之关系》，《江汉考古》1983年3期。

③ 张潮：《古越族文化初探》，《江汉考古》1984年4期。

东鄂为扬越所属[①]，并非姞姓鄂，此说可从。这对我们认识楚王两次封鄂君之地望大有启发。

楚国封鄂君,可能始于春秋中晚期。对于其封地推测,学界常引用《说苑·善说》中所记顷襄王时楚大夫庄辛之语，即令尹子晰乘坐华丽的游船与榜枻越人交欢尽意，这近越人之地可能为令尹子晰所封东鄂之地，此观点为多数学者所认允。但有学者提出新解，提出这个鄂君子晰不是楚灵王之弟，乃楚惠王至顷襄王间某楚王之子,与楚王比所封鄂君子晰即公子黑肱不是一人的观点[②]。前述两种观点孰是孰非暂且不论证，这里辨析的是鄂君子晰与鄂王城筑城时代是否吻合，就可迎刃而解。据《左传》《史记·楚世家》等记载，公子黑肱乃楚共王第四子，亦是楚康王子昭和楚灵王子围的同母弟。为争夺王位，叔侄及兄弟之间上演了互相残杀的悲剧，最后由弃疾夺得王位。其间，“子比为王十余日，子晰不得立,又俱诛”。若鄂王城为鄂君的封邑,有三个问题则难以解释：其一，子晰仅做了十多天令尹，若封鄂王，鄂王城无论如何是筑不起来的；其二，鄂王城内虽遗存有春秋时期极少鬲足，战国筑城之前，此地可能仅是楚国东境的一个较小的聚落遗址；其三，鄂王城筑城时代为战国中、晚期，比上述观点中所指的二位子晰封为鄂君的时代皆晚。简言之，春秋时期鄂君的封邑之城，应与鄂王城无涉。

楚国第二次封鄂君当在战国中晚期，楚怀王六年（公元前323年）封其弟启为鄂君，包山简文也有相关记载，并颁发“鄂君启金节”。关于鄂君始封及地望问题，张正明先生认为，“楚以鄂为别都可能在春秋中期楚成王以后，战国中期楚封启为鄂君，鄂大概就由别都变为鄂君的封邑了。鄂之地望有三说，一曰鄂城县东汉鄂县；二曰鄂城县西南二里鄂王城；三曰鄂城县西南一百二十里之马迹乡”[③]。循此判释,古鄂州境内的别都目前尚无实证,前二说的封邑之地望皆在今鄂州市城区内，惜地面已难寻城垣踪迹，也不能断定鄂邑之城。唯后一种观点的鄂邑之城与今大冶鄂王城地望相吻合，或许是鄂君启所封之城邑。前述铸于楚怀王六年(公元前323年)鄂君启节之舟节可备一说,其铭文中记载有“自

---

① 高介华、刘玉堂：《楚国的城市与建筑》，武汉：湖北教育出版社，1996年。

② 郑威：《楚“鄂君”、“鄂县”综考》，载楚文化研究会：《楚文化研究论集》第九集，上海：上海古籍出版社，2011年。

③ 张正明：《楚文化志》，武汉：湖北人民出版社，1988年。

鄂，逾湖，让汉，庚厝（鄖），庚芑阳；逾汉，庚邽；逾夏，入邔”。这段铭文记载鄂君启的船队走的是汉江水路，也为我们推测鄂君启的封地提供了分析资料。黄盛璋先生对鄂君启节舟节解释得较详细，认为启之商船出发的起点“鄂”，应为鄂君启的封地，其溯水穿过梁子湖等湖泊，再从鲇鱼套进入长江，进入汉江航段，然后溯行到达目的地[①]，根据黄先生所释之意，鄂当在今鄂州市区。笔者以为此“鄂”的城邑不在今鄂州市城区，可能在今大冶鄂王城。对鄂君启节舟节中“逾湖”诠释，有学者也提出不同见解，认为“逾湖”之“逾”就是顺水行舟，并非逆水穿过梁子湖等湖泊，此释可从。而将“湖”释为“油”，“油水即是淯水”，若如此，“鄂”地望在南阳盆地，为传统的“西鄂说”[②]，刘和惠先生持否定意见，仍将“油”字释为“湖”字，鄂邑之地望在古鄂州[③]。比较诸观点，笔者以为鄂君启的商船航线起始点的“鄂”，即今鄂王城，其航行路线为：启之船队从今大冶市鄂王城东垣外的高港河顺流穿过鄂州的梁子湖，然后沿长港（河）出樊口入长江，逆江西上，在今武汉进入汉江水道到达有关地方，这应是顺理成章的事。再从鄂王城内出土大量战国晚期的遗物及筑城年代看，这些与鄂君启所处时代相吻合，鄂王城极有可能曾为鄂君启的封邑之城。

鄂王城面积不大，依势建造，高垣厚垒，地势险要，交通便利，利于居住。有学者将楚国地方城邑分为县邑、封君邑和一般城邑[④]。从规模上楚国地方城邑可分为大、中、小三类，鄂王城面积才5万多平方米，可谓小城，这可能与楚国的政治等原因密切相关。其一，政治原因。楚国对地方城邑尤其是封邑规模进行了必要的控制，以防“尾大不掉之势的形成”。如《国语·楚语》记载范无宇对楚灵王说：“国为大城，未有利者。昔郑有京、栎，卫有蒲、戚，宋有萧、蒙，鲁有弁、费，齐有渠丘，晋有曲沃，秦有徵、衙。叔段以京患庄公，郑几不封。栎人实使郑子不得其位，卫蒲、戚实出献公，宋萧、蒙实弑昭公，鲁弁、费实弱襄公，齐渠丘实杀无知，晋曲沃实纳齐师，秦徵、衙实难桓、景，皆志于诸侯，

① 黄盛璋：《历史地理论集》，北京：人民出版社，1982年。

② 陈伟：《〈鄂君启节〉——延绵30年的研读》，“简帛网”www.bsm.org.cn/show_article.php?id=1136，2009年8月25日。

③ 刘和惠：《鄂君启节“鄂”地辨析》，载楚文化研究会：《楚文化研究论集》第九集，上海：上海古籍出版社，2011年。

④ 高介华、刘玉堂：《楚国的城市与建筑》，武汉：湖北教育出版社，1996年。

此其不利者也。”由此可见，限制封邑城之规模，以防封君坐大谋反，便于维护王权地位。其二，安全原因。鄂王城城垣高大，护城河河宽水深，便于守卫。城内可能仅供封君家族居住，一般平民百姓居住城外，这是封君之城与县城的区别。其三，经济原因。楚在战国中晚期处于衰弱之势，经济实力不如从前，鄂王城规模小，建设周期短，省工省费，易于修筑和维护。

此外，1981—1982 年，大冶县博物馆在西垣外 1 ～ 4 公里范围里的尖角山、下邹山、上邹山、石头嘴等丘陵地带共发现封土堆墓 117 座，其中较高大的封土堆墓 18 处[①]。从墓地分为四片，每处山丘上以大墓为主进行聚葬的表征来看，可能均以高等级贵族为中心的家族墓，目前因未发掘，虽尚难判定墓葬具体时代及墓主身份，但他们生前应与鄂王城邑有关联，也从一个侧面说明鄂王城并非孑立。

在城垣周围十公里范围内的一些山丘上，第三次文物专题调查发现有烟包山冶炼遗址、尹家嘴山冶炼遗址、铁屎墩冶炼遗址、老屋卡冶炼遗址、下首山遗址、邹界田冶炼遗址、王家后背山冶炼遗址、王家铺冶炼遗址、刘华甫后背垴冶炼遗址、彭家堍冶炼遗址、铁屎包冶炼遗址、舒家山遗址、苦莲山垴遗址、瓦雪地冶炼遗址等，共有冶炼遗址十五处[②]。春秋战国时期，铜铁是楚国控制的战略物资，楚国在这里无论封君筑城抑或设县建城，皆应与铜铁矿产资源有着密切关联。换言之，战国后期的鄂王城极有可能具有对铜、铁冶炼的管理、仓储和转运之功能。显然，鄂王城的保护价值仍然十分重要。

（原载《楚学论丛》第二辑，湖北人民出版社，2012 年）

---

① 国家文物局：《中国文物地图集·湖北分册》，西安：西安地图出版社，2002 年。

② 陈树祥：《鄂东南古矿冶遗址发现与研究》，待出版。

大冶三座古城址的文化属性与铜矿采冶之关系

朱俊英

长江流经鄂东南形成了一个弧曲，有如弓背，弧曲南端的鄂东南低山丘陵似弓弦，弓背与弓弦构成一个相对独立的地理单元。这片地域内分布有武汉市的江夏区，鄂州市、黄石市所辖的大冶市和阳新县，咸宁市管辖的嘉鱼县、咸安区等行政区域。近几十年来，为配合工程建设，我们在这一区域进行了大规模的田野考古工作，重点对大冶的五里界城、鄂王城、草王嘴城及分布在城址周围的遗址进行了系统调查，对五里界城进行了重点发掘，同时还对阳新的大路铺、和尚垴等商周遗址进行了大面积的发掘。

考古调查发掘材料表明，长江流经鄂东南形成的弓背弧曲与鄂东南低山丘陵之间地带的物质文化在商周时期呈现出一种独特的面貌。这个区域内又以大冶境内分布的商周遗址最为密集，而且还有三座不同时代的古城遗址，具有代表性意义。所以我们选择大冶境内发现的三座城址和商周遗址进行分析，探究城址与城址、城址和遗址的关系及陶器群所反映的文化属性和功能。

一、五里界城、鄂王城、草王嘴城之关系

五里界城、鄂王城和草王嘴城是分布于大冶市境内不同时代的三座古代城址。通过对五里界城、鄂王城和草王嘴城的考古资料进行对比研究以后，可以确定三座城址有以下相同点与不同点。相同点主要有以下几点。

（1）三座城址的面积都不是很大。五里界城 124 740 平方米，鄂王城 53 972 平方米，草王嘴城 55 000 平方米。以五里界城的规模最大，鄂王城与草王嘴城面积大体相当，从宏观上观察，三座城址的规模都很小。

（2）三座城内的文化层均较薄，厚约 0.3 ～ 1.0 米，文化堆积不是很丰富，遗物较少，说明城址使用的年代相对较短。

（3）城址充分利用了所在地的地形。城址均修筑在四周低、中间高的岗地上，城垣修筑随形就势，利用了所在的岗地和丘陵。如五里界城的南垣利用了南部丘岗，鄂王城的西垣利用了西部岗地，草王嘴城的南北城垣利用了南部和北部岗地。城外的城壕多利用了城外较低的洼地，城壕都与河湖相通。城垣外较高的岗地则是开挖平缓的漕沟，让水流向低洼处的城壕，这说明城外的城壕没有护城功能，只有排水或运输作用。

（4）城址距湖河较近，有便利的水上通道。鄂王城北去梁子湖较近，草王嘴城东傍大冶湖，五里界城东北邻近大冶湖。梁子湖与大冶湖有宽广的水域，北部直接与长江相通。

（5）城址周围都有铜矿或密集的冶铜遗址，形成以城址为中心的遗址群。如五里界城北部有叶花香铜矿，东部有东角山铜矿，城周围有 21 处居住遗址和冶炼遗址。草王嘴城东南部有铜绿山古矿冶遗址，周围还分布有多处冶炼遗址，鄂王城东部亦分布有多处冶炼遗址。

不同点主要有如下几点。

（1）城址平面形状不同。五里界城、草王嘴城呈南北向长方形，鄂王城呈不规则的东西向长方形。城内地表形态不相同。三座城址以五里界城城内地表形态最为平展，高低相差仅 1.5 ～ 4.7 米，鄂王城城内地表高低相差 2 ～ 5 米，草王嘴城内地表高低相差 6 ～ 9 米。鄂王城的形状与城内地表高差是受城址所在地的自然地形制约而成的。

（2）城址的年代不同。五里界城的时代为春秋，是迄今大冶境内发现的时代最早的一座城址。在鄂王城内和城垣断面采集的陶器时代为战国时期。虽然在草王嘴城垣断面采集有春秋时期的陶鬲、豆残片，但城内采集的遗物以西汉时期为大宗，此城的时代应为西汉时期。

（3）所处地理位置不同。从分布的空间位置来看，三座城址从大冶境内的西南到东南呈三角形分布。鄂王城在大冶市的西南角，处于大冶与武汉市江夏区和咸宁市的交汇地带。草王嘴城位于大冶市境内的中心部位。五里界城位于大冶市的东南部，与阳新县相距不远。

（4）城址规模随时代变迁而逐渐缩小。如前所述，三座城址的规模大小不等。从时代上来看，似乎显示城址的规模是随着时代更迭而逐渐缩小的。

（5）城址使用年限的长短不同。三座城址的使用年限虽然均较短，但其使用年限各不相同。城内文化层的厚度和出土遗物丰富的程度表明，三座城址中五里界城的文化层最厚，使用年限最长；鄂王城的文化层堆积为次，使用年限较短；草王嘴城内的文化堆积最薄，使用年限最短。由此可见，城址的使用年限长短与城址所处的时代密切相关，时代越早的使用年限越长；反之，则使用年限越短。

通过对三座城址进行比较，我们不难发现，三座城址是一个早晚相随的纵向关系。那么它们之间是否有内在的逻辑关系呢？这还得从大冶地区古代铜矿的分布和采冶说起。我国的铜矿资源分布广泛而又相对集中，主要矿区集中在少数地区，如长江中下游铜矿带、川滇地区铜矿带、山西中条山铜矿带、甘肃白银铜矿区等。其中长江中下游铜矿带已探明的铜矿蕴藏量和铜的品位居于首位，包括阳新在内的大冶矿区为中国六大产铜基地之一。从大冶境内已发现的采铜古矿井与冶炼遗址分布规律来看，绝大多数是围绕这三座城址分布的。

五里界城周围共发现21处遗址，其中2处为单纯的新石器时代聚落遗址，其余19处遗址中，2处为未发现铜炼渣只见生活用具的居住遗址，6处遗址为只有铜炼渣未发现生活用具的纯生产性遗址，11处为既有人类生活用具又有铜炼渣的遗址。这说明遗址的功能各有不同。依据功能，这21处遗址可以分成三种类型：第一类是当时人们生活居住的聚落遗址，第二类是当时的生产性遗址，第三类是既生活又生产的复合型遗址。这些遗址大多数分布在五里界城的东南部，介于城址与铜矿区之间。五里界城的时代为春秋，但城周围遗址中西周时期的多，春秋时期的少，说明在建城之前，人们已在这里进行大规模的采矿和冶炼活动，铜矿的采冶已进入鼎盛时期。春秋时期，统治者为了对大冶及其邻近地区铜矿的开采与冶炼进行有序的管理，故在五里界修建城堡，设置行政机构和管理中心，这便是营建五里界城的根本原因。

随着时间的推移，采矿与冶炼中心向铜矿资源富集的地方转移，新的管理中心也随之转移。转移的条件一要铜矿资源富集，二要水陆交通便利，而鄂王城所处地理位置与资源环境刚好具备这两个条件。这就是采冶管理机构由五里界城转移到鄂王城的原因。文物普查与考古调查资料表明，鄂王城外的东部地区分布有不同时代的遗址45处，其中，新石器时代晚期的遗址5处，商代遗址1处，周代晚期的遗址16处，东汉及其以后的遗址2处，不明时代的遗址21处。这些遗址大都出土有铜炼渣。从鄂王城较小的规模与周围分布较多的冶炼遗址来看，该城应是继五里界城之后官府专门在此修筑的管理铜矿开采与冶炼的城堡。

关于鄂王城的年代与性质，学术界主要有如下几种观点：一、西周时期熊渠所至之鄂，即学术界所谓的“东鄂说”，与“西鄂说”相对；二、《鄂君启节》中启之封邑[①]；三、一度作为楚之别都[②]；四、楚国的军事城堡[③]。这些观点各有所据，以致鄂王城问题众说纷纭，令人无所适从。有关研究者通过对文献和考古材料梳理后认为：①西周时期楚人所到之鄂应为西鄂；②“东鄂说”之“鄂”并非指今鄂王城；③鄂王城的存在与鄂东南铜矿生产管理、运输有密切关系[④]。这些观点与我们对鄂王城的认识基本相同。鄂王城的规模较小，城内文化堆积

① 郭沫若:《关于鄂君启节的研究》,《文物参考资料》1958年第4期。谭其骧:《鄂君启节铭文释地》,《中华文史论丛》第二辑，北京：中华书局，1962年；又谭其骧:《再论鄂君启节地理答黄盛璋同志》,《中华文史论丛》第五辑，北京：中华书局，1964年；黄盛璋：《关于鄂君启节交通路线的复原问题》,《中华文史论丛》第五辑，北京：中华书局，1964年。于省吾：《“鄂君启节”考释》，《考古》1963年第8期。刘和惠：《鄂君启节新探》，《考古与文物》1982年第5期。

②（清）顾栋高：《春秋大事表·春秋列国疆域表》，北京：中华书局，1993年；王国维：《观堂集林》卷18《夜雨楚公钟跋》，北京：中华书局，1959年；殷崇浩：《楚都鄂补》，《江汉考古》1984年第1期；马世之：《关于楚之别都》，《江汉考古》1985年第2期。

③ 陈振裕：《东周楚城的类型初析》，《江汉考古》1992年第1期。该文据文献认为“鄂王城”既是楚之别都，又根据考古材料认为它亦是楚国的军事城堡。

④ 朱继平：《浅议鄂王城性质》，待刊稿。

很薄，年代为战国晚期。因此，鄂王城既不可能是西鄂，也不可能是东鄂，亦不可能是别都与军事城堡，而极有可能是战国时期修筑的管理铜矿开采与冶炼的一座城堡。

随着社会生产力的发展、技术的进步和选矿技术的提高，人们对铜矿富集区的认识也越来越清楚。到了汉代，大冶地区铜矿采冶的重心转移到铜绿山，管理中心也随之由鄂王城迁移到铜绿山附近的草王嘴城。文物普查时在草王嘴城周围发现各时代的遗址 40 余处，其中，更新世时期的遗址 2 处，新石器时代晚期的遗址 6 处，商代遗址 2 处，周代遗址 21 处，汉代遗址 7 处，东汉以后的遗址 3 处，不明时代的遗址 2 处。在这些遗址中，除更新世与新石器时代遗址外，商代及其以后的绝大多数遗址都发现有铜炼渣。值得注意的是大冶境内共发现 8 处汉代遗址，草王嘴城周围就分布有 7 处。草王嘴城的时代为西汉，而城址周围分布有数量较多的汉代遗址，这绝不是一种巧合，而是似乎只能说明到了西汉时期大冶地区铜矿的采冶重心与管理中心的转移。

综上所述，我们认为三座城址之间的关系是由城址为采矿冶炼管理中心这一性质决定的。在不同的时代，随着采矿冶炼重心的转移，随之修建一座城堡对铜矿开采和铜的冶炼等生产销售环节进行管理。三座城址以五里界城的时代为最早，这表明目前发现的我国最早建筑管理铜矿采冶生产的城址出现在春秋时期。因此我们认为五里界城、鄂王城、草王嘴城是历时性关系，是春秋、战国、西汉为管理大冶地区铜矿的采冶而修筑的城址。

二、城址与周围遗址之关系

大冶市境内目前发现商周时期的遗址 122 处，其中绝大多数遗址都有两周时期的遗存。历史时期的遗址分布很有规律，它们明显地以若干个群体的形式分布于不同的区域。每一群体内的遗址相距较近，群体与群体之间有较为宽阔的空旷地带，分界区域较为明显。这些遗址群一般都紧临铜矿，有些遗址绕铜矿分布，绝大多数遗址内都有铜炼渣，有的炼渣量还很巨大。遗址的这种分布特点表明，大冶地区历史时期的遗址大多与铜矿的开采和铜的冶炼有着异常密切的关系。

五里界城周围发现两周时期的遗址13处，其中已判明具有冶铜功能的有9处。这9处遗址中有5处未发现春秋时期遗存，其中最早的三角桥遗址，时代可早到商末周初。五里界城的时代属于春秋，说明在五里界城营建之前，五里界地区对铜的采冶已成规模。五里界城周围发现的春秋时期具有冶铜功能的遗址多达10处，这反映出春秋时期五里界城当地铜矿采冶的规模宏大。在青铜时代，铜是一种最重要的战略资源。面对铜矿的大规模采冶，统治者自然应当采取有效的管理措施。如在矿冶密集的地区修建城堡，派驻常设机构就是管理铜矿采冶的措施之一。因此，五里界城的修建，应与当时当地众多冶铜遗址的存在有直接的关系。

对五里界城性质与功能的分析，还应考虑以下因素。

五里界城面积为124 740平方米，规模不可谓小，且城垣、城壕完备。修筑这样的城堡，需要消耗大量的人力、物力。但城内文化堆积薄，文化遗物少，说明当时城内人口少。这与一般古都市或城镇的情况大不相同。

在城内西南区清理出来的F2，墙体宽大，室内紧靠西墙壁还有与墙等宽的红烧土二层台。这样结构的房子，与人们生活居住的房屋很不相似。房间内发现有铜矿石、方解石等与冶炼有关的遗物，但没有发现生活用品，说明房屋并非居住之所。城内揭露出来的建筑台基形状特殊，规模较小，这种台基很难说是房屋的台基，应是堆放和承载其他物体的所在。

五里界城仅东垣北段有城门，但城门南部有天然河道，水上运输极为方便，与以往发现的作为当地政治、经济、军事中心的古城有明显的区别。

古城附近铜矿资源丰富，周围分布有密集且众多的矿冶遗址和聚落遗址，说明当时当地铜矿采冶生产规模大，且生产出的产品需要便于安全存放、转运和外销的场所。

城垣外城壕依地貌随形就势，宽窄不同，深浅不一，距城垣距离不等，不具备典型的军事防御功能，恰能起到排水和交通运输作用。近旁有3条天然河道与北边大冶湖相连，舟船从大冶湖进入长江，可直达长江下游、江汉地区乃至中原地区，交通极为便利。

上述情况同样表明，五里界城应是一座与铜矿采冶直接相关的古城。

五里界城与其周围遗址的关系既具历时性，又具共时性。五里界城修建之前，五里界地区在西周时已存在铜矿的大规模开采和冶炼。到了两周之际，统治者为了加强对铜矿采冶的管理，于是在五里界建造城堡。这就是城址与其周围遗址的历时性关系。在城兴建之后的春秋时代，以五里界城为中心对当地铜矿的采冶进行了有效的管理，使当地铜矿采冶生产、储藏、转运工作得到更加有序的发展。这就是城址与其周围遗址的共时性关系。

五里界城的遗迹及出土遗物以春秋时期为主，不见战国至宋代以前的文化遗物，这表明城址兴建、使用于春秋时期，春秋以后废弃，直到宋代城内才有人类活动。城址废弃的原因应与采矿冶炼的重心转移有关，但在城周围也恰恰很少发现战国时期的遗存。

五里界城自身的遗存情况、当地的地理环境、城周围遗址的状况都说明，五里界城是春秋时期与铜矿开采、冶炼生产密切相关的一处仓储、转运、管理场所，是铜矿及冶炼的初加工产品的集散地，是当时当地的经济生活中心。五里界城作为一个具有专门功能的古城，从另一个侧面反映出大冶地区是古代最重要的产铜基地。从这个方面的意义来看，五里界城在我国矿冶史的研究中，与铜绿山古矿冶遗址具有同等重要的地位。

三、城址遗址的文化属性

在前面的分期中已确定五里界城的时代为春秋，城周围遗址的时代多数为西周，少量遗址可早到商代，少部分为春秋；鄂王城的时代为战国，城址和遗址的时代属于商周时期。商、周是我国社会急剧动荡、发生重大变革的时代。因此鄂东南地区城址及周围遗址出土陶器的文化因素既有独特的地域特点，又与鄂西北乃至中原地区商、周时期考古学文化有着多样性与同一性。

鄂东南地区商、周时代的考古学文化面貌具有鲜明的个性，概而言之是以刻槽足外微弧连裆或平裆鬲、带耳甗（有双耳和单耳）、高粗柄镂孔豆、直口折肩罐、鼓腹小罐、折肩乳饼瓮为代表的一种区域性考古学文化。这种独具特色的区域性考古学文化的陶质陶色在商末与西周早期以夹砂灰褐陶为主，西周中期以夹砂黄褐陶为主，西周晚期出现红褐陶，春秋时期的陶器以夹砂红褐陶或砖红陶为主，豆、盘类盛食器具绝大多数为泥质灰陶。陶器上的纹饰鬲、罐、甗、瓮以中粗绳纹为主，细密的压印条纹为次，粗柄豆以小长方形镂孔为主。西周早期绳纹占优势，晚期出现间断压印条纹。间断绳纹与间断压印条纹则是鄂东南最具个性的纹饰。

鄂西北商周时期的陶器组合与形态多受中原、丰镐地区的影响，西周早期的器类主要有鬲、罐、盆；西周中期的器类主要有鬲、甗、盆、蛋形瓮；西周晚期的器类主要有鬲、盆、豆、罐、蛋形瓮；春秋时期陶器的器类主要有鬲、盂、盆、豆、罐、蛋形瓮。西周早期陶器的陶质陶色以夹砂和泥质灰陶为主；到了西周中期，红褐陶比重突然增多；西周中、晚期，除了盆、豆为泥质灰陶，其余器物均为夹砂红褐陶。到了春秋时期，陶质陶色以夹砂红褐陶为主，泥质褐陶、泥质灰陶、夹砂褐陶、泥质红陶、磨光黑陶、夹砂灰陶依次占有一定比例。陶质陶色与器类的功用有密切关系。陶器上的纹饰以绳纹为主，绳纹从西周早期一直延续到春秋时期，另外还有凸凹弦纹、附加堆纹、方格纹、网纹、三角纹、圆圈纹、锥刺点纹等。

从器类对比来看，鄂东南地区从西周早期至春秋晚期器类变化不大。但鄂西北在器类上则有所变化，西周中期增加了甗、豆和蛋形瓮，春秋时期增加了盂。从陶质陶色与纹饰对比来看，鄂西北在西周早期为夹砂和泥质灰陶，鄂东南以夹砂灰褐陶为主；鄂西北在西周中期红褐陶比重突然增多，鄂东南西周中期出现夹砂黄褐陶，直到春秋早期才出现红褐陶和红陶。陶器的纹饰也存在较大差别：鄂西北地区西周至春秋陶器的纹饰以绳纹为主体，但鄂东南在西周晚期出现了压印条纹；从西周晚期开始至春秋时期，绳纹主要饰在鬲的外表，压印条纹主要饰在罐、瓮的外表，绳纹与压印条平分秋色，占据纹饰的主导地位。鄂西北与鄂东南地区两周时期绳纹的一个最主要的差别是鄂西北区的绳纹不间断，但鄂东南陶器外表的绳纹多数为间断绳纹。

从器形来看，仅就陶鬲而言，鄂东南西周早期的鬲，沿微向外弧翻斜仰，圆唇，沿下肩上内弧束成短颈，圆鼓腹，裆部下坠连弧，羊角形尖锥足足尖微外撇，三足外侧有竖向刻槽，颈以下至足根部饰中粗间断绳纹。西周中晚期的鬲，沿面平仰，唇部尖圆，腹大径靠在上部，裆部连弧近平，尖锥足微外撇，晚期足尖变平，三足外侧有竖向刻槽，器表饰间断绳纹。春秋时期的鬲沿面向外平折，唇变方或斜方，器身变扁，连裆部变平或微下弧，三柱状足呈八字形外撇，外侧竖向刻槽变深。

鄂西北西周早期的鬲（下王岗 T4①：45）瘦高，沿外斜仰，圆唇，腹微弧，裆深凹，短锥形袋足。到了中期，鬲体开始变宽（朱家台 T92④B：6），侈口，肩部微鼓，瘪裆，柱足开始流行。西周中期偏晚阶段，沿面变平折，裆部近内弧连裆，三足柱状。西周晚期，沿面平折，颈部变长，上弧连裆更明显，柱足加高。到了春秋时期，大口鬲数量明显多于小口鬲，大口鬲整体呈倒梯形，卷沿，内弧裆，圆柱足。

在器形的差别上，西周早期的鬲的形态差别表现在：鄂东南的鬲整体形态横宽，腹部圆鼓，鄂西北的鬲瘦高，腹部微弧；裆部五里界为下坠连弧，鄂西北为瘪裆；鄂东南鬲足为羊角形尖锥足，鄂西北为短锥形袋足。鬲足的变化最具时代的特征。鄂东南鬲的圆柱状足出现在春秋早期，此前的商至西周晚期都是圆锥足。鄂西北的圆柱状足在西周中期阶段开始萌芽，出现的时间要比鄂东南早。粗柄豆是鄂东南与鄂西北西周时共有的器类，所不同的是鄂东南的豆柄长，且柄上有长方形镂孔；鄂西北豆柄短，柄上无长方形镂孔。甗是鄂西北与鄂东南两周时期的典型器，鄂西北的甗为内凹弧束腰，腰较细，上下器分界明显，内弧连裆，圆柱（锥）状足较高，与中原乃至宗周地区甗的形态相似。鄂东南的甗腰部微弧束，上下器分界不明显，底部（裆部）较平，三足较矮呈乳钉状，且有附耳。鄂东南与鄂西北的甗形态上存在较大差别。鄂东南的罐整体形态为斜折肩，斜折腹，外表纹饰以竖向条纹为主，鄂西北地区的罐多为圆肩圆腹，外表纹饰以间断绳纹为主体纹饰。两周时期鄂东南与鄂西北瓮的整体形态差别很大，鄂东南为斜折肩，肩沿有 8 个左右的乳饼或乳钉；但鄂西北的瓮形似鸭蛋。盂是鄂西北两周时代常见的器类，但在鄂东南则很少见到。

在考古学文化面貌上虽然各民族在不同的空间和不同的时间创造的文化有多样性，但是任何事物都会有其共性，何况是历史时期的两周时代，整个民族的文化已高度统一，“普天之下，莫非王土”。把以五里界城及周围遗址为代表的鄂东南地区出土的两周时代遗物同鄂西北乃至中原地区同时代的遗物进行比较，不难发现他们之间存在明显的共性和同一性。其一，器类组合基本相同。鄂东南地区的器类以鼎、鬲、甗、豆、罐、瓮为主要组合，鄂西北地区乃至中原地区的器类组合也是以鼎、鬲、甗、豆、罐、盆、盂、瓮为基本组合，只是在春秋时期增加了盂。其二，陶质陶色大体相同。鄂东南地区在西周早期以夹砂灰褐陶为主、西周中期以夹砂黄褐陶为主、西周晚期至整个春秋时期以夹砂红褐陶为主。鄂西北地区西周早期以夹砂和泥质灰陶为主，西周中期夹砂红褐陶比重突然增大，西周中、晚期，除了盆、豆为泥质灰陶，其余器物均为夹砂红褐陶，春秋时期，以夹砂红褐陶为主。从总体上来看陶质陶色在多样性的基础上又有同一性。其三，纹饰的同一性。不论是鄂东南还是鄂西北乃至中原地区，两周时期的纹饰以绳纹占据主导地位，只不过饰纹采用的方法各有不同。其四，器类的总体风格与形态相似，如鬲身均为罐形，足都由早期的尖锥足演变为圆柱状足。豆均有粗柄和细柄两型，均为喇叭形座，筒状圆柄承接圆盘。罐均为短颈、斜肩、平底等。

江汉地区两周时期不同形态的陶鬲，代表了不同区域的考古学文化。现有的考古材料和相关文献的记载证明，五里界城及周围遗址出土的以刻槽足鬲为代表的陶器群是两周时期鄂东南、赣北地区越文化的遗存。以内弧连裆（浅瘪）鬲为代表的陶器组合是鄂西北地区包括丹淅流域、襄樊地区（今襄阳）周、楚文化的遗存。以釜和釜鼎为代表的陶器群则是鄂西南地区包括三峡、清江流域及荆州的江陵荆南寺、沙市周良玉桥等遗存在内的巴文化遗存。在文化因素上，不同时段总有一种文化因素占据着主体地位，如鄂东南区在西周时期一直为越文化因素占主体地位，楚文化因素处于弱势。鄂东南出土的春秋时期的遗物陶质陶色以夹砂灰褐陶为主，泥质灰陶为次，纹饰以绳纹为主，压印条纹、戳印点纹、刻槽为次，极个别器饰凸弦纹。绳纹多饰在鬲足根部，刻槽在鬲足外侧，压印条纹、凸弦纹主要饰在罐的肩腹部。戳印点纹饰在鋬上。器类有圆尖锥刻槽鬲足、圆柱状绳纹鬲足、泥质灰褐陶矮粗柄豆、泥质灰陶矮领罐。春秋时期，鬲足是显示两个文化即越文化与楚文化因素的重要物证，其时代和地域特征在春秋阶段反映最为强烈。刻槽鬲足是越文化的重要特点，楚文化的圆柱状绳纹鬲足不刻槽。到了春秋中期晚段以后，越文化因素开始变弱，楚文化则占据了主导地位，到了战国时期，展现在我们面前的鄂东南地区的物质文化几乎全是楚文化因素，赤壁土城战国城址及城外东北部108座楚墓的随葬品墓就是最好的证明[①]。

---

① 湖北省文物考古研究所、咸宁市博物馆、赤壁市博物馆：《赤壁土城——战国西汉城址墓地调查勘探发掘报告》，北京：科学出版社，2004年。

总之，从考古学文化的整体面貌观察，两周时期鄂东南地区考古学文化面貌个性要多于共性，这就是我国先秦民族考古学文化的同一性与多样性的真实写照。

结语

鄂东南发现的采矿和冶炼遗址充分证明，先秦时期大冶地区的铜矿开采和冶炼规模大，延续时间长，空间分布广，在我国科技发展史上占有重要地位，为我国的古代文明的形成和发展作出了重要贡献。

我国古代的青铜文化多姿多彩、奇异瑰丽、独具神韵，体现了美的艺术，是我国古代劳动人民勤劳、聪明、智慧和创造力的结晶。青铜器的出现在我国历史上占有举足轻重的地位，学术界曾将判断文明出现的要素概括为青铜器、城市、礼仪中心和文字四个方面，可见铜器的出现在我国文明起源和文明的形成过程中占有何等重要的位置。我国从夏代开始青铜器就应用到人们的生活当中，二里头文化的青铜器已较发达，既有较多的生产工具，如凿、锛、锥、刀、鱼钩，又有武器如曲内戈、直内戈和戚，也有复杂的礼器鼎、爵、觚、斝，同时还有乐器铃和特别引人注目的镶嵌绿松石的兽面纹铜牌饰，这已不是普通的装饰品，而是应该属于祭祀用具了。到了商、周时代，铜除了用来制造工具和更普遍、更广泛地应用于农业和手工业生产，还有一个重要用途就是用来制造生活用具和礼器，可见商周时代铜与人们的生产生活密切相关。因此铜的开采与冶炼在我国历史上具有划时代的意义。

我国的铜矿资源分布广泛而又相对集中。而集中分布在长江中下游地区的铜矿带无论是蕴藏量还是铜的品位都居于全国首位，特别是包括阳新在内的大冶地区，是我国六大产铜基地之一，其辖区内的铜绿山矿为国内屈指可数的大型富铜矿山，储量居全国第二，品位居全国之首。

考古调查发掘资料证明，从商代开始，大冶就是我国重要的铜资源生产基地。大冶境内的铜矿主要分布在三个区域，即铜绿山铜矿区、龙角山铜矿区和铜山口铜矿区。在三个矿区内发现有石头嘴、铜山口、冯家山、叶花香等多处古采矿遗址和100多口古矿井。同时在大冶境内发现的200余处遗址中，有150

余处遗址内有铜炼渣，其中大部分遗址的时代为两周时期。发现有炼渣与陶质生活用具共存并处于同一层位的，其时代可早到商代。还有一个值得注意的现象是，在大冶境内调查发现的一批被商周遗址叠压的新石器晚期地层中也有铜炼渣，对于这些铜炼渣的时代我们持审慎态度，认为它应属于商周时期。关于大冶地区铜矿开采的最早年代，通过对铜绿山矿冶遗址的发掘和资料整理可以确证为商代晚期。

1974 年 1 月至 1985 年 7 月，我国考古工作者分别对大冶铜绿山古矿冶遗址的 1、2、4、7、11 号矿体采矿遗址和 11 号矿体冶炼遗址、柯锡太冶炼遗址进行了发掘。遗址文化堆积层内出土的鬲、甗、大口尊等遗物的时代为西周中晚期和春秋时期。C^{14} 测年最早的数据为距今 3260 ± 100 年，树轮校正为公元前 1530 年至公元前 1325 年，约商代晚期。最晚的年代数据为距今 2470 ± 75 年，树轮校正年代为公元前 758 年至公元前 379 年，相当于春秋晚期。柯锡太冶炼遗址的年代要晚于矿体的年代，为战国晚期。铜绿山古矿冶遗址揭示的材料证明，我国工匠早在商周时期对铜矿的开采和冶炼已形成一套完备的技术体系。

大冶地区古代铜矿采冶技术充分反映了我国古代人民的聪明才智和创造精神，记录了我国古代矿冶业在地质探矿、矿山开采和金属冶炼等方面取得的辉煌成就。

（原载《中国矿冶考古——铜绿山古铜矿遗址考古发现与研究（二）》，科学出版社，2014 年）

鄂国史迹与楚人至鄂

蔡靖泉

周代的鄂国历史，传世文献阙载。往昔，学者只能根据十分有限的相关金文资料考索，关于鄂国的地望、兴亡以及熊渠“至于鄂”等问题难免多是推测，见仁见智而难有定论。近10年里，在湖北随州与河南南阳都发现了鄂国贵族墓葬，并出土不少有铭青铜器。考古新发现在一定程度上驱散了蒙于鄂国的迷雾，不仅可使学人大致了解鄂国的历史线索，也促使学人重新思考、深入探讨熊渠“至于鄂”问题，从而形成切合史实的认识。

一

鄂国在商代就已存在，且与商王朝关系密切。

甲骨卜辞中多有贞卜商王往噩（鄂）田猎的文字，如：

> 王其弋于噩，征狩?（《殷契佚存》523）
>
> ……二田噩、盂，有大雨。（《殷契粹编》968）
>
> 壬午卜，贞王其田噩，亡戋。乙酉卜贞，王其田向，亡戋。戊子卜贞，王其田盂，亡戋。（《殷契粹编》975）
>
> 壬午卜，贞王田噩，往来无灾。（《殷虚书契前编》2/27/8）

于噩亡戋。(《甲骨文合集释文》28905)

于噩。吉。(《甲骨文合集释文》28914)

卜辞反映，噩与盂是商王田猎的相邻两地。李学勤指出:“盂在沁阳，噩在其邻侧。”[①]“盂疑即邘也”[②],即先秦文献中记载的“邘”,当是。《史记·周本纪》记载周文王“伐邘”,裴骃《集解》引徐广曰:“邘城在野王县西北。”张守节《正义》引《括地志》:“故邘城在怀州河内县西北二十七里,古邘国城也。”汉野王县、隋唐河内县，即今河南沁阳市。有学者进一步指出，噩“其地望大致不出今沁阳县城或略偏南一带”[③]。商代之噩，滨沁水，临黄河，与河洛之会相望，扼豫晋交通要道，南瞰夏朝旧都，东瞻殷商王城，地理环境优越，战略地位重要。何光岳推断，“夏周时代，鳄广泛分布于黄河中下游及长江流域。当时这些地方属于亚热带气候，雨量充沛，草泽繁茂，最适于鳄的繁殖……一个以捕鳄为生，且以鳄为图腾的部族,便以噩为部族名称,在商代时形成了鄂国”[④]。张正明指出:“‘鄂’，西周金文作‘噩’，像鳄鱼之形。由此可知，鄂国乃以其地多扬子鳄而其人奉扬子鳄为图腾而得名。”[⑤]商周噩地、噩人、鄂国之得名，当与其地水泽广布、鳄（鱷）鱼繁多有关。大概在商代后期，今沁阳一带的噩地拱卫王都的作用日益突出，商王乃封噩地方国君主为侯。噩即成为商朝属国，且被划入王畿之内。

作为国名的“噩”字，见于甲骨文、金文，先秦文献则作“鄂”。想必是战国用毛笔书写“噩”字简化为“咢”，又因其用作国名而增从“邑”。《说文》:“邑，国也。”

商末，鄂侯为朝廷“三公”之一，地位显赫。《史记·殷本纪》云，纣“以西伯昌、九侯、鄂侯为三公。九侯有好女，入之纣。九侯女不喜淫，纣怒，杀之，而醢九侯。鄂侯争之彊，辨之疾，并脯鄂侯。西伯昌闻之，窃叹。崇侯虎知之，

---

① 李学勤:《殷代地理简论》，北京：科学出版社，1959年，第23页。

② 王国维:《殷墟卜辞中所见地名考》，载王国维:《观林堂集》第四册，北京：中华书局，1959年，第1154页。

③ 徐少华：《鄂国铜器及其历史地理综考》，《考古与文物》1994年第2期。

④ 何光岳：《扬子鳄的分布与鄂国的迁移》，《江汉考古》1986年第3期。

⑤ 张正明：《楚史》，武汉：湖北教育出版社，1995年，第45页。

以告纣，纣囚西伯羑里”。鄂侯故事，又见《战国策·赵策三》记述。鄂侯与周文王姬昌为同僚，忠谏被杀而致文王喟叹。周武王灭商兴周，念及先父旧谊、彰扬新朝恩德，必然会延续鄂侯世系。诚如李学勤所言，“商末的鄂侯世系于周朝建立后得以继续，是非常可能的”①。不过，鄂侯毕竟曾是殷商王朝的亲贵重臣，武王断然不会让鄂侯子孙在中原要地、拟建东都洛邑附近的噩国故土延续世系，而是将鄂侯子孙远迁南方立国，将亲生儿子封在噩国故土建立姬姓邘国，所谓“邘、晋、应、韩，武之穆也”②。

承商入周的鄂国，不见史籍记载。但关于“噩”“噩侯”的周代有铭青铜器却有多件面世，如“噩侯鼎”“噩侯簋”“噩侯罍”“噩侯盘”“噩侯提梁卣”“噩叔簋”“噩侯弟历季尊”等。另外，古今著录有少许语及“噩”的周代铜器铭文。这些铜器及金文资料不仅证实了鄂国在周代的存在，而且也对周代鄂国史事有所记述。只是在2007年随州羊子山鄂国贵族墓葬和2012年南阳夏响铺鄂国贵族墓地发掘之前，学界对周代鄂国地望难以确定，曾有其在今南阳的“西鄂说”和在今鄂州、黄石一带的“东鄂说”之辩③。

二

2007年11月，因盗墓贼侵扰，随州市博物馆在安居羊子山抢救发掘了编号为M4的一座古墓，出土方鼎、圆鼎、簋、甗、罍、盉、盘、尊、斝、觯、爵、方彝、提梁卣等27件青铜器，多件器物铭有“噩侯”等文字④（见图一）。根据铜器铭文、器物特征和墓葬形制看来，可知其为西周早期的鄂国贵族墓葬，或即

① 李学勤：《论周初的鄂国》，《中华文史论丛》2008年第4期。

②《左传》僖公二十四年。

③ 参看徐中舒：《禹鼎的年代及相关问题》，《考古学报》1959年第3期；马承源：《记上海博物馆新收集的青铜器》，《文物》1964年第7期；陈佩芬：《上海博物馆新收集的西周青铜器》，《文物》1981年第9期；刘翔：《周夷王经营南淮夷及其与鄂之关系》，《江汉考古》1983年3期；殷崇浩：《楚都鄂补》，《江汉考古》1984年第1期；黄盛璋：《朴君述鼎国别、年代及其相关问题》，《江汉考古》1987年第1期；徐少华：《鄂国铜器及其历史地理综考》，《考古与文物》1994年第2期；张昌平：《噩国与噩国铜器》，《华夏考古》1995年第1期。

④ 随州市博物馆：《随州出土文物精粹》，北京：文物出版社，2009年。

一代鄂侯墓。1975 年也曾在羊子山出土西周早期铭有“噩侯”等文字的青铜尊和青铜鼎、簋、爵，但由于发现可由铭文证实其国属的器物太少，又因随州发现了大量曾国墓葬而已被认定为是周代曾国的中心区域，学界几乎无人形成西周鄂国地望在今随州的思考。羊子山 M4 被发掘之后，促使学人重新认识西周今随州及江汉地区地缘政治的形势。一些学者确认，羊子山 M4 所在为鄂国公室墓地，证实西周早期的鄂国中心应在汉东今随州境内涢水支流溠水流域，鄂与曾在西周早中期是并立同存于今随州一带的邻国[①]。

图一　噩侯方彝（羊子山M4出土。录自《随州出土文物精粹》）

鄂为姞姓之国。传世的“噩侯簋”，是鄂侯为嫁给周天子做王妃的女儿所制媵器，铭文载明鄂女姓姞。姞、姬同为古史传说中的黄帝后裔支族，所谓“凡黄帝之子二十五宗，其得姓者十四人，为十二姓，姬、酉、祁、纪、滕、箴、任、荀、僖、姞、儇、衣是也”[②]既是出于同源共祖的亲情，更是现实政治的需要。姬姓周王室重视与姞姓的鄂公室联姻，周人以为“姬、姞耦，其子孙必蕃”[③]。“噩侯簋”的年代，学者多断为夷王之世，当是。其铭文所记，与“噩侯鼎”铭文（见图二）反映的夷王之世周、鄂亲密关系相合。鄂侯是周王室姻亲，其在西周早中期的地位想必非同一般。

---

① 李学勤：《由新见青铜器看西周早期的鄂、曾、楚》，《文物》2010 年第 1 期；张昌平：《论随州羊子山新出噩国青铜器》，《文物》2011 年第 11 期；陈树祥、黄凤春：《略论西周早期青铜器铭文上的曾、鄂、楚》，载楚文化研究会：《楚文化研究论集》第十集，武汉：湖北美术出版社，2011 年。

②《国语・晋语四》。

③《左传》宣公三年记郑大夫石癸语。

图二　噩侯簋铭文：噩侯作王姞媵簋王姞其万年子子孙永宝(录自《殷周金文集成释文》)

羊子山鄂国公室墓地与随州叶家山西周早期曾国贵族墓地相距不远，一西一东的直线距离仅有 22.7 千米。曾国本应是殷墟甲骨卜辞有载的南土方国，且在商代即处汉东今随州一带，周初归顺周室，被周室以其宗姬封于曾，虽继其国号却改其国姓而变为姬曾。鄂国在周初南迁汉东，且紧挨曾国而立。周室让其与曾国比邻并峙，莫非既是对鄂国的照顾和防范，更是倚重鄂国监督和掣肘由商代延续下来的曾国？羊子山 M4 与叶家山曾国墓地的出土文物，尤其是已知的鄂国、曾国青铜器，反映出两国经济相当富庶、文化相当发达。在西周前期，两国恐怕是江汉地区最为富强且实力可匹的诸侯大国。据文献和金文资料可知，西周王朝封立在今随州一带的诸侯国，不仅有鄂、曾，还有姬姓的唐和姓氏未详的厉。今随州一带的腹心即随枣走廊，周室封立“汉阳诸姬”的曾、唐和同源共祖的姻亲之国鄂等，主要目的无疑是让其协力镇安南方蛮夷、确保江南铜锡经随枣走廊北运周都的“铜路”畅通。让人费解的是，汉东大国鄂、曾及唐、厉等国并立共存于今随州一带，其经济从何来源？其国力靠何支撑？或许，周室对密集封立在今随州一带的“汉阳诸姬”和姻亲之国给予了特殊政策，如特许其截留若干北运的铜料就地铸造青铜器进贡并可将之与他国交换商品。叶家山曾国墓地的一座曾侯墓（M28）中，就有与青铜礼器一起随葬的两块铜锭，有的曾墓中还随葬孔雀石，表明铜料和铜器对于曾国具有特殊意义。迄今发现的西周早期鄂、曾两国青铜器种类丰富、造型别致、制作精良，体现出当时中国青铜铸造工艺的水平，想必是当时周室喜爱、列国企羡的珍品。

北宋出土于今湖北孝感境内的“安州六器”之一的“中甗”和藏于日本出光美术馆的“静方鼎”分别铭记，西周早期末年，周昭王令大臣巡省南土，在鄂国和曾国驻师（见图三）：

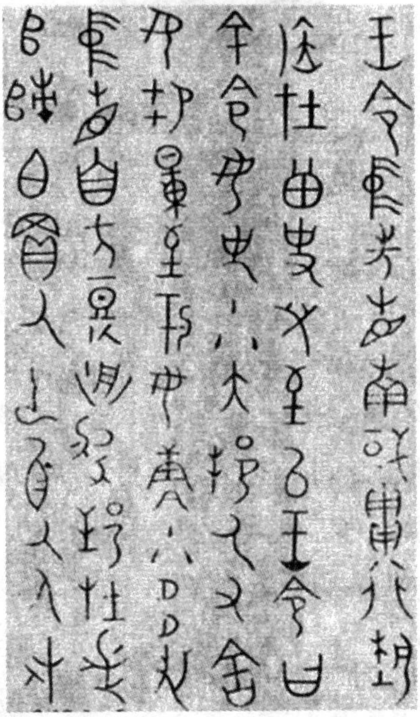

图三　中甗铭文（局部）（录自《殷周金文集成释文》）

王令中先省南国，贯行，埶𤸫，在𠙶（曾）。史儿至，以王令曰：“余令女（汝）使大小邦……”中省自方、邓复厥邦，在噩（鄂）师次……（中甗铭文）

隹（惟）十月甲子，王在宗周，令师中、眔静省南或（国），埶𤸫。八月初吉庚申至，告于成周。月既望丁丑，王在成周大室，令静曰：“卑（俾）女（汝）□嗣（司）在 、噩𠂤（师）……”（静方鼎铭文）

两器铭记的史事，证实曾、鄂在西周早期是南土比邻而同为周室倚重的两大诸侯国。李学勤于2008年发表《论周初的鄂国》一文，说明“静方鼎”铭文的“‘在曾、鄂师’不是曾国、鄂国的军队，而是驻留在两国的王师”，并据当时所知相关材料断定“鄂国就是在汉水当地，这符合扼据江汉汇合处的湖北鄂城”。2010年，李学勤又发表《由新见青铜器看西周早期的鄂、曾、楚》一文，乃据羊子山M4出土青铜器修正前说，强调“以前我总以为‘在曾鄂师’是在曾、鄂两国的王师，但这样读中甗的‘在鄂师次’显得不通。其实‘在曾鄂师’是在曾地的鄂国之师，曾是鄂国地名”，并因随州一带尚未发现早于西周晚期的青铜器而推断“这里的曾国（即随国）是在鄂国已被攻灭之后建立的”。细读“中甗”铭文，其中既有周王令大臣中“在（曾）”的记述，又有中“在噩（鄂）师次”的记述，显然所记曾、鄂为两国，“静方鼎”所记“在曾、噩𠂤（师）”仍宜理解为王师在曾国、鄂国驻留。羊子山M4发现之前，当今学者大都未曾料到鄂国在汉东随州一带；叶家山曾国墓地发现之前，当今学者也大都未曾料到鄂国与曾国在西周前期比邻并峙于汉东随州一带。

上海博物馆收藏的“噩侯鼎”（又称“鄂侯驭方鼎”，见图四）铭记：

> 王南征，伐角、僪。唯还自征，在坏。噩侯驭方纳壶于王，乃祼之。驭方侑王，王休偃，乃射。驭方卿，王射。驭方休阑，王扬，咸饮。王亲锡驭[方玉]五瑴，马四匹，矢五束。①

由此乃知，周王南征，返归途中驻跸鄂国，鄂侯驭方伺奉周王宴射，殷勤周到，得到周王的重赏。“噩侯鼎”铸造的年代，学者据其形制、纹饰及铭文风格或断为西周中期的穆王时，或断为西周晚期的夷王、厉王时②。当今学者多认定其当是夷王时器，可从。

---

① 郭沫若：《两周金文辞大系图录考释》考107附，北京：科学出版社，1958年；中国社会科学院考古研究所：《殷周金文集成释文》第二卷，器号2810，香港：香港中文大学中国文化研究所，2001年，第376页。

② 郭沫若：《两周金文辞大系图录考释》，北京：科学出版社，1958年；徐中舒：《禹鼎的年代及其相关问题》，《考古学报》1959年第3期；陈佩芬：《上海博物馆新收集的西周青铜器》，《文物》1981年第9期；刘翔：《周夷王经营南淮夷及其与鄂之关系》，《江汉考古》1983年第3期；唐兰：《西周青铜器铭文分代史徵》，北京：中华书局，1986年。

图四　噩侯鼎，夏响铺M6出土（图片来源：大河网）

在陕西先后发现两件“禹鼎”，一件著录于古籍，一件现藏国家博物馆。两件“禹鼎”都有长篇铭文，且文字全同[①]。铭曰：

……乌乎哀哉！用天降大丧于下国，亦唯噩侯驭方率南淮夷、东夷广伐南国、东国，至于历内。王乃命西六师、殷八师曰：“扑伐噩侯驭方，勿遗寿幼！”肆师弥怵匌恇，弗克伐噩。肆武公乃遣禹率公戎车百乘，厮御二百，徒千，曰：“于匡朕肃慕。唯西六师、殷八师伐噩侯驭方，勿遗寿幼！”雩禹以武公徒、御至于噩，敦伐噩，休，获厥君驭方。肆禹有成……

这篇铭文，是器主“禹”铭颂自己奉命征伐鄂国、俘获鄂侯驭方的功业，较为详细地记述了周王遣师扑伐鄂国、历经挫折、终于大获全胜的过程。“禹鼎”铸造的年代，一般认为是西周晚期的夷王或厉王之世。由“禹鼎”的形制、纹饰特征并结合西周晚期历史状况分析，郭沫若、徐中舒、李学勤等断其为厉王之世当更确切[②]。鄂侯驭方率领南淮夷和东夷在周朝南土和东土大肆侵伐，严重

① 中国社会科学院考古研究所：《殷周金文集成释文》第二卷，器号 2833、2834，香港：香港中文大学中国文化研究所，2001 年，第 403-405 页。

② 郭沫若：《禹鼎跋》,《光明日报》1951 年 7 月 7 日。

威胁王朝的统治，是可忍孰不可忍！震怒至极的厉王，派遣精锐的西六师、殷八师南征鄂国，必欲扑灭并将鄂人斩尽杀绝。“扑伐噩侯驭方，勿遗寿幼！”厉王的暴怒和残虐，由此语毕现。西六师，当是驻守西土、也就是周朝王畿内的六支军队，徐中舒指出其为“王之禁军”。殷八师当是镇守原商朝王畿内的八支军队，本为防范殷遗民而建置。可想而知，这西六师、殷八师为西周王朝最为重要的军队。厉王遣其南征鄂国，一则表明当时的鄂国力量强大，非动用精锐王师方可扑灭；二则表明当时西周王朝已经衰微，诸侯竟敢公然率领蛮夷叛乱，王朝为了平叛不得不动用禁卫王都和镇守腹心的锐师。尽管如此，西六师、殷八师南征依旧畏葸，“弗克伐噩”。武公于是派遣禹率领属下军队增援。禹率援军大举进攻，终于击溃鄂国，擒获鄂侯驭方。学界曾以为，鄂侯驭方反叛，“结果被王师攻灭，事见禹鼎，从那以后就不再有鄂国”[①]。

出乎人们意料的是，2012年，在南阳市东北新店乡夏响铺村北，因南水北调中线干渠施工而发现了西周晚期晚段至春秋早期的鄂国贵族墓地[②]。当年的一期发掘，清理墓葬20座，出土大量的青铜礼器、兵器、车马器以及陶器、玉器、漆木器等。一些青铜器上，铭有“噩”“噩侯”“噩侯夫人”等文字。这些墓葬，被认定为至少有四代鄂侯及其配偶的墓葬。夏响铺鄂国贵族墓地的发现证实，鄂国并未在西周晚期被扑亡灭号，鄂人也并未被周厉王赶尽杀绝，鄂侯驭方的子孙被周室迁至今南阳安置以延其宗统，“西鄂说”的确有本。学人据此新发现而得以重新认识周代鄂国及江汉地区历史，也由此引发思考：周室缘何会对反叛的鄂人息怒释恨、大发慈悲？既然迁置鄂人却不远逐以示惩罚，为何将其近迁中原南缘的南阳盆地？史籍记载厉王暴虐而招致国人叛袭，出逃晋地，“召公、周公二相行政，号曰‘共和’”[③]。莫非因此政治变故，鄂人得到迁置延嗣的生机？迁置南阳盆地的鄂国，与文献记载的谢、申、吕诸国为邻，且处于宣、幽之世“方强”的申、吕鼻息之下，与谢、申、吕是何关系？或许，其不仅处于申、吕诸国的监控之下，且随申、吕而在春秋早期被楚国灭亡。

---

① 李学勤：《由新见青铜器看西周早期的鄂、曾、楚》，《文物》2010年第1期。

② 方燕明：《2012年度河南省五大考古新发现》，《华夏考古》2013年第3期；郭启朝：南阳出土鄂侯青铜器确认“鄂国地望在河南南阳”，详见《大河报》2012年12月26日第A12版。

③《史记·周本纪》。

三

《史记·楚世家》云：

> 当周夷王之时，王室微，诸侯或不朝，相伐。熊渠甚得江汉间民和，乃兴兵伐庸、杨粤，至于鄂。熊渠曰："我蛮夷也，不与中国之号谥。"乃立其长子康为句亶王，中子红为鄂王，少子执疵为越章王，皆在江上楚蛮之地。及周厉王之时，暴虐，熊渠畏其伐楚，亦去其王。

据此记载和一些学者研究，楚国江汉基业的创建，始于西周晚期"抚有蛮夷"、和睦邻族而甚得江汉之间蛮夷诸部族拥戴的楚君熊渠。

在西周晚期王室衰微、诸侯相伐之际，熊渠不失时机地兴师出征、开疆拓宇，先降服楚国西北强邻庸国，继而挥戈沿沮、漳河南下，击破位于沮漳河下游的权国，直抵古时长江中游枢要的今荆州一带（见图五）。"杨粤"，史籍又作"扬越"，字异音同。学者有论，扬越之名当与古杨水有关。《水经注·沔水》记述，古杨水是江北自今荆州东流入汉的一条汉水支流。扬越先民或许本为生活在附近的古族三苗遗裔，在夏代被视为南方蛮夷泛称的"越族"一支而被称为楚蛮扬越。入商后，大概因盘龙城封国强盛，主要生活于长江中游今荆州以东江北的扬越部族，大都移居江南发展。至周代，扬越发展更快也分布更广。考古发现今当阳市河溶镇境内的磨盘山楚文化遗址和赵家湖楚墓群，已知最早的文化遗存是西周晚期的，表明楚人自西周晚期就已拓土到今当阳并且经营其地了。熊渠占领今荆州一带后，随即挥师东进，顺江而下，征伐滨江而居的扬越，摧枯拉朽，直至今鄂东南扬越部族世居的鄂地，封立其"中子红为鄂王"。有如张正明《秦与楚》所言："熊渠……伐扬越，是扫清东进的道路；至于伐鄂，则无疑是看中了那里的铜矿。"今鄂东南发现有多处古矿冶遗址，是商周最为重要的铜矿开采和冶炼基地。著名的大冶铜绿山古矿冶遗址，显示了商周最高的矿冶水平和成就。熊渠"至于鄂"，就是为了占有当地丰富的铜矿资源、掌握先进的矿冶技术。因为铜是当时最为重要的战略资源，有了铜方可富国强兵。

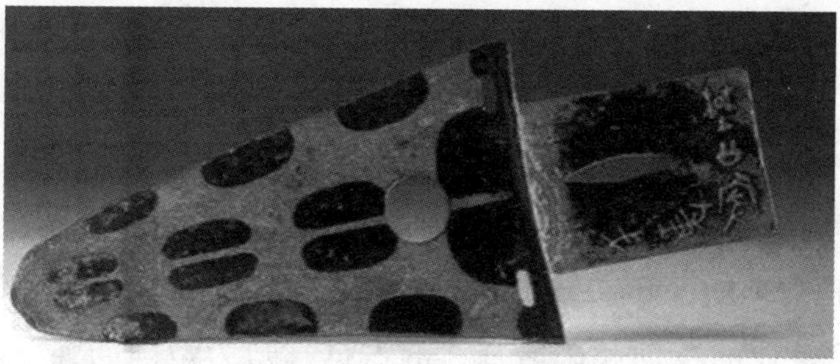

图五　楚公冡戈（录自《楚美术图集》）

长期以来，学界几乎一致认定熊渠所伐之鄂，就是承商而来的西周鄂国，就是周厉王扑伐的鄂国。有学者阐述："周夷王死，周厉王立，鄂侯驭方一度颇蒙恩宠，与王宴饮，受王重赐，事见《鄂侯驭方鼎》铭文。但是，不久，驭方与淮夷结盟……周厉王派西六师和殷八师伐鄂……攻灭了鄂国，事见《禹鼎》铭文。熊渠伐鄂，应在驭方成为周人阶下囚之后，等于趁火打劫，甚至可能是以'勤王'之名，说是帮周师去打鄂师，待到周师俘获了鄂君，楚师才乘人之危袭取了鄂都。"[①] 这样的看法和推论，自有其逻辑上的合理性，却不够圆通。《史记》明载熊渠伐鄂并占有鄂地、立"中子红为鄂王"是"当周夷王之时"，厉王是夷王之子，熊渠伐鄂又怎会在鄂侯驭方被厉王遣将俘获之后呢？这不免使人犯疑。

随州羊子山鄂国公室墓地和南阳夏响铺鄂国贵族墓地的发现，使得学界原来形成的"夷王时的鄂肯定是江夏的鄂，今湖北鄂城……厉王时鄂侯只能在鄂城"这一主流观点失去了立论根基。于是，一些论者鉴于新近考古发现，认定"《史记·楚世家》记载楚兴兵'至于鄂'，应是兵至鄂境，这恰与《禹鼎》所记伐鄂之事、之时相同。楚师与周王师相互呼应，合力攻伐鄂国，楚师可能占领了鄂侯的一些地盘……（熊渠）所封鄂王中子红之地，并非大冶鄂王城，可能在今汉江中下游左岸的随枣走廊西侧"[②]，强调"楚熊渠所伐的鄂国即随州之鄂，所封之鄂国开始亦可能在随州附近"[③]。然而，着眼楚国历史文化发展的过程

① 张正明：《楚史》，武汉：湖北教育出版社，1995 年，第 45 页。

② 陈树祥、黄凤春：《楚封鄂王、鄂君与鄂王城之地望辨析》，载《楚学论丛》第二辑，武汉：湖北人民出版社，2012 年，第 130-131 页；又见陈树祥：《楚国经略鄂东南铜矿资源的考古学观察——以铜绿山等地考古发现为例》，《湖北理工学院学报（人文社会科学版）》2017 年第 2 期。

③ 黄尚明：《从考古新材料看鄂国的历史变迁》，《华中师范大学学报（人文社会科学版）》2015 年第 1 期。

来考察，依据楚国历史文化发展的逻辑去寻绎，熊渠若在夷王之世征伐位于今随州的鄂国，而且割据鄂国疆土将其子封为鄂王，不仅令人匪夷所思，而且显然不合时势事理。不妨试想如下。

其一，熊渠征伐位于今随州的鄂国目的何在?《楚世家》记述和楚国历史文化发展印证，熊渠出征有着明确的战略目的，即创建江汉基业并获取战略资源。而江汉基业的草创和矿冶基地的占据，乃为楚国的强盛奠定了基础。如果说熊渠征伐的是位于今随州的鄂国，究竟是为了略地还是掠财？说略地，至春秋早期前段楚人也未能在汉东立足；说掠财，至春秋中期的考古发现也未能见其迹象。

其二，熊渠时代，楚国有无远征位于今随州的鄂国的军事力量？从考古发现来看，西周前期鄂国的文明程度和富强程度都远高于同时期的楚国，很难想象楚国在西周中晚期具备攻伐鄂国的军力，况且夷王时代周室与鄂侯关系亲密，与鄂国唇齿相依的近邻还有周室倚重的“汉阳诸姬”——曾、唐。当时江汉间的小国如厉、绞、州、蓼、贰、轸、郧等，大都是鄂、曾、唐的与国。“禹鼎”铭记周王伐鄂，派遣王朝最为精锐的西六师、殷八师，又增援劲旅才终于击破鄂国、擒获鄂侯。以熊渠之智、楚国之力，楚人会有可能劳师远征、以弱击强么?

其三，熊渠远征，怎样兵至鄂国境域？熊渠征伐鄂国的进军路线，若认为其时楚都丹阳在丹淅之会，就应该经襄阳而下随枣走廊，可这一路有绞、谷、邓、唐、厉等国当道；若认为其时楚都丹阳在今南漳一带（西周楚都丹阳应是“辟在荆山”的此地），就应该顺夷水（今蛮河）而渡汉水，穿宜城平原而越大洪山，可这一路不仅山高水深，还有春秋早期尚能联军大败楚师而致楚帅自缢的卢、罗两国当道。总之，熊渠大军假道之不易、东征鄂国之艰难不言而喻。

其四，“禹鼎”铸造的年代，当今学者多断为厉王之世。夷王在位时间不长，《古本竹书纪年》仅记至“夷王七年”事，《史记·周本纪》不书夷王在位史事。倘若“禹鼎”铸于夷王之世，那么夷王在位的数年间，既如“噩侯鼎”所铭亲自南征，又如“禹鼎”所铭派遣举国精锐王师“扑伐噩侯驭方”，在当时历史条件下能否从容为之？况且，夷王娶有鄂侯女儿为妃，且在南征归途驻跸鄂国、与鄂侯驭方宴射至欢、酬酢尤亲并予以厚赏，难以想象鄂侯驭方会突然不念姻亲、不感恩德、不顾厉害而反叛夷王。厉王在位 30 多年，暴虐侈傲，百姓怨谤，诸侯离心。其倒行逆施，导致鄂侯驭方率领南淮夷和东夷叛乱，无疑符合当时的时势情理。

其五，即使若论者所言，熊渠在夷王之世配合周王师攻伐位于今随州的鄂国，而且割据鄂国疆土将其子封为鄂王，且不说文献和金文记载西周早期昭王两度南征荆楚而最终“丧六师于汉”“卒于江上”，且不说文献记载西周中期穆王也曾南征“伐荆”“伐楚”，且不说西周早中期两代周王南征荆楚而致周、楚成为世敌，且不说在西周早中期已是周室世敌的楚人怎会在西周晚期主动呼应夷王伐鄂之师合攻鄂国，熊渠既然在伐鄂得胜后将其子封在“随枣走廊西侧的鄂国领地”为鄂王，理应得到夷王同意或默许，否则熊渠岂不畏惧周室的西六师和殷八师？岂不忌惮曾、唐等“汉阳诸姬”及汉东其他诸侯国？但夷王会同意或默许熊渠僭王逾礼的妄为么？汉东诸侯能够容忍身边的楚之鄂王么？夷王若同意或默许，熊渠又怎会畏惧厉王伐楚而去其子的王号呢？

其六，依据《楚世家》行文，熊渠是征伐扬越而“至于鄂”的。今随州一带，文献和考古都寻觅不到西周有扬越居处其地的蛛丝马迹。考古发现显示和民族史研究证明，楚蛮扬越在商周时期分布于长江中游今荆州以东的“江上”迤南广大地域。况且，《楚世家》明记熊渠所立“中子红为鄂王”，也同其所立的“长子康为句亶王”“少子执疵为越章王”一样，“皆在江上楚蛮之地”。

其七，论者揣测：“我们认为楚君熊渠在西周夷、厉之世，兴兵所伐之扬越地望，大概是扬越人西境，即今汉川南河乌龟山遗址至武昌放鹰台遗址一带的扬越人散聚地。”其言碍难信从。一者说熊渠在厉王之世兴兵伐扬越，于史无据；二者倘若熊渠果真征伐了今武汉一带的扬越，得胜之后竟对东南近在咫尺的商周矿冶基地弃之不取，反而挥师北上，跋涉云梦，假道轸、郧、贰而远奔今随州攻伐鄂国，更是不可思议。

因势求史，揆情度理，据实立论，力量尚弱的熊渠断然不会盲目地西征东伐、以弱攻强，而只会避实就虚、略地掠财。《楚世家》明载熊渠“至于鄂”后，立其三子为王“皆在江上楚蛮之地”，这熊渠所至之鄂就只应是在铜矿资源富集地带的长江南岸今鄂东南鄂州、黄石一带。熊渠伐庸以解除西北强邻庸国对楚都的威胁后，即率师沿沮、漳河顺流南下，占据东西南北水陆交通枢要的今荆州一带，继而挥戈沿江东进征伐扬越，以至其时西周王权莫奈的鄂地，其战略战果可谓最合楚国历史文化发展的史势实情。

四

如此说来，熊渠所至的鄂，是西周的鄂地而非鄂国。《楚世家》记述熊渠“至于鄂”，而不称熊渠“伐鄂”，其用语似乎就在于说明熊渠是到达鄂地而非攻伐鄂国。张正明等曾论证，两周之际今鄂州、黄石一带的“东鄂”为扬越居处地域，“从《史记》行文分析，熊渠伐扬越至于鄂，鄂（东鄂）也在扬越范围内”[①]；“《史记·楚世家》所说的扬越，大约分布于西起江陵东至鄂城、九江一带的‘江上’之地”[②]。西周扬越世居的“东鄂”，当然并非承商入周的姞姓鄂国。“东鄂”之地，古今都是长江中游南岸的泽薮湖区，商周时期当是鳄鱼生息繁盛之域。

鄂地、鄂人的得名，当与鳄鱼有关。商周时期鳄鱼生息繁盛之地不止一处，因鳄鱼而得名的鄂地也应不止一处。诚然若是，见于史籍的鄂地还有黄河中游的周代晋国之鄂。《左传》隐公六年：“翼九宗、五正、顷父之子嘉父逆晋侯于随，纳诸鄂，晋人谓之鄂侯。”杜预注：“鄂，晋别邑。”晋国鄂邑，在黄河东岸今晋南乡宁县南。今乡宁境内，古有鄂山、鄂水。雍正《山西通志》卷57：“乡宁为古鄂地，境内有鄂山、鄂水。”《大清一统志》卷99“鄂水”：“在乡宁县东三十里，源出高田山南至鄂谷旁，东北穷涧水源所导也，西南流注于河。《县志》：‘源出鄂山之阴，西南流迳县城东，与罗峪水合，又西北至县西八十里入黄河。”典籍记载，古鄂水是黄河中游的一条支流，古鄂水流域在商周时期想必也是鳄鱼生息繁盛之地。

熊渠所至之鄂，在西周则为扬越部族聚居的地名，而非姞姓鄂人迁建的国名。不过，说熊渠至于“东鄂”，在今鄂东南迄今尚未发现确证为西周楚人的遗迹遗物。《太平寰宇记》《舆地纪胜》《明一统志》《湖广通志》《武昌县志》等古籍记载熊渠封立中子红为鄂王所居的鄂王城遗址，地属今大冶金牛镇，迄

① 张正明、刘玉堂：《大冶铜绿山古铜矿的国属》，载《楚史论丛》初集，武汉：湖北人民出版社，1984年；又载《张正明学术文集》，武汉：湖北人民出版社，2007年，第355页。

② 杨权喜：《扬越民族的分布区域与文化特点》，载《百越史论集》，昆明：云南民族出版社，1989年，第343页。

今考古调查发掘显示其为东周城址[①]。得不到考古学的印证，“东鄂说”也难免遭人怀疑甚至否定。细思深究，至西周晚期，主要是扬越部族聚居之域的“东鄂”，大概只有群居的聚落，而无筑墙的城邑。熊渠至鄂后立其子为鄂王，对鄂地实施有效管理，当也没有兴建王都。

索诸史籍，楚人至春秋晚期才在国都垒筑城郭。《左传》襄公十四年：“楚子囊还自伐吴，卒。将死，遗言谓子庚：‘必城郢’。”杜预注：“楚徙都郢，未有城郭。公子燮、公子仪因筑城为乱，事未得讫。子囊欲讫而未暇，故遗言见意。”《左传》昭公二十三年：“楚囊瓦为令尹，城郢。沈尹戌曰：‘子常必亡郢，苟不能卫，城无益也……无亦监乎若敖、蚡冒至于武、文，土不过同，慎其四竟，犹不城郢。今土数圻，而郢是城，不亦难乎！’”春秋晚期以前，楚人连国都也不垒筑城墙，按理也不会有西周晚期熊渠中子所居的鄂王城。倘若熊渠封立的鄂王居邑仅有棘围中的茅屋，在数千年的风雨雷火之中也早已荡然无迹了。

今鄂东南的鄂州、大冶、阳新等地，发现含商代或西周文化遗存的遗址甚多。据2002年版《中国文物地图集·湖北分册》记录，鄂州有古遗址52处，含商代或西周文化遗存的遗址为18处；大冶有古遗址141处，含商代或西周文化遗存的遗址达94处；阳新有古遗址63处，含商代或西周文化遗存的遗址达55处。迄今，这一带发现的商周文化遗址的数量已大大超出此数。大冶五里界和阳新大路铺是其中已发掘的重要遗址。

西北距铜绿山遗址直线距离约10千米的五里界遗址，是一处以面积达124 740平方米的古城址为中心的遗址群。古城始筑于两周之际，废弃于春秋中期晚段。城址周围有多处西周至春秋的聚落或冶炼遗址。古城当为其时一地的矿冶生产、铜料集散、经济生活的中心，因防洪、排涝和水运需要

①《太平寰宇记》卷112：“鄂王城在（鄂）州西北一百八十里，楚子熊渠封中子红于鄂，僭称王，居此城。”考古发现的今湖北大冶西南的鄂王城遗址，曾有学者认为可能是鄂侯余部迁居的“东鄂”都城所在地，但往年的考古调查和近年的考古勘探发掘证实“鄂王城是一座始建于战国中晚期的楚国城邑”。参看大冶县博物馆：《鄂王城遗址调查简报》，《江汉考古》1983年第3期；陈树祥等：《楚国经略鄂东南铜矿资源的考古学观察——以铜绿山等地考古发现为例》，《湖北理工学院学报（人文社会科学版）》2017年第2期。

而建，因矿冶生产重心转移而弃。发掘报告将五里界古城及周围遗址出土两周遗物与其他区域出土同时代遗物作比较分析后指出："鄂东南地区在西周时期一直为越文化因素占主体地位，楚文化因素处于弱势……到了春秋中期晚段以后，越文化因素开始变弱，楚文化则占据了主导地位。"[①]以古城为中心的五里界遗址群，或许就是楚人至鄂后为发展矿冶生产和铜料外运而形成的，但矿冶生产者却主要是土著扬越人。其遗物体现的主体文化因素也属当地传统的越文化。

北距五里界遗址直线距离约10千米的大路铺遗址，含新石器时代和商周文化遗存。发掘报告将商周文化遗存分为四期，推断其年代为商代晚期至春秋初年，认定其是连续发展的"大路铺文化"，"其分布以湖北大冶、阳新和江西瑞昌为中心,是商周时代有着浓郁地域特征的一支考古学文化"[②]。实际上,发掘报告推断为西周中期至春秋初年的三、四期文化遗存，同五里界遗址的两周文化遗存风貌基本一致，当主要是土著扬越人的文化遗存。

其实，西周的楚人尚未创造出风格独特、自成体系的文化，西周晚期至鄂的楚人也不可能立即对当地传统文化产生明显影响。恐怕恰好相反，西周晚期至鄂的楚人"居越而越"、入乡随俗，而更多地受到土著越文化的影响。楚文化在鄂地占据主导地位，势必需要在随独自体系和鲜明特色形成的同时对鄂地土著文化长期浸染。考古显示楚文化自春秋中期在今鄂东南占据主导地位，正与楚文化在春秋中期进入发展的成熟期并形成独自体系、鲜明特色相应。考古学者分析大路铺遗址出土陶器后指出："西周中晚期至东周，楚国势力日益强大，逐渐控制了鄂东南地区，因而出现了楚式仿铜陶扁、鼎和豆等。"[③]

2014—2015年，有关单位发掘了位于铜绿山Ⅶ号矿体北侧的四方塘遗址暨墓地，清理了西周晚期墓葬3座、春秋墓葬118座。发掘者认定，墓地是当时当地矿冶生产者和管理者的公共墓地，"墓葬呈现的文化面貌以春秋楚文化为

---

① 湖北省文物考古研究所：《大冶五里界——春秋城址与周围遗址考古报告》，北京：科学出版社，2006年，第243页。

② 湖北省文物考古研究所等：《阳新大路铺》，北京：文物出版社，2013年，第760页。

③ 周国平：《阳新大路铺遗址出土商周陶器浅析》，《江汉考古》1992年第3期。

主，共存本地的吴越文化。因此，四方塘墓地的国属应当为楚国，其年代讫于春秋早期，以春秋中期为主，延至春秋晚期”[①]，发掘者据此进一步认为：“楚国占领鄂东南及铜绿山可能肇始于楚文王时期，楚成王获得周天子正式授权平定了‘夷越’之乱，巩固了对铜绿山的管理，为楚国跻身春秋‘五霸’奠定了物质基础。”[②] 实际上，四方塘墓地既已确认为楚国墓地，墓地中发现西周晚期墓葬，也就证明楚人自熊渠之世即西周晚期控制了以铜绿山为代表的今鄂东南商周矿冶基地，组织了持久的矿冶生产（见图六）。尽管墓地所见西周晚期至春秋早期墓葬中的土著越文化因素浓厚，但其墓主也当是在楚人管制下的楚籍扬越人。楚文化的鲜明风貌形成于春秋中期，西周晚期至鄂而留下的原籍楚人想必甚少，对鄂地土著扬越人的管制也当主要是“以夷治夷”，墓地未见西周晚期至春秋早期楚风浓郁的典型楚墓则在情理之中。可以认为，墓地所见西周晚期至春秋早期的墓葬大都是楚籍扬越人的墓葬，其墓葬基本因袭了土著越文化传统。一般而言，四方塘墓地若在西周晚期不是楚人治下的墓地，也就不会在春秋时期成为楚国墓地，春秋楚人恐怕会另择墓地了。况且，发掘者指出，墓地所见规模较大的5座一棺一椁墓中，以M1最大且随葬玉器最多（玦2件、璜1件），“M1年代为春秋早期晚段。从M1葬俗和不随葬扬越人传统的陶刻槽足鬲等现象分析，墓主人生前有较高地位，反映其生前可能是被楚文化同化的扬越人”。既如此说，春秋早期晚段铜绿山一带地位较高的扬越人就已被楚文化同化，那么发掘者又称“楚国占领今大冶、阳新一带铜矿山可能在春秋早期晚段的楚文王执政之年”，岂不自相矛盾？楚文化同化扬越人岂能一蹴而就却无须长期潜移默化？

---

① 湖北省文物考古研究所等：《大冶铜绿山四方塘墓地第一次考古主要收获》，《江汉考古》2015年第5期；陈树祥等：《古代矿冶生产者公共墓地国内首现》，《中国文物报》2016年2月26日第7版。

② 陈树祥等：《楚国经略鄂东南铜矿资源的考古学观察——以铜绿山等地考古发现为例》，《湖北理工学院学报（人文社会科学版）》2017年第2期；陈树祥等：《从大冶铜绿山新见春秋墓葬探析楚国与铜绿山的关系》，载楚文化研究会：《楚文化研究论集》第十二集，上海：上海古籍出版社，2017年。

图六　大冶铜绿山古矿冶遗址7号矿体铜矿采冶产业链分布图

（录自《古代矿冶生产者公共墓地国内首现》）

张正明等曾于1980年代初阐述："军事上的占领与文化上的替代是不能等量齐观的，前者可以计日程功，后者却是一个长久而缓慢的过程，这正是铜绿山遗址迄今未见典型楚文物，以及与之相邻地区未有春秋楚墓出现的根本原因。"①鉴于当时所有的考古资料，其以为"熊渠虽到过鄂地，但并未从此长期占领鄂地。因为当时的楚还是小国寡民，而鄂却是一度与周王朝分庭抗礼的赫赫之邦，楚很难在鄂立足久远，当然更不用说征服族大势众的扬越了"，乃推断楚国占领铜绿山一带为春秋早中期之交，"在楚成王时，铜绿山已成为楚国囊中之物了"。迄今，考古已经发现，铜绿山一带及与之相邻地区皆有典型的春秋楚墓，一度与周厉王分庭抗礼的鄂国位于今随州一带，熊渠之世的楚也不是想象中贫弱的小国寡民，铜绿山四方塘墓地佐证熊渠"至于鄂"后楚人即长期占据今鄂东南的古"东鄂"之地。

---

① 张正明、刘玉堂：《大冶铜绿山古铜矿的国属》，载张正明：《楚史论丛》初集，武汉：湖北人民出版社，1984年。

五

“伐庸、扬越，至于鄂”，可谓“熊渠一生所曾作出的最重大的决策，以及所曾建树的最辉煌的功业”，[①]对楚国历史文化的发展影响深巨。楚国由此不仅获得了当时中国经济文化发展最为重要的战略资源——铜矿，而且占据了江汉地区的汉西和“江上”之地，草创了江汉基业，从僻居今鄂西北一隅的蕞尔小邦一跃成为天下瞩目的南土大国，揭开了赫赫楚国历史文化大发展的序幕。

周厉王继位后，讨伐南土鄂国格杀勿论。熊渠忌其暴虐，明智地自行削去封立在“江上楚蛮之地”的三子王号。不过，王号虽去，三子封地仍在，楚国拓展的疆域未失。

迄今所知熊渠的遗物，有一件铜戈和4件铜钟，名为楚公冢戈和楚公冢钟[②]。4件铜钟堪与同时代的中原乐钟媲美，体现了当时青铜冶铸的高度水平。不过，它们都是编钟里的甬钟，并不同套。学者研究后认为，熊渠的编钟每套应有8件。由此揣测，熊渠时代的楚国青铜器已经甚多，青铜冶铸业已经甚为发达。已知的楚国青铜器，还没有早于熊渠时代的。楚国的青铜冶铸业的发展，当勃兴于熊渠时代。楚国青铜冶铸业之所以能在熊渠时代勃兴，想必就是得益于熊渠占据“东鄂”而拥有了当时中国规模最大、采炼铜矿水平最高的矿冶基地。

1993年，在山西天马－曲村遗址北赵晋侯墓地64号墓出土楚公逆编钟一套8件[③]（见图七）。其钟体上铸刻铭文68字，记载楚公逆为祭祀高祖父熊渠，向“四方首（楚国四邻的方国或部落首领）”征求祭祀用物，“纳享赤金九万钧”，于是楚公逆铸造了音声和美的编钟一百套，以祈高祖保佑大邦楚国。楚公逆即熊渠的四世孙熊咢，是周宣王时代的楚国君主。熊咢祭祀高祖，“四方首”贡献的红铜竟然多达约合今600多吨[④]，足见在江汉间深孚众望的熊渠威名犹存，也

---

① 张正明：《楚史》，武汉：湖北教育出版社，1995年，第45页。

② 楚公家戈现藏湖南省博物馆。楚公家钟其中的3件现藏日本泉屋博物馆，1件现藏陕西法门寺博物馆。

③ 山西省考古研究所等：《天马－曲村遗址北赵晋侯墓地第四次发掘》，《文物》1994年第8期；黄锡全等：《山西晋侯墓地所出楚公逆钟铭文初释》，《考古》1995年第2期。

④ 李学勤：“九万钧总在今百万斤以上，要合五六百吨，这实在是惊人的。”参看李学勤：《试论楚公逆编钟》，《文物》1995年第2期；参看吴承洛：《中国度量衡史》，上海：商务印书馆，1937年，上海书店出版社1984年复印。

足显楚国在江汉间的势力骤然强大。熊咢用600多吨铜料铸造编钟百套，这可是中国先秦史上有文字记录的最大用铜数量和铸造规模！虽有夸大其词之嫌，但一次用铜铸钟之多恐怕在当时也无有出其右者。诚如李学勤《试论楚公逆编钟》所言："这大量铜的来源，是可以推测的，这就是刚好在古武昌即今鄂城以南不远的大冶铜绿山。"试想，楚国若未占据"东鄂"并草创江汉基业，熊咢何以能够"纳享赤金九万钧"？不妨说，正是占据"东鄂"并草创江汉基业，楚人才有了大量的铜料并掌握了先进的冶铸技术，熊咢也才可能铸钟百套。

图七　楚公逆钟（录自《晋国宝藏》）

2012年，在宜昌万福垴遗址出土西周中晚期青铜甬钟11件、圆鼎1件及一批陶器[①]。其中1件甬钟钲部的铭文为："楚季宝钟厥孙乃献于公公其万年受厥福"（见图八）。有学者认为，"楚季"就是熊渠少子、被立为越章王的执疵。若楚季即熊渠少子执疵的推断无误，那么越章王的封地也当在万福垴遗址附近的今当阳、枝江一带。这批铜器的出土，不仅显示了熊渠至鄂后楚国青铜文化的发展和成就，也可印证熊渠封立三子为王"皆在江上楚蛮之地"。

图八　楚季钟铭文（来源：中国文物信息网）

① 宜昌博物馆：《宜昌万福垴编钟出土及遗址初步勘探》，《中国文物报》2012年9月28日第8版。

春秋战国时期，“东鄂”一直是楚国王子的封地，是楚国大力经营的重镇。刘向《说苑》记述了春秋晚期的鄂君子皙事迹，考古发现有战国中期的鄂君启节和包山楚简所记“噩君”文字。鄂君子皙“泛舟于新波”而遇“榜枻越人拥楫而歌”，鄂君启节铭记的鄂君商贸车船队行商路线，证实鄂君封地即今鄂州、黄石一带的“东鄂”，也就是熊渠所至之鄂[①]。

尤须关注的是，与今大冶金牛镇为邻的今武汉市江夏区湖泗镇境内，梁子湖南岸相连的张林、祝祠两村地域发现团墩、铜墩、陈月基、金盆顶等多处周代遗址。其中，面积约1.7万平方米的团墩遗址最大，面积约1万平方米的陈月基遗址次之。1982年和1995年，在陈月基遗址先后出土青铜甬钟2件和3件，分别为砖瓦厂取土推出和农民在土坑中挖出。考古报告将5件甬钟分为A、B两型，A型2件，推断其“应为西周中期之物，或者稍晚”；B型3件，推断其“应为西周晚期，或者为春秋早期”；并进一步阐述：“甬钟为祭祀或宴飨的乐器，即为王权的象征。以钟鼎为代表的宗庙常器，也就是青铜礼器。湖泗陈月基遗址上或附近出土五件青铜甬钟，说明这处遗址上当时居住的是商周王朝的重要部落。”[②]诚然，以甬钟组合的编钟是周代王朝和方国的礼乐重器，体现统治地位和政治权力。陈月基遗址出土西周晚期至春秋早期的5件甬钟，表明的并非是当地曾有“商周王朝的重要部落”，表明的应是在今湖泗镇一带有西周晚期至春秋时期的地方政权存在。陈月基遗址东南距鄂王城遗址仅数千米，出土铜钟的年代上限恰与熊渠“至于鄂”的年代大致相当，周围又有多处两周遗址。可以推想，熊渠封立中子红为鄂王的居邑或许就是今湖泗镇境内的某处周代遗址，西周晚期至春秋时期楚国在“东鄂”的政治中心在今湖泗镇境内，战国时期楚国在“东鄂”的政治中心或因水患而迁至地势稍高的鄂王城遗址。推想是否切合史实，迫切期待考古印证。

---

① 罗运环：《论鄂君子皙之鄂》，《鄂州大学学报》2009年第3期；谭其骧：《鄂君启节铭文释地》，载《长水集·下》，北京：人民出版社，1987年；黄盛璋：《再论鄂君启节交通路线复原与地理问题》，《安徽史学》1988年第2期；刘和惠：《鄂君启节“鄂”地辨析》，载楚文化研究会：《楚文化研究论集》第九集，上海：上海古籍出版社，2011年。

② 江夏区博物馆：《江夏出土的周代青铜甬钟》，《江汉考古》1998年第4期。

也有一些学者提出，鄂君封地应在“西鄂”或其他地方[①]。且不说东周楚国的鄂君封地只会沿袭西周楚国的鄂王封地，典籍明载今南阳乃至信阳一带为春秋楚国申县境域，是楚国北进汝、洛的中原基地，楚王断然不会在申县境域封立鄂君而自乱其政、自损其力。

秦汉沿楚国鄂君封地而置鄂县（秦属南郡，汉属江夏郡，治所或即鄂王城遗址），西汉沿西周晚期至春秋早期的鄂国公室居地而置西鄂县（属南阳郡，治所在今南阳市北石桥镇）。不过，“东鄂”称“鄂”的史长声隆，“鄂”在汉代乃为“东鄂”之鄂县的专称。《说文》：“鄂，江夏县。”段玉裁注：“今湖北武昌府武昌县西南二里故鄂城是也。江夏有鄂县，故南阳之县曰‘西鄂’。”《汉书·地理志》“南阳郡·西鄂”颜师古注引“应劭曰：‘江夏有鄂，故加西云。’”

因有商周的鄂地、西周楚国的鄂王封地、东周楚国的鄂君封地，才有秦汉的鄂县、隋唐宋的鄂州（治今武汉市武昌）、元代的鄂州路和别称鄂州行省的湖广行省（治今武汉市武昌），也才有了清代以来湖北省名“鄂”的简称。

（原载《湖北社会科学》2017 年第 10 期）

① 陈伟：《〈鄂君启节〉之“鄂”地探讨》，《江汉考古》1986 年第 2 期；何琳仪：《鄂君启舟节释地三则》，载《古文字研究》第二十二辑，北京：中华书局，2000 年版；［日］谷口满：《鄂君启节鄂地探索》，［日］《历史》1997 年第 89 辑。

鄂东楚文化浅论

张　硕

一、鄂东楚文化生成的历史背景

鄂东地区独特的地理位置与环境为原始文化的孕育、产生提供了有利条件。

早在旧石器时代，鄂东地区就有人类活动的遗迹，如大冶石龙头遗址[①]，绝对年代为28.4万年，属更新世晚期[②]。

新石器时代，鄂东地区文化面貌十分复杂，可以简单分为鄂东北、鄂东南两个区系。这其中，螺蛳山遗址可以视作这个阶段的文化典型。

商周时期，鄂东地区的文化在整个湖北境内处于领先地位，盘龙城遗址表明，商代早期包括盘龙城在内的鄂东地区已然成为商人在南方的统治区域。

周人克商后，分封“汉阳诸姬”，是“以藩屏周”、统治南方的重要力量，鄂东地区受中原姬周文化影响较深，鲁台山墓地出土西周早期有铭铜器即为明证。

① 李炎贤等:《湖北大冶石龙头旧石器时代遗址发掘报告》,《古脊椎动物与古人类》1974年第2期。

② 杨宝成：《湖北考古发现与研究》，武汉：武汉大学出版社，1995年，第14页。

与此同时，鄂东地区的商周文化也体现出多元的特征，如长江下游湖熟文化和江西吴城文化的因素，鄂东南阳新大路铺遗址中吴城文化因素更为突出[①]。

鄂东地区自古以来就有着良好的文化底蕴，土著文化、中原文化、长江下游诸文化多在这里汇聚、交流、融合，使得该地区成为多种文化的接触地带。

东周时期，随着楚人的北进与东扩，鄂东地区较早被纳入楚人的统治范围。

以上，就是鄂东地区楚文化生成的历史背景。

二、鄂东楚文化发展的历史进程

（一）春秋早中期

春秋早中期，鄂东楚文化遗存以今黄陂鲁台山、汉阳熊家岭、麻城李家湾、黄州汪家冲、鄂州周家垴、大冶铜绿山等遗存为代表作点状分布。以黄州汪家冲[②]、麻城李家湾[③]、鄂城周家垴[④]、黄陂鲁台山[⑤]和汉阳熊家岭[⑥]等五处墓地发现的一些春秋中期的楚墓为代表。

（二）春秋晚期

春秋晚期，吴楚争战不断，其间经历了吴楚相持、楚弱吴盛两个阶段。吴师入郢后，楚人痛定思痛，利用吴、越相争的大好时机，联越抗吴，重新获得了对淮河流域的控制权。与此同时，楚人开始南下开发江南。

---

① 陈贤一、李桃元、傅守平、陈春：《论湖北地区早商文化》，载首届长江暨楚文化国际学术讨论委员会编《长江文化论集（第一辑）》，武汉：湖北教育出版社，1995 年。

② 湖北省文物考古研究所、黄冈市博物馆、黄州博物馆：《湖北黄州楚墓》，《考古学报》2001 年第 2 期。

③ 湖北省文物考古研究所：《湖北麻城市李家湾春秋楚墓》，《考古》2000 年第 5 期。

④ 鄂州周家垴墓地发掘了二十四座东周墓，承湖北省文物考古研究所熊北生先生提供资料，在此致谢。

⑤ 黄陂县文化馆等：《湖北黄陂鲁台山两周遗址与墓葬》，《江汉考古》1982 年第 2 期。

⑥ 武汉市考古队、汉阳县文化馆：《武汉市汉阳县熊家岭楚墓》，《考古》1988 年第 12 期；武汉市考古队、汉阳县博物馆：《武汉市汉阳县熊家岭东周墓发掘》，《文物》1993 年第 6 期。

这个阶段，楚人在鄂东地区的活动不断扩展，在较大范围内对当地原有文化造成了强烈冲击。

除上述五处墓地外，另在鄂城七里界[1]、麻城吴益山[2]、白骨墩[3]等墓地也发现了春秋晚期的楚墓。这一时期的墓葬可分为早、晚两段，分别以周家垴 M1 和李家湾 M14 为代表。

遗址方面，以麻城女王城、黄州禹王城、大冶铜绿山古矿冶遗址为代表，在红安、麻城等遗址的调查中还发现了一些绳纹柱足鬲[4]，年代可能早到春秋时期。

鄂东地区春秋时期的楚文化遗存主要分布在长江沿线及其支流的冲积平原，以及鄂东南的铜矿产地。除麻城李家湾发现了贵族铜器墓，鄂州周家垴发现带棺椁的日用陶器墓外，其他墓葬的等级普遍较低。

（三）战国早期

战国早期，楚悼王因任用吴起变法，其中吴起“令贵人往实虚广之地”[5]，对开发楚国边远地区有重要意义。

这个阶段，楚人对鄂东地区的开发进入一个全新的时代。不仅对鄂东南进行较大规模的移民统治，而且在鄂东其他地区的活动也日益加强，大大推动了楚文化与该地区传统文化的交流与融合，鄂东楚文化的地域特征亦逐渐有所加强。

（四）战国中期

战国中期，楚国霸业进入鼎盛阶段，此时，“楚，天下之强国也；……地方五千余里，带甲百万，车千乘，骑万匹，粟支十年。”[6]直到怀王前期，楚势尚强。

---

① 楚文化研究会：《楚文化考古大事记》，北京：文物出版社，1984 年，第 27-28 页。

② 徐志乐：《湖北麻城吴益山出土青铜器》，《文物》1992 年第 5 期。

③ 湖北省博物馆江陵工作站、麻城县革命博物馆：《麻城楚墓》，《江汉考古》1986 年第 2 期。

④ 麻城市博物馆：《麻城罗家墩遗址调查简报》，《江汉考古》1993 年第 3 期；湖北省文物考古研究所、黄冈地区博物馆等：《京九铁路（红安、麻城段）文物调查》，《江汉考古》1993 年第 3 期。

⑤《吕氏春秋·贵卒篇》。

⑥《史记·苏秦列传》。

这一时期，楚人对鄂东地区的开发向纵深发展，楚文化因素在鄂东各地已居主导地位，鄂东楚文化的内部区系基本形成。

（五）战国晚期

战国晚期，楚国国力日衰，特别是公元前278年（楚顷襄王二十一年），白起“拔郢，烧夷陵，遂东至竟陵。楚王亡去郢，东走徙陈。”[①]20余年后，楚考烈王东迁于寿春（今寿县一带），偏安一隅，直至公元前223年，灭于秦。

随着楚国政治、文化中心的东迁，楚人对鄂东地区的开发进入高潮。鄂东地区成为沟通陈郢、寿春与江南地区的重要通道，与周边地区的交流也明显加强。直到楚国灭亡，鄂东地区才终为秦人占领。

以上，就是楚文化在鄂东地区发展进程的简单勾勒。

三、邾城遗址与鄂东楚文化

邾城遗址是两千多年前楚国灭邾国后迁邾王于此扩建修筑的一座古城遗址，史称“邾城”或“邾王城”。因邾、汝、女、吕、禹等字音相近，“邾城”被讹传为“吕阳城”或“禹王城”。今名禹王城遗址。

邾城是目前鄂东地区保存较为完好的东周时期的古城址之一。虽经两千多年的沧桑巨变，但其城垣仍清晰可辨。城内及城外有大量的春秋、战国、汉代的墓葬及水井、灰坑等遗存。同时，邾城遗址地下藏有大量的历史文物。已发掘出的文物有：战国时期的铜剑、铜鼎、铜敦、铜戈、铜矛；东汉时期的九莲灯、象酒壶、梅花青铜镜等。

其中，被誉为黄冈博物馆“镇馆之宝”的“春秋许公买铜簠”“东汉九联铜灯”就是在邾城周边出土面世的，邾城在黄州文化史上的重要地位由此可见一斑。

邾城遗址不仅是黄州悠久历史的见证，也是研究楚文化不可或缺的重要资料。《史记·高祖本纪》（司马贞）《索隐》引《太康地理志》曰：“楚灭邾，迁其人于江南，因名县也。”《水经注·江水三》（卷35）记载：“江水又东迳邾县

---

①《史记·白起王翦列传》。

故城南，楚宣王灭邾，徙居于此，故曰邾也。”据此记载，楚迁邾人于鄂东，当在战国中期偏早的楚宣王（公元前369—公元前340年）时期。

公元前301年垂沙之战后，西鄂故地入韩，当又有一批原居于西鄂一带的楚人东南迁至今鄂州附近。这是继战国早期大批楚人进入鄂东南后，又一次较大规模的移民活动。这一时期鄂东楚墓数量大增，今武汉、黄冈及鄂州沿江地区还出现了一批规模、等级较高的战国中期楚贵族墓，黄石、阳新等靠近长江的区域也出现了不少楚文化遗存[①]，说明长江沿线成为当时楚人在鄂东地区的重要活动区域。大量人口的迁入，促进了楚人对鄂东地区的开发。

这一时期鄂东地区楚文化的文化面貌与特征，可分为三个亚区类型。

第一亚区主要包括江北的滠水、倒水、举水、巴河、浠水及蕲水的中、下游丘陵、河谷和冲积平原，代表遗存有黄陂鲁台山墓地、郑家嘴水井、麻城李家湾墓地、白骨墩墓地、黄州汪家冲墓地、芦冲M1和国儿冲墓地等。该亚区形成了以典型楚文化为主，融合了一定中原文化因素和少量土著文化因素的地域特征。

第二亚区主要包括今武汉市的武昌、江夏以及汉南的长江沿线，鄂州市及以大冶、阳新为中心的铜矿产地，代表遗存有汉阳熊家岭、汉南石岭村、鄂州百子畈、周家垴等墓地和大冶铜绿山等古矿冶遗址。这一亚区水运交通便利，铜矿资源丰富，长期以来为各种政治势力竞相争夺，成为多种文化的交汇区；楚人进入后，仍将其作为重要的铜矿生产、运输基地。该亚区逐渐成为以楚文化为基础，土著文化因素和中原文化因素各占相当比重的鄂东楚文化的亚区类型。

第三亚区包括今咸宁地区幕阜山以北、以西的广大区域。除赤壁土城、五塘坳城外，目前该亚区所发现的楚文化遗存较少。这一区域长期以来为扬越文化的主要分布区，直到战国早期楚人才开始对这一地区进行一定规模的开发。

上述说明，早期迁居鄂东的楚人正是以邾城为落脚点，筚路蓝缕，逐渐成长壮大的。在楚人进入鄂东的历史进程中，邾城居功至伟，不可小觑！

---

① 阳新沛源口发现了经天湾战国墓群，采集有铜剑、陶鼎、豆等遗物。资料见国家文物局：《中国文物地图集·湖北分册（下）》，西安：西安地图出版社，2002年，第55页。

四、鄂东楚文化的历史地位

从湖北境内现已发现的楚国墓葬来看，鄂东地区的楚墓数量仅次于江陵等楚人统治中心区域，该地区逐渐成为研究楚国历史和文化的重要区域之一。

鄂东楚文化内涵丰富，地域特色鲜明，不仅极大地丰富了楚文化宝库，而且在楚文化的对外交流、融合的进程中，凭借独特的地缘优势，扮演了独特、重要的角色，意义重大。

在鼎盛时期，楚国东至东南沿海，西至川东，北至河南、山东，南至两广的广袤版图，跻身春秋五霸、战国七雄之列，成为当时地域最广、人口最多、军事实力最强的国家。

伴随楚国的不断扩张，楚文化也随之东渐、西进、南包和北回。其中，鄂东由于特殊的地理位置，在楚文化东渐、北回的过程中，起着举足轻重的重要作用。

（一）东渐

鄂东地处“吴头楚尾”，近年来在吴地不断出土的地下文物，有力地证明了楚文化东渐以及吴、楚文化交融的情况。

器物方面，战国中晚期以后楚文化对长江下游吴地影响越来越明显，吴国故地墓葬大量出土楚国的青铜礼器如鼎及其他楚器。

墓葬方面，江苏六合、镇江、苏州、吴县等地东周墓等，都出土有楚式鼎等楚文化风格的青铜器。在上海地区战国晚期墓葬中，出现了具有楚文化特征的鼎、豆、壶等陶器。楚国铜币“蚁鼻钱”、金币饼金和金版“郢爯”在江苏各地都有出土。吴地一些墓葬葬俗也可以看见楚国习俗的痕迹。

遗址方面，在镇江丹徒下湖等遗址中有丰富的楚文化层堆积，出土有楚文化特点的铜器和陶器，同时与吴文化遗物共存，反映出吴、楚文化融合的特点。

城址方面，苏州吴大城、高淳固城、溧阳平陵城、扬州广陵城等，归楚后都进行过营建，并出土有丰富的楚文化遗物。

鄂东“吴头楚尾”的地理形胜，使得楚文化在东渐的过程中，充当了桥头堡的重要角色。

（二）北回

楚人先祖兴起于中原地区，逐渐南下荆楚并扎根。在战国晚期，河南地区楚文化遗存异常富集，可谓楚文化的“北回”。

特别是在河南信阳地区，蕴藏有丰富的楚文化资源，楚文化与中原文化在这里交融共生，酿就了信阳独具特色的淮上文化风情。

楚文化与南阳地域文化的对话，很大程度上就有赖于号称“吴头楚尾”的鄂东地区与号称“楚头豫尾”河南信阳地区之间的沟通。

鄂东古代先民沿着澴水、滠水、倒水、举水，可以直接上溯到通向中原的几个关隘，通过平靖、武胜和九里诸关口，翻过桐柏山，即达河南信阳境内，并北上进入中原腹地。

楚文化经由“义阳三关”等通道东进北上,与当地土著文化交融汇合；同样，来自中原以及信阳地区的文化，也由此通道源源南下，影响、滋养楚文化。

信阳地区迄今发现的楚文化遗存主要有固始白狮子地、信阳平桥西春秋墓、蝙蝠山、万营山、光山黄大山、新县窑岗、信阳长台关、罗山后李等。

在楚国发展的中后期，南方楚文化系统又开始了对中原地区华夏文化系统的回流，进而影响了河南地区南部和淮河流域的文化发展。在这个历史进程中，鄂东与信阳地区首当其冲，且厥有其功。

（原载《全楚文峰　千载文谷》，湖北人民出版社，2014 年）

鄂王城研究综述

高一致　张璐赟

大冶鄂王城遗址是一处重要的东周时期楚城遗址。自城址发现以来，学界就鄂王城遗址及其相关问题进行了多方面的考察和探讨。本文将这些关于鄂王城的相关研究在此略做汇总。

一、鄂王城遗址的发现和概况

鄂王城遗址位于湖北省黄石市大冶市（原大冶县）金牛镇之西南 7.5 公里，当地百姓旧时已称遗址为“鄂王城”。1966 年，湖北省博物馆曾对遗址进行过调查[①]。1976 年金牛镇的胡彦贵村修建水库，村民们在搬迁、修筑房屋时，掘得一枚表面被锈蚀的铁剑。随后，大冶市博物馆（原大冶县博物馆）收藏铁剑，并对铁剑发现地展开考古调查。至此，遗址价值进一步被发现[②]。1982 年至 1983 年，大冶市博物馆会同黄石市博物馆对遗址进行多次调查和勘探，并撰写《鄂王城遗址调查简报》(后文简称《简报》)[③]。1985 年，鄂王城遗址被大冶

---

① 楚文化研究会：《楚文化考古大事记》，北京：文物出版社，1984 年，第 57 页。

②《重振鄂王城　大冶告别旧铜矿寻机旅游新“金矿”》，《长江商报》2010 年 5 月 7 日。

③ 大冶县博物馆：《鄂王城遗址调查简报》，《江汉考古》1983 年第 3 期。

县人民政府列为文物保护单位，1992 年被湖北省人民政府列为省级重点文物保护单位（鄂政发 [1992]166 号），2001 年被国务院列为全国重点文物保护单位（国发 [2001]25 号）。为配合五里界城遗址的考古工作，湖北省文物考古研究所 2004 年 5 月再次对鄂王城遗址展开考古调查，形成《鄂王城调查》（后文简称《调查》）[①]。2013 年以来，湖北省文物考古研究所根据国家文物局的批复，与大冶市博物馆组成"鄂王城考古队"，对城址及周边遗址、墓群进行考古调查、勘探和抢救发掘。通过此次发掘，初步确认鄂王城的使用年代，基本理清了鄂王城周边遗址布局、规模等情况[②]。

鄂王城遗址依据岗地地形而建，高出附近地面约 5 ～ 10 米，西南部较高，东北部较低。四周有护城河遗迹。地面至今可见土筑城垣，南垣、北垣因修水库及筑堤，地面部分被破坏；东垣、西垣尚存地面，系红褐土夹黄斑土夯筑而成，夯层厚约 10 厘米，城垣两侧面的夯层内包含有较大数量的东周时期的陶瓦片。城址平面不规则，四面城垣除南垣西段向外突出外，余均较直，西北、东北、东南城垣拐角处均为高台。城址东西长约 187 ～ 225 米，南北宽约 125 ～ 225 米，城垣总周长约 762 米，面积约 53 972 平方米。城址的东垣北端、中段、南端有三处缺口，其中南端缺口呈"八"字形内窄外宽，面宽 14 米、底宽 43 米、深 4 米。根据城址地势和缺口的形状观察可知，此处缺口是进出城内的唯一通道，应为当时的城门"。城垣的北部和西部有明显的城壕遗迹，东垣南段与高河港相连[③]。

二、鄂王城遗址出土文物与研究

（一）出土的文物

鄂王城城垣南部有一处文化遗存，现残存 200 平方米左右，文化层中发现

① 湖北省文物考古研究所：《大冶五里界——春秋城址与周围遗址考古报告》，北京：科学出版社，2006 年，所附《鄂王城调查》一文，记录有此次对鄂王城的考古调查成果。

② 湖北省文物考古研究所：《2013 年湖北省文物考古研究所考古工作主要收获》，《江汉考古》2014 年第 1 期。

③ 湖北省文物考古研究所：《大冶五里界——春秋城址与周围遗址考古报告》附《鄂王城调查》，北京：科学出版社，2006 年。

大量的陶板瓦、小砖、半圆瓦当、筒瓦等遗物。“由于夯土层不太明显，估计是当年建于生土层上的一处主要建筑群所在地。”[①] 城内发现窑址两处，一处位于西垣南端城垣线上，土窑底部遗存有绳纹筒瓦陶片，未见其他遗物；另一处位于东垣中部城垣内坡脚下。“这两处窑址所出土的筒瓦陶片，与鄂王城内所出现的筒瓦陶片有相似之处，可能是供应城内建房的制瓦窑址。”[②]

鄂王城遗址主要文物，发现和采集于城内西部[③]，包括陶质类、铜质类、铁质类和其他等四类。① 陶质类遗物主要有泥质陶，次为夹砂陶，泥质陶质地粗糙，未经陶洗。陶色以灰、褐色为主，红次之。纹饰多为中粗绳纹，有的瓦当背面有斜方格纹。遗物主要有鬲足二件、豆盘残片、盆一件、硬陶罐一件、盂两件[④]、小口瓮残片一件，以及瓦筒、板瓦、半瓦当若干。② 铜质类，有戈、铜弩矢。戈两件，一件直内两面均饰错金鸟纹；一件直内刻有铭文二字。铜弩矢数量较多，均为三棱形锋，其中一件完整，长铤呈三角形，圆关大多残断，残长 16.5 厘米。③ 铁质类，包括斧六件、鼎足一件、铁刀三件。斧分两种，一种为钺形、较薄，弧形刃，上部均残而致形状不清；一种为长方形、较厚，方形直銎，銎内有朽木痕迹。鼎足为兽腿状，全长 9.4 厘米。铁刀，其中一件呈条形，刀背与刀柄有一定的弧度，刀柄的末端有圆环，全长 77 厘米，刃长 62 厘米。④ 其他遗物，有金币和石斧各一件。金币为小块，上有“陈爯”戳印文字[⑤]，重 6.6 克；石斧平面呈梯形，弧顶宽刃，斧身多数磨光，长 10.5 厘米，宽 6.8 厘米[⑥]。

另外，2016 年 4 月 10 日，“鄂王城考古队”首次在鄂王城遗址科学发掘出土一件青铜铭文戈，戈内开刃，保存较为完整[⑦]。

---

① 大冶县博物馆：《鄂王城遗址调查简报》，《江汉考古》1983 年第 3 期。

② 大冶县博物馆：《鄂王城遗址调查简报》，《江汉考古》1983 年第 3 期。

③《鄂王城遗址调查简报》指出：“在西城外的岗地上因修水库，发现陶器两件，从现场情况观察有可能是墓葬出土。”

④ 硬陶罐、盂出土于城外西郊。

⑤“陈爯”，旧释作“陈爰”，非是，后文详述。

⑥《鄂王城遗址调查简报》指出：“以上遗物石斧、尖锥状陶鬲足可能早于东周，陶瓮、褐色宽沿陶盂、铁刀等可能为汉代遗物，而绝大部分文化遗物为东周时代。”

⑦《湖北鄂王城遗址考古有重大发现　首次发掘出土青铜铭文戈》，《黄石日报》2016 年 4 月 12 日。按：蒙陈国安先生惠赐该戈照片等资料阅览，颇疑戈上所谓铭文乃某种鏨刻记号，恐非文字。

（二）出土文物研究

《简报》刊载铭文铜戈[①]，仅摹写铭文“𨻰”“㞷”二字，未作考释。刘先枚先生认为二字为“云土”之古写，《尚书·禹贡》所载“云土梦作乂”即此“云土”[②]。滕黄先生改释作“陈往”，认为乃人名，即《商周金文录遗》所录陈眻戟铭文“陈眻之岁，佶（造）腐（府）之戟”中“陈眻”，而铜戈应是陈往自作之器；从“陈眻之岁”用作纪年分析，陈往“非楚国等闲之辈”[③]。滕黄先生之改释为是，已为学界所从。刘彬徽先生推断陈往之戈出土于鄂王城内，陈往应即鄂王城内的一个贵族或官吏[④]。邹芙都先生则认为“陈往”非人名，陈眻戟所记“陈眻之岁”当为纪年，但以“陈眻”为人名不符合“以某人所进行大事来纪年的要求”。“陈”应是立国于西周初期的国名，至楚宣王最终被灭置县，楚倾襄王二十一年（公元前278年）徙都陈。“往”有去、徙之义。“陈往”或可解为“往陈”，为宾语前置，铭文记载的便是楚迁都之事。迁都为国之大事，正可用于纪年。如此说可信，则戈的年代便在公元前278年前后，为楚有铭铜器的又一标准器[⑤]。

“陈爯”金币，学界旧释作“陈爰”。有学者指出，“陈爰”之“陈”在今河南淮阳，为楚国名城，秦将白起拔郢，楚徙都于此，鄂王城“陈爰”应为此时之物[⑥]。黄德馨先生认为，楚王室可能战国前期将铸币权下放给陈县，铸行“陈爰”，虽然无法具体确定“陈爰”的始铸时间，但大致可以说战国前期“陈爰”

① 铭文戈的性质，学界有二说：一种认为是战国楚器，《楚文物图典》以及滕黄、刘彬徽、邹芙都等先生主此说。参看高至喜：《楚文物图典》，武汉：湖北教育出版社，2000年，第121页。另一种则认为是战国齐器，持此说者如《山东金文集成》《商周青铜器暨图像集成》等，皆未作详述。参看山东省博物馆：《山东金文集成》，济南：齐鲁书社，2007年，第857页；吴镇烽：《商周青铜器铭文暨图像集成》第30册，上海：上海古籍出版社，2012年，第417页。

② 刘先枚：《释𨻰㞷》，《江汉考古》1985年第3期。

③ 滕黄：《鄂王城戈铭应为陈往》，《江汉考古》1986年第1期。按：刘先枚先生后发文辩驳滕黄先生之说，不改已见。参看刘先枚：《鄂王城戈铭可释为陈往吗》，《江汉考古》1988年第1期。

④ 刘彬徽：《楚系青铜器研究》，武汉：湖北教育出版社，1995年，第350页。

⑤ 邹芙都：《楚系铭文综合研究》，成都：巴蜀书社，2007年，第182-183页。

⑥ 余炳贤：《从鄂王城“陈爰”看鄂王城年代》，载大冶市人民政府政策研究室：《大冶青铜文化》，武汉：湖北科学技术出版社，2010年。

已经出现[①]。旧释"爰"字,日本学者林巳奈夫改释作"爯"[②],安志敏先生亦释"爯",并读作"称"[③]。战国文字中"爰""爯"二字区别较为明显,二位先生改释当是,"爯(称)"即称量货币。

关于钺形铁斧,余炳贤先生认为其与夏商周三代被视为权威象征的"斧钺"不同,形体不是普通士兵的武器;铁器兴起于春秋,普及于战国,从铁斧可知鄂王城是东周战国之城[④]。

三、鄂王城遗址性质和功能研究

(一)遗址的时代和性质

关于鄂王城遗址的时代,《简报》从城址内外的文化遗物判断其"时代应为东周",同时强调现存城垣因为夯土内有较多的东周陶片,其时代也有可能较晚。《调查》进一步指出,"城垣的修筑和使用年代不会早于战国","城址使用时期战国时代的文化堆积较薄,最厚的部位也只有0.4米,有的地方甚至无文化层堆积,这说明城址使用的年限较短"[⑤]。

鄂王城遗址的性质,学界主要有三种意见:①楚之别都,熊红封鄂王之故城;②鄂君启节之"鄂";③鄂邑小楚城。

其中第一种意见,发端颇早。《史记·楚世家》记载:"熊渠甚得江汉间民和,乃兴兵伐庸、杨粤,至于鄂。熊渠曰:'我蛮夷也,不与中国之号谥。'乃立其长子康为句亶王,中子红为鄂王,少子执疵为越章王,皆在江上楚蛮之地。"又载:"熊渠卒,子熊挚红立。"《集解》引《九州记》曰:"鄂,今武昌。"《正义》引《括地志》云:"武昌县,鄂王旧都。今鄂王神即熊渠子之神也。"可

---

①黄德馨:《楚爰金研究》,北京:光明日报出版社,1991年,第72-73页。

②[日]林巳奈夫:《战国时代的重量单位》,[日]《史林》1968年51卷2号。

③安志敏:《金版与金饼》,《考古学报》1973年第2期。

④余炳贤:《简说鄂王城的钺形斧——兼论鄂王城非古代矿冶城镇》,载大冶市人民政府政策研究室:《大冶青铜文化》,武汉:湖北科学技术出版社,2010年。

⑤湖北省文物考古研究所:《大冶五里界——春秋城址与周围遗址考古报告》附《鄂王城调查》,北京:科学出版社,2006年。

知《史记集解》和《正义》中已引熊红封鄂王之故城属武昌县之说。顾栋高《春秋列国疆域表》指出："熊渠封中子红为鄂王，后为楚别都。"[①]顾氏较早提出楚都鄂之说。王国维《夜雨楚公钟跋》谓："（楚公钟）作钟者为楚公𠬝。瑞安孙仲颂比部以为，即《史记·楚世家》之熊咢，咢本从𠬝，二字形声相近。其说不可易。此器赵氏《金石录》谓出鄂州嘉鱼县，复斋款识引石公弼云：'政和三年武昌太平湖所进'，武昌、嘉鱼南境相接，盖出二县间矣案：……熊渠卒，子熊挚红立，后六世至熊咢。今熊咢之器出于武昌者，武昌即鄂。盖熊渠之卒，熊挚红虽嗣父位，仍居所封之鄂，不居丹阳，越六世至熊咢犹居于此，故有其遗器。楚之中叶曾居武昌，于史无闻，惟赖是器所出地知之耳。"[②]王氏据孙诒让读楚公𠬝钟"𠬝"作"咢"，推断楚中叶都鄂，"越六世至熊咢犹居于此"。这在《史记集解》和《正义》基础上，进一步论证楚都鄂之说。冯永轩先生《说楚都》[③]、殷崇浩先生《楚都鄂补》[④]、张正明先生《楚史》[⑤]、杨宽先生《西周史》[⑥]、李学勤先生《论周初的鄂国》[⑦]，都承《史记集解》和《正义》所引之说，认为熊红封鄂王之故城在东鄂[⑧]。鄂王城遗址调查、勘探后，马世之先生《关于楚之别都》[⑨]、王崇礼先生《楚国土木工程研究》[⑩]，认为鄂王城遗址即楚之别都、熊红封鄂王之故城。

第二种意见，遗址是鄂君启节中的鄂君封邑。学者认为从鄂王城遗址的时代和规模特点等来考察，"此城址的时代不会早到西周晚期熊挚红之时，而可

---

①（清）顾栋高：《春秋大事表》，北京：中华书局，1993年。

② 王国维：《观堂集林（外二种）》，石家庄：河北教育出版社，2001年，第441页。

③ 冯永轩：《说楚都》，《江汉考古》1980年第2期。

④ 殷崇浩：《楚都鄂补》，《江汉考古》1984年第1期。

⑤ 张正明：《楚史》，武汉：湖北教育出版社，1995年，第45页。

⑥ 杨宽：《西周史》，上海：上海人民出版社，1999年，第667页。

⑦ 李学勤：《论周初的鄂国》，《中华文史论丛》2008年第4期。

⑧ 鄂，历史上有西鄂、东鄂两称，此不赘述。有学者从西鄂、东鄂的起源，熊渠时期楚国实力以及东鄂地区考古学遗存等方面考证，熊渠所伐之鄂应为西鄂而非东鄂。参看朱继平：《"鄂王城"考》，《中国历史文物》2006年第5期；刘玉堂、尹弘兵：《楚蛮与早期楚文化》，《湖北大学学报》2010年第1期。

⑨ 马世之：《关于楚之别都》，《江汉考古》1985年第2期。

⑩ 王崇礼：《楚国土木工程研究》，武汉：湖北科学技术出版社，1995年，第59页。

能就是战国时期鄂君启节之鄂君封邑。”[①] 龚长根先生认为，“楚人在春秋早期也只是刚刚落脚于江汉平原，其地域尚未越过现在湖北的中部地区，当然更未能到达鄂东南地区”，“从鄂王城平面结构来看，其东北角、西北角、西南角均呈切角形，这种建筑形式与江陵纪南城十分近似，……鄂王城形成的年代应与纪南城相当，大约为春秋末期至战国早期，或稍晚”；同时结合“鄂君启节”考察，“由于鄂君启受封时间、地理位置与鄂王城相符合，故而推断，鄂王城当是鄂君启受封之故城，也就是人们常说的战国之鄂”[②]。另外，专门从鄂君启节角度来考察，郭沫若先生大致主张此“鄂”为东鄂[③]，谭其骧先生认为故城在鄂城县治（即今之鄂州市所在）[④]，于省吾、何浩、刘彬徽、刘和惠等先生也赞同东鄂说[⑤]。黄盛璋先生则认为故城在“鄂城县西南郊西山下的鄂王城”[⑥]，黄尚明先生认为“鄂”即大冶鄂王城[⑦]。

第三种意见则认为鄂王城遗址并非楚国的别都，也未必是鄂君启受封之城，而仅是鄂邑小楚城。陈振裕先生《东周楚城的类型初析》[⑧]、许宏先生《先秦城市考古研究》[⑨]、朱继平先生《“鄂王城”考》[⑩]、余炳贤先生《从鄂王城“陈爰”看鄂王城年代》[⑪]，都持此说。其中朱继平先生论述颇详，指出根据石泉

---

① 楚文化研究会：《楚文化考古大事记》，北京：文物出版社，1984年，第57页。

② 龚长根：《再论鄂王城——关于鄂为别都的商榷》，载楚文化研究会：《楚文化研究论集》第十一集，上海：上海古籍出版社，2015年。

③ 郭沫若：《关于鄂君启节的研究》，《文物参考资料》1958年第4期。

④ 谭其骧：《鄂君启节铭文释地》，载《中华文史论丛》第二辑，北京：中华书局，1962年；又谭其骧：《再论鄂君启节地理答黄盛璋同志》，载《长水集·下》，北京：人民出版社，1987年。

⑤ 于省吾：《“鄂君启节”考释》，《考古》1963年第8期；何浩、刘彬徽：《包山楚简“封君”释地》，载《包山楚墓》，北京：文物出版社，1991年；刘彬徽：《楚系青铜器研究》，武汉：湖北教育出版社，1995年，第345-346页；刘和惠：《楚文化的东渐》，武汉：湖北教育出版社，1995年，第141页。

⑥ 黄盛璋：《再论鄂君启节交通路线复原与地理问题》，《安徽史学》1988年第2期。

⑦ 黄尚明：《从考古新材料看鄂国的历史变迁》，《华中师范大学学报（人文社会科学版）》2015年第1期。

⑧ 陈振裕：《东周楚城的类型初析》，《江汉考古》1992年第1期。

⑨ 许宏：《先秦城市考古研究》，北京：北京燕山出版社，2000年，第119页。

⑩ 朱继平：《“鄂王城”考》，《中国历史文物》2006年第5期。

⑪ 余炳贤：《从鄂王城“陈爰”看鄂王城年代》，载大冶市人民政府政策研究室：《大冶青铜文化》，武汉：湖北科学技术出版社，2010年。

先生推定熊渠时代楚国范围当不及今鄂州一带[①]，以及陈伟先生考证“鄂君启节”中的“鄂”为南阳盆地的“西鄂”[②]，而鄂州一带未发现早于春秋中期的楚文化遗存，因此《史记·楚世家》中记载的熊渠所伐、后封中子红为王的“鄂”并非是位于长江南岸的“东鄂”，同时鄂王城遗址也并非鄂君启受封之城。

（二）遗址的功能

关于鄂王城遗址的功能，学者也提出了不同看法，除前述“楚之别都”外，还有“军事堡垒”“矿冶城市”“交通枢纽和地区性贸易城堡”等说。

陈振裕先生结合东周楚城的类型进行考察，认为“这座城的面积太小，不可能为楚国的别都”；鄂王城重视对地理位置的选择，城垣外“有护城河”，城内“有夯土台基”，“还有手工作坊区”，应属于“军事城堡”性质[③]。许宏先生亦将大冶鄂王城归类为“军事堡垒”[④]。

朱继平先生对比鄂王城遗址与五里界遗址，推测二者性质一样，是战国时期楚人在鄂东南地区的铜矿管理中心。楚人在进入鄂东南地区后，从越人手中夺得当地铜矿资源的控制权，废弃了曾为越人占据的五里界古城，并利用越人先进的铜矿生产技术，在“鄂王城”建立了新的铜矿生产、管理中心，负责铜矿的开采、冶炼和仓储、转运等。“鄂王城”的城墙、护城河、铜兵器等设施和遗物有可能是为维护铜矿的管理、运输而设置的，并非单纯的军事城堡[⑤]。

余炳贤先生从遗址出土“陈爯”、铁质类遗物、城垣和建筑材料等考察判断，鄂王城是战国时的一座鄂邑小楚城，比纪南城稍晚，很可能是战国时楚国吴起变法后所筑的区域性小城，属“鄂邑”下辖，是一个交通枢纽和地区性贸易城堡；同时强调“近年有人称鄂王城为矿冶城市，缺乏证据支撑”，“鄂

① 石泉：《楚都丹阳地望新探》，载石泉：《古代荆楚地理新探》，武汉：武汉大学出版社，1988年，第1990-1991页。

② 参看陈伟：《〈鄂君启节〉之“鄂”地探讨》，《江汉考古》1986年第2期。

③ 陈振裕：《东周楚城的类型初析》，《江汉考古》1992年第1期。

④ 许宏：《先秦城市考古研究》，北京：北京燕山出版社，2000年，第119页。

⑤ 朱继平：《“鄂王城”考》，《中国历史文物》2006年第5期。

王城内外无冶炼遗址，鄂王城周边也没有发现采矿遗址，亦无铜矿藏，根本不具备矿冶特征”[①]。

四、其他

研究鄂王城的专著,有邹天福先生于2002年出版的《鄂王城与楚国故都》[②]，以及2009年中国文史出版社出版的《鄂王城初探》。两书系统回顾鄂王城的历史变迁，对鄂王城遗址的时代等问题进行了初步探讨。

陈晨、郝少波先生《浅析东楚鄂王城的建筑理念及保护思路》，从建筑学角度讨论了鄂王城以及东楚的建筑理念，并就鄂王城遗址的保护思路给出了建议[③]。

另外，2017年9月，鄂王城历史文化论坛在大冶金牛镇举行，此次论坛论文集收入关于鄂王城遗址考古、历史文化探讨、遗址保护、开发利用等方面参会论文30余篇。

（原载《楚学论丛》第七辑，湖北人民出版社，2018年）

---

① 余炳贤：《从鄂王城“陈爰”看鄂王城年代》《简说鄂王城的钺形斧——兼论鄂王城非古代矿冶城镇》，载大冶市人民政府政策研究室：《大冶青铜文化》，武汉：湖北科学技术出版社，2010年。

② 此书仅少量刊印。

③ 陈晨、郝少波：《浅析东楚鄂王城的建筑理念及保护思路》，载《楚学论丛》第二辑，武汉：湖北人民出版社，2012年。

楚与鄂州论著索引

一、论文与简报

[1] 白耀天：《榜枻越人歌的译读及有关问题》，《广西民族研究》1985 年第 1 期。

[2] 蔡靖泉：《鄂国史迹与楚人至鄂》，《湖北社会科学》2017 年第 10 期。

[3] 陈树祥、黄凤春：《楚封鄂王、鄂君与鄂王城之地望辨析》，载《楚学论丛》第二辑，武汉：湖北人民出版社，2012 年。

[4] 陈树祥、席奇峰、余锦芳：《大冶鄂王城及周边遗存考古工作回顾和相关问题的思考》，《湖北理工学院学报（人文社会科学版）》2017 年第 6 期。

[5] 陈伟：《〈鄂君启节〉之"鄂"地探讨》，《江汉考古》1986 年第 2 期。

[6] 陈振裕：《东周楚城的类型初析》，《江汉考古》1992 年第 1 期。

[7] 崔本信、王伟：《南水北调中线工程南阳夏响铺鄂国贵族墓地发掘成果》，《中国文物报》2013 年 1 月 4 日第 8 版。

[8] 大冶县博物馆：《鄂王城遗址调查简报》，《江汉考古》1983 年第 3 期。

[9] 丁兰：《试论春秋中晚期楚国在鄂东地区的军事存在》，《中南民族大学学报（人文社会科学版）》2006 年第 5 期。

[10] 丁堂华、方文：《楚国与鄂国及古越族》，《鄂州大学学报》2010 年第 1 期。

[11] 鄂钢基建指挥部文物小组、湖北省鄂城县博物馆：《湖北鄂城鄂钢五十三号墓发掘简报》，《考古》1978 年第 4 期。

[12] 冯务建：《湖北鄂州新出一件有铭铜戈》，《文物》2004 年第 10 期。

[13] 冯永轩：《说楚都》，《江汉考古》1980 年第 2 期。

[14] 高一致、张璐赟：《大冶鄂王城研究综述》，载《楚学论丛》第七辑，武汉：湖北人民出版社，2018 年。

[15] 郭沫若：《关于鄂君启节的研究》，《文物参考资料》1958 年第 4 期。又载《郭沫若全集·考古编》第 6 卷，北京：科学出版社，2002 年，第 184 页。

[16] 湖北省博物馆：《湖北古矿冶遗址调查》，《考古》1974 年第 4 期。

[17] 湖北省鄂城县博物馆：《鄂城楚墓》，《考古学报》1983 年第 2 期。

[18] 湖北省文物考古研究所：《2013 年湖北省文物考古研究所考古工作主要收获》，《江汉考古》2014 年第 1 期。

[19] 黄尚明:《从考古新材料看鄂国的历史变迁》,《华中师范大学学报（人文社会科学版）》2015 年第 1 期。

[20] 黄盛璋:《再论鄂君启节交通路线复原与地理问题》,《安徽史学》,1988 年第 2 期。

[21] 李天元:《楚的东进与鄂东古铜矿的开发》,《江汉考古》1988 年第 2 期。

[22] 李学勤:《论周初的鄂国》,《中华文史论丛》2008 年第 4 期。

[23] 李学勤:《由新见青铜器看西周早期的鄂、曾、楚》,《文物》2010 年第 1 期。

[24] 林河:《侗族民歌与“越人歌”的比较研究》,《贵州民族研究》1985 年第 4 期。

[25] 刘先枚:《释[illegible]》,《江汉考古》1985 年第 3 期。

[26] 刘先枚:《鄂王城戈铭可释为陈往吗》,《江汉考古》1988 年第 1 期。

[27] 刘玉堂:《论湖北境内古越族的若干问题》,《民族研究》1987 年第 2 期。

[28] 刘玉堂:《扬越与楚国》,载《江汉论坛》专刊:《楚学论丛》,1990 年。

[29] 刘玉堂、尹弘兵:《楚蛮与早期楚文化》,《湖北大学学报》2010 年第 1 期。

[30] 罗长铭:《鄂君启节新探》,载安徽省博物馆:《安徽省博物馆四十年论文选集》,合肥:黄山书社,1996 年。

[31] 罗运环:《论鄂君子皙之鄂》,《鄂州大学学报》2009 年第 3 期。

[32] 马承源:《记上海博物馆新收集的青铜器》,《文物》1964 年第 7 期。

[33] 马世之:《关于楚之别都》,《江汉考古》1985 年第 2 期。

[34] 欧阳若修、陆干波:《关于〈越人歌〉研究的几个问题》,《广西师范大学学报（哲学社会科学版）》1987 年第 4 期。

[35] 孙继:《楚国控制鄂东铜矿时间考》,《温州大学学报（社会科学版）》2012 年第 2 期。

[36] 谭其骧:《鄂君启节铭文释地》,载《中华文史论丛》第二辑,北京:中华书局,1962 年;又载谭其骧:《长水集·下》,北京:人民出版社,1987 年。

[37] 谭其骧:《再论鄂君启节地理答黄盛璋同志》,载《中华文史论丛》第五辑,北京:中华书局,1964 年。

[38] 滕黄:《鄂王城戈铭应为陈往》,《江汉考古》1986 年第 1 期。

[39] 王国维：《夜雨楚公钟跋》，载王国维：《观堂集林》（下册），北京：中华书局，1959年。

[40] 韦庆稳：《“越人歌”与壮语的关系试探》，载《民族语文论集》，北京：中国社会科学出版社，1981年。

[41] 熊北生、朱俊英：《鄂王城调查》，载《大冶五里界——春秋城址与周围遗址考古报告》，北京：科学出版社，2006年。

[42] 许友年：《试论〈越人歌〉的原文和译文》，《福建师范大学学报（哲学社会科学版）》1983年第1期。

[43] 徐中舒：《禹鼎的年代及其相关问题》，《考古学报》1959年第3期。

[44] 殷崇浩：《楚都鄂补》，《江汉考古》1984年第1期。

[45] 殷涤非、罗长铭：《寿县出土的“鄂君启金节”》，《文物参考资料》1958年第4期。

[46] 尹弘兵：《西周春秋时期的楚国与江南铜矿》，载《湖南省博物馆馆刊》第七辑，长沙：岳麓书社，2011年。

[47] 余炳贤：《从鄂王城“陈爰”看鄂王城年代》，载大冶市人民政府政策研究室：《大冶青铜文化》，武汉：湖北科学技术出版社，2010年。

[48] 于省吾：《“鄂君启节”考释》，《考古》1963年第8期。

[49] 张潮：《古越族文化初探》，《江汉考古》1984年第4期。

[50] 张民：《试探越人歌与侗歌》，《贵州民族研究》1986年第1期。

[51] 张正明、刘玉堂：《大冶铜绿山古铜矿的国属》，载《楚史论丛》初集，武汉：湖北人民出版社，1984年。

[52] 郑威：《〈史记·楚世家〉熊渠封三子史料性质小考》，《江汉考古》2011年第1期。

[53] 郑威：《楚“鄂君”、“鄂县”综考》，载楚文化研究会：《楚文化研究论集》第九集，上海：上海古籍出版社，2011年。

[54] 朱继平：《“鄂王城”考》，《中国历史文物》2006年第5期。

[55] 朱俊英：《大冶三座古城址文化属性与铜矿采冶之关系》，载《中国矿冶考古——铜绿山古铜矿遗址考古发现与研究（二）》，北京：科学出版社，2014年。

二、著作

［1］楚文化研究会：《楚文化考古大事记》，北京：文物出版社，1984年。

［2］大冶市人民政府政策研究室：《大冶青铜文化》，武汉：湖北科学技术出版社，2010年。

［3］高至喜：《楚文物图典》，武汉：湖北教育出版社，2000年。

［4］顾栋高：《春秋大事年表》，北京：中华书局，1993年。

［5］郭沫若：《郭沫若全集·考古编》第6卷，北京：科学出版社，2002年。

［6］黄德馨：《楚爰金研究》，北京：光明日报出版社，1991年。

［7］刘彬徽：《楚系青铜器研究》，武汉：湖北教育出版社，1995年。

［8］刘和惠：《楚文化的东渐》，武汉：湖北教育出版社，1995年。

［9］罗运环：《楚国八百年》，武汉：武汉大学出版社，1992年。

［10］石泉：《古代荆楚地理新探》，武汉：武汉大学出版社，1988年。

［11］石泉：《楚国历史文化辞典》，武汉：武汉大学出版社，1997年。

［12］随州市博物馆：《随州出土文物精粹》，北京：文物出版社，2009年。

［13］唐兰：《西周青铜器铭文分代史徵》，北京：中华书局，1986年。

［14］汤余惠：《战国铭文选》，长春：吉林大学出版社，1993年。

［15］［日］藤田胜久著，曹峰、［日］广濑熏雄译：《〈史记〉战国史料研究》，上海：上海古籍出版社，2008年。

［16］王崇礼：《楚国土木工程研究》，武汉：湖北科学技术出版社，1995年。

［17］许宏：《先秦城市考古研究》，北京：北京燕山出版社，2000年。

［18］徐少华：《周代南土历史地理与文化》，武汉：武汉大学出版社，1994年。

［19］杨宽：《西周史》，上海：上海人民出版社，2003年。

［20］张正明：《楚史》，武汉：湖北教育出版社，1995年。

［21］郑威：《楚国封君研究》，武汉：湖北教育出版社，2012年。

［22］邹芙都：《楚系铭文综合研究》，成都：巴蜀书社，2007年。

三、学位论文

[1] 王谷：《〈鄂君启节〉集释及其相关问题研究》，湖北省社会科学院硕士学位论文，2016 年 5 月。

[2] 朱继平：《鄂东楚文化的历史进程与特征》，武汉大学硕士学位论文，2005 年 5 月。

附录　关于创建鄂州城市文化品牌调研情况的报告

鄂州市文化体育新闻出版广电局

改革开放以来，鄂州经济社会建设得到了长足发展。然而，长期以来，鄂州的城市文化定位不清晰，文化特色不明显，文化品牌不响亮；外来的客人看不到鄂州的城市文化符号标识，本地人不知道鄂州城市文化彰显的是什么。这个问题，很多人已经意识到了。

随着鄂州社会主义现代化国际航空大都市建设步伐的加快，鄂州对外交流将日益频繁。梳理鄂州文化发展脉络，发掘鄂州文化亮点，传承鄂州文化精华就显得尤为迫切、尤为重要。为此，鄂州市文化体育新闻出版广电局近期就上述问题进行了一系列的调研活动，对于“鄂州城市文化打什么牌”的问题，大多数人的意见趋向了统一，这便是鄂州城市文化还是应该打“三国牌”。现就此次调研活动情况报告如下。

一、调研的基本情况

对于“鄂州城市文化打什么牌”的问题，近 10 年来，鄂州市各个阶层不断地有人提出、有人议论，鄂州市文化体育新闻出版广电局也曾在每年的调研活动中提出过要求，并加以布置；市旅游部门也做过类似的工作，但一直没有形成统一意见，没有向社会各界说明鄂州城市文化到底打什么牌。由此，形成文化、旅游、城建、规划、园林等部门各行其是的局面，造成文化特色的淹没、丧失。

随着时间的推移，鄂州人的关注目标在不断变化，“鄂州城市文化打什么牌”的问题成了城市的“老大难”问题而被沉淀，不再被人提起。然而，随着社会的发展，此问题又不得不引起各级领导和社会人士的关注。2018 年 3 月，市长王立同志专门就“鄂州的历史文脉到底是什么”“鄂州的城市文化到底打什么牌”等问题，向鄂州市文化体育新闻出版广电局布置任务，要求文化部门认真做好调研工作，给出权威的结论。

抱着最终定位鄂州城市文化品牌的目的，鄂州市文化体育新闻出版广电局先后通过公开发布征文启事、邀请市内相关部门与社会各界学者代表座谈探讨、到武汉与省社会科学研究方面的专家座谈论证等方式，广泛收集意见，经过近两个月的时间，完成此次调研活动。

（一）论文征集

2018 年 4 月 8 日，我们在《鄂州日报》（第 1 版）刊发“征文启事”，向社会广泛征集探讨文章，诚请社会各界有识之士踊跃撰稿。截至 5 月中旬，共收到《发展鄂州文化，增强文化自信的理解及建议》（作者：陈宏斌）、《湖北简称“鄂”，鄂州应大打“鄂文化”品牌之思考》（作者：杜政宁）、《关于打好三国吴都牌的建议》（作者：夏建国）、《做好一主四辅文章，弘扬鄂州历史文脉》（作者：周承水）等社会人士代表性征文 36 篇。文章或从宏观角度论述了鄂州的文化品牌资源状况及树立这些品牌的必要性和意义，或从微观角度论述了鄂州某种特色文化及打这种特色文化品牌的必要性，或从文化旅游开发的角度提出鄂州特色文化的使用方式和表现手段的建议。

从这些文章内容看，只有少数人回答了鄂州城市文化应该打什么牌的问题，大部分人谈的则是确定文化品牌后下一步应该做什么的问题。虽然征文尚不能完全解决问题，但通过征文，却能让人各抒己见，引起社会的关注与思考，有利于今后的继续探讨与研究。

（二）市内相关部门与社会各界学者代表座谈探讨

征文截止时间过后，根据征集意见反馈情况，我们认为尽管征集了30余篇文章，但意见并不集中，故有必要邀请部分对鄂州文化有所关注、有所研究的代表性人士再行讨论。2018年5月18日上午，鄂州市20余位相关部门与社会上的专家学者齐聚市图书馆新馆会议室，对“鄂州城市文化打什么牌”的问题进行了长达4个小时的热烈讨论。

与会人员从纵、横两个方面，对鄂州延续几千年的历史文化进行了梳理。专家学者们认为，鄂州的历史文脉就是鄂州的文化源流问题，它伴随着鄂州发展了几千年，并从纵的方面列出鄂、楚、三国三大文化板块；横的方面列出古铜镜、青瓷、武昌鱼、山水、辛亥革命及名人文化等。特别是在涉及具体“鄂州城市文化打什么牌”的问题时，大家讨论热烈，并一度引发激烈的争执和争论。

一部分同志认为,鄂州城市文化应该打“鄂文化牌”。湖北简称“鄂”,“鄂”的来源在鄂州，打造城市文化品牌要讲究“源”和“流”的关系问题，有源才有流。“鄂州是长江流域人类活动的发源地之一”，“鄂”文化在文化史上有着海纳百川、兼收并蓄的特点。“鄂”文化的主要痕迹在湖北，鄂州是“鄂”文化的核心地区，要成立研究机构，立足鄂州，但不限于鄂州。

一部分同志则认为，从历史文化遗存来看，鄂州市与三国文化有关的遗存非常丰富。鄂州市有帝都吴王城，出土三国六朝文物全省最多，与江苏省会南京有一比。在《三国演义》中，很多故事的发生地点就在鄂州（如“蒋干盗书”的故事等）。同时，鄂州市还是“全国三国文化之乡”。目前，与其他文化相比而言，普通百姓对三国文化的认知度较高。如果要进一步搞“创建”活动的话，“打三国文化牌”的基础要好得多，成本也要低得多。

另有一部分同志说，鄂州是“百湖之市”，梁子湖、武昌鱼是鄂州的一个独特文化元素，在外也有一定知名度。鄂州应该结合美丽乡村建设，把梁子湖与武昌鱼的文化内涵做好，特别是要把武昌鱼文化与三国文化融合起来。打城市文化品牌要体现人无我有、人有我优，要找一个最佳组合方案。此外，还有的同志对城市文化的显性建设问题提出了意见，认为历史上鄂州“城头变换大王旗”是常态，研究鄂州城市文化不仅仅限于“志”，而要跳出鄂州看鄂州，用消费者的视角来思考；要在文化、旅游、城建、规划、园林等部门之间建立协调机制，改变各自为政的现象，在城市文化标志、雕塑、景区景点、人文主题公园等具体载体上让南来北往的客人能领略到城市的人文精神，触摸到城市精神的脉动。

（三）省社会科学研究方面的专家座谈论证

2018年5月18日举行的讨论会，虽然大家踊跃发言，各抒己见，争论激烈，但分歧较为严重，主要分歧集中在“鄂”与“三国”的取舍问题，按比例划分，大约为四六开。

18日下午，湖北省吴楚文化研究会的专家罗运环、蔡靖泉、鄢维新、万全文（分别来自武汉大学、华中师范大学、省文联、省博物馆）来鄂州商议吴楚文化研究事项，就此机会，我们向他们咨询“鄂州城市文化打什么牌”的问题，他们异口同声：当然是打“三国牌”啊。他们之中的前两位是专门研究鄂楚文化的专家。

为了进一步加深研讨，5月26日下午，市文化体育新闻出版广电局组织人员又专门赴武汉，邀请了省内著名专家学者刘玉堂及其他专门研究人员夏日新、吴成国、张敏、刘晓慧等5人（分别来自湖北省社会科学院、湖北大学）再次进行了论证。

专家们一致认为，鄂州市进行这项活动很有意义。专家们站在全省、全国的角度，客观公正地来分析、评价、讨论“鄂州城市文化打什么牌”的问题。专家们在通过对照、对比分析我省襄阳、荆州、黄冈、咸宁、孝感、随州、赤壁、安陆、保康、竹山以及河南、陕西等地类似的“打什么牌”的情况后认为，鄂州城市文化应该打的牌还是“三国文化牌”，主要理由是鄂州打鄂文化牌难以叫响。鄂州没有“鄂”的实物，虽然有时代相近的实物，但那是楚的东西，现在保康就是打“荆山楚源”牌。鄂州历史上虽然有“鄂王城”，但现属于黄石大冶，他们也在打鄂文化牌。

然而，鄂州打“三国文化牌”的理由则充分得多。从鄂、楚、三国来看，鄂州的三国六朝文化是最丰富的，如三国时期，鄂州是东吴的政治、军事中心，有“最早的佛经翻译”“三国铜镜”“武昌鱼”，有汉末至三国的“瓦窑嘴”窑址及“青瓷器”，大量的在全国都有影响的墓葬及出土文物反映出东吴当时与东南亚、西域等地的物质和文化交流；东晋时期，鄂州是全国文化中心之一，“东晋荆扬之争”“东晋大将军王敦、陶侃、庾亮镇守武昌”“书圣王羲之在武昌”“慧远创立净土宗”等，很多历史故事就发生在鄂州……这些都可以归入三国的“大文化”之中。所以，无论是现实的存在，还是从鄂州三国文化在全国、全世界的影响力上讲，打“三国文化牌”才是正确的选择。

此外，专家们还提出，对一个城市来说，重要的不仅仅是选择什么文化品牌，还应该提炼出这座城市文化品牌的主题。如果鄂州要提炼出一个城市文化品牌主题的话，专家们也提出了三个建议供我们选择：

（1）“三国故都，六朝重镇”——此条主要着眼于城市历史文化；

（2）“三国故都，物流新港”——此条主要着眼于将历史文化与鄂州现代化国际航空大都市相结合；

（3）“三国故都，华中水乡”——此条主要着眼于将历史文化与生态文明建设相结合。

二、我们的建议

多年来，鄂州文化界始终在关心和关注城市文化的研究、宣传工作，也创作、排练、演出、拍摄过多部艺术作品（如京剧《梁子湖传说》、电影《武昌情殇》等），但对其与“鄂州城市文化打什么牌”有什么关系却没有进行归纳总结。这次，根据市领导的指示及近两个月来的广泛征文、市内专家座谈会、省专家论证会等活动情况，我们认为，市内外专家学者和相关人员对“鄂州城市文化打什么牌”的问题是非常关心的，特别是在市内人员参与的座谈会上，与会专家学者的激烈讨论流露出的关心鄂州、热爱鄂州的精神令我们非常感动。在选择与会者的时候，为了避免会议结论的片面性，我们尽量地选择各方面的代表。但由于某些专家学者站在自己研究关注的历史文化、城市建设、旅游等个别角度看问题，难免偏颇，所以，出现意见不统一的情况也是很自然的。因此，在第二轮省专家学者的研讨会中，我们既邀请了鄂楚文化研究的权威，也邀请了三国文化研究的专家；我们既没有向他们介绍鄂州市内讨论会的情况，也没有说我们的意见倾向。但是，省专家们的意见却完全一致，说明他们提出的打“三国文化牌”的意见是客观公正的。

由此，我们认为，省市专家赞成打“三国文化牌”的意见是从鄂州历史与现实的实际状况出发的，是大多数人的共识，建议鄂州市城市文化应该创三国文化品牌，要通过必要的行政与舆论手段，使其成为全社会的共识。同时，要建立研究（智囊）机构，加强文化研究，加大宣传力度，统筹城乡文化发展规划，加大经费投入，把鄂州的文化品牌真正地打造完美，擦亮叫响，为迎接国内外朋友的到来、为国际航空大都市的形成、为鄂州的腾飞发展做好充分的准备。

后　记

鄂是先秦古国，历史悠久，在商周时期有着重要的影响。同时，鄂国与今湖北有着重要的关系：西周时鄂为南土重要诸侯，在湖北留下了很多文化遗存；今湖北省简称为鄂，有鄂城、鄂州等地名，均来源于鄂这一先秦古国。

西周时期，今湖北境内诸侯国林立，其中最出名的有楚国。随着楚国的发展、崛起，湖北成为楚国的核心区，楚文化成为湖北地域文化的主干与源头。

因此，研究湖北先秦历史文化，绕不开两个概念，即“鄂”与“楚”。

湖北简称“鄂”，人们耳熟能详，但关于此一论题尚存若干疑问，如“鄂”字最早用作湖北地名在何时？湖北何时简称“鄂”？鄂与楚的关系是怎样的？湖北是否简称过“楚”？……特别是今湖北鄂州与“鄂”“楚”更有着“剪不断、理还乱”的关系，很多问题众说纷纭，莫衷一是。

为全面梳理鄂州文脉，鄂州市文化部门组织力量，系统整理有关“鄂”“楚”的研究历史、研究成果，并形成这本《鄂·楚·鄂州》，以期对该问题有一个初步的挖掘与整理，这是一件非常有意义的事情。特别需要说明的是，对该课题的关注、研究，远自宋代就已经开始，迄今为止，研究者众多，研究成果浩如烟海，但编选者的学识有限，编选成果不一定最为精准。同时，这些成果写作、发表于不同时期，为适应最新出版规范要求，我们充分尊重原作，对正文没有作任何删节增补，但对其中一些与当今注释、序号、署名方式不一之处作出了部分调整、统一。对于原作者的稿酬，我们将尽可能多方联系，以便进行支付。

关于编选本书的缘由及一些相关问题，编者特此说明如上。

编　者

2018 年 7 月

图书在版编目（CIP）数据

鄂·楚·鄂州/秦昌林主编. —武汉：华中科技大学出版社, 2018.11
ISBN 978-7-5680-4741-8

Ⅰ.①鄂…　Ⅱ.①秦…　Ⅲ.①文化史-研究-湖北　Ⅳ.①K296.3

中国版本图书馆CIP数据核字（2018）第263500号

鄂·楚·鄂州　　　　秦昌林　主编
E CHU EZHOU

策划编辑：靳　强　李娟娟
责任编辑：刘　丽
封面设计：杨玉凡
责任校对：曾　婷
责任监印：周治超
出版发行：华中科技大学出版社（中国·武汉）　　电话：（027）81321913
　　　　　武汉市东湖新技术开发区华工科技园　　邮编：430223
录　　排：佳思漫艺术设计中心
印　　刷：武汉市籍缘印刷厂
开　　本：787mm×1092mm　1/16
印　　张：17.75
字　　数：285千字
版　　次：2018年11月第1版第1次印刷
定　　价：98.00元

华中出版

本书若有印装质量问题，请向出版社营销中心调换
全国免费服务热线：400-6679-118　竭诚为您服务